Marion Gräfin Dönhoff, geboren 1909 in Ostpreußen, promovierte Politologin, unternahm nach dem Abitur ausgedehnte Reisen durch Europa, Nordamerika und Ostafrika. Dann studierte sie Volkswirtschaft; 1936 trat sie in die Verwaltung der Familiengüter ein, deren Leitung sie 1939 übernahm. Seit 1946 gehört sie der Redaktion der Hamburger Wochenzeitung *Die Zeit* an. 1955 wurde sie Leiterin des politischen Ressorts, 1968 Chefredakteurin und 1973 Herausgeberin. Sie ist u. a. mit dem Theodor-Heuss-Preis und dem Friedenspreis des Deutschen Buchhandels ausgezeichnet worden.

Marion Gräfin Dönhoff

IM WARTESAAL DER GESCHICHTE

Fünf Jahrzehnte Bundesrepublik

Knaur

Über Marion Gräfin Dönhoff ist bei Knaur erschienen:

Alice Schwarzer: Marion Gräfin Dönhoff –
Ein widerständiges Leben (Band 77302)

Vollständige Taschenbuchausgabe September 1997
Droemersche Verlagsanstalt Th. Knaur Nachf., München
Dieses Taschenbuch ist auch unter der Bandnummer 80050 erschienen.

Umschlaggestaltung: Agentur Zero, München
Umschlagfoto: Klaus Kallabis
Satz: Ventura Publisher im Verlag
Druck und Bindung: Ebner Ulm
Printed in Germany
ISBN 3-426-62021-9

5 4 3 2 1

Inhalt

Die achtziger Jahre

Vorwort zur Taschenbuchausgabe

Als ich im Frühjahr 1945 in Vinsebeck in Westfalen ankam, war das Ziel der Flucht, die mich aus Ostpreußen in den Westen führte, erreicht. Aber damit begann auch die Ratlosigkeit.

Ich hatte dreitausend Reichsmark im Portemonnaie (die bald entwertet wurden) und außer einem Beutel mit Waschsachen nur ein paar Kleinigkeiten in der Satteltasche – mehr konnte man auf dem Pferd nicht mitnehmen.

Dank eines glücklichen Zufalls fragten mich im Frühjahr 1946 vier unternehmende Leute, die in Hamburg die Wochenzeitung *Die Zeit* gründen wollten, ob ich Lust hätte, dabei mitzuwirken. Gemeinsamer Entschluß: Wir versuchen es mal. Hätte man mir damals prophezeit, ich würde ein halbes Jahrhundert dabeibleiben, ich hätte gar nicht erst angefangen.

Daß ich dies nicht wußte, hat dazu geführt, daß ich nun die Geschichte der Bundesrepublik von Anbeginn – und als designierter politischer Beobachter wahrscheinlich besonders intensiv – miterlebt habe. Es gibt verschiedene Arten, sich über Geschichte Rechenschaft zu geben, also Geschichte zu lernen: Entweder man liest die wissenschaftlichen Werke der Zeitgeschichte, was oft nicht ganz leicht ist, oder man verfolgt die Entwicklung systematisch in den politisch, intellektuell seriösen Zeitungen. Dies aber ist im allgemeinen recht schwierig, weil so systematisch dabeizubleiben nicht jedermanns Sache ist: Der rote Faden geht leicht verloren, und einzelne Marksteine, die man verpaßt hat, fehlen.

Dieses Buch ist nützlich, weil es die Artikel der letzten 50 Jahre, die die jeweils wichtigsten politischen Ereignisse analysieren und beschreiben, wiedergibt. Was im übrigen den Vorteil hat, daß die Geschichte nicht im Rückspiegel betrachtet wird, sondern die spontanen Reaktionen des Augenblicks deutlich werden.

Wer dieses Buch zur Hand nimmt, hat nach der Lektüre von gut 300 Seiten wenigstens in Umrissen einen Überblick über die Geschichte Deutschlands seit Ende des Zweiten Weltkriegs.

Es beginnt mit den Flüchtlingsströmen, die sich in den westlichen Teil Deutschlands ergießen, es beschreibt die Luftbrücke zum abgeschnittenen Berlin, die Kriegsverbrecherprozesse: General von Falkenhausen, ein aufrechter Anti-Nazi, der von den Alliierten durch 51 Lager geschleppt wurde. Dann, Anfang der fünfziger Jahre, versuchen die Alliierten unter dem Eindruck des Korea-Krieges die Deutschen für eine Wiederbewaffnung zu gewinnen; »ohne mich« war die Reaktion.

Es folgte die Diskussion um die berühmte sowjetische Note vom März 1952, dann der 17. Juni 1953 und der Aufstand in Berlin; 1955 Adenauers Reise nach Moskau. 1956 der 20. Parteikongreß mit Chruschtschows Enthüllungen. Soll Berlin Hauptstadt werden? Diese Frage wird in den fünfziger Jahren diskutiert.

Im nächsten Jahrzehnt dann der Mauerbau, Diskussionen um die Notwendigkeit einer Ostpolitik, das Scheitern der Aufnahme Englands in die EWG, das Problem der Oder-Neiße-Grenze, die Hallstein-Doktrin, die Große Koalition und schließlich die Rebellen von 1968 und der Regierungswechsel in Bonn 1970.

Mit der Kanzlerschaft Willy Brandts wird die Ostpolitik ernsthaft und zügig in die Hand genommen. Entspannung, ja oder nein? Weiter Wettrüsten, ja oder nein? 1983: Weizsäcker wird Bundespräsident; 1987 das gemeinsame Papier von SPD und SED. Im September 1989 hieß der Leitartikel: Die Niederlage des Marxismus bedeutet nicht den Triumph des Kapitalismus. Und 1990: Berlin oder Bonn? Schließlich der 3. Oktober 1990, der Tag der Einheit.

Hamburg, im April 1995 *Marion Dönhoff*

Die vierziger Jahre

Ritt gen Westen

Im März 1946

20. März 1945: »Ankunft in V.« steht in meinem Notizbuch. Ein Jahr ist das nun schon her, seit ich in Vinsebeck, einem kleinen Ort in Westfalen, ankam und dort mein braves Pferd, das mich treu und unverdrossen von Ostpreußen in den Westen getragen hatte, in einem Gestüt bei Freunden einstellte.

Am 21. Januar hatten wir uns zusammen auf den Weg gemacht, spät am Abend durch einen von den Ereignissen längst überholten Räumungsbefehl alarmiert und von dem immer näher rückenden Lärm des Krieges zur Eile getrieben. In nächtlicher Dunkelheit die Wagen packen, die Scheunentore öffnen, das Vieh losbinden – das alles geschah wie im Traum und war das Werk weniger Stunden. Und dann begann der große Auszug aus dem gelobten Land der Heimat, nicht wie zu Abrahams Zeiten mit der Verheißung »in ein Land, das ich dir zeigen werde«, sondern ohne Ziel und ohne Führung hinaus in die Nacht.

Aus allen Dörfern, von allen Straßen kamen sie

zusammen: Wagen, Pferde, Fußgänger mit Handwagen. Hunderte, Tausende; unablässig strömten sie von Nord und Süd zur großen Ost-West-Straße und krochen langsam dahin, Tag für Tag, so als sei der Schritt des Pferdes das Maß der Stunde und aller Zeiten.

Fremd sind die Flieger am Himmel, fremd das Donnern der Geschütze und fremd das Lärmen der Panzerketten, die an uns vorüberrasseln. Schritt für Schritt geht es weiter durch die eisigen Schneestürme des Ostens. Die Nächte gehen dahin auf den Landstraßen am Feuer oder in den Scheunen verlassener Höfe, und der dämmernde Morgen bringt immer das gleiche Bild. Kinder sterben, und Alte schließen die Augen, in denen angstvoll die Sorgen und das Leid von Generationen stehen.

Woche um Woche verrinnt. Hinter uns brandet das Meer der Kriegswellen, und vor uns reiht sich Wagen an Wagen in endloser Folge – es gibt nur noch den Rhythmus des Pferdeschrittes, so wie er unbeirrt durch die Jahrtausende gegangen ist. Ist es der Auszug der Kinder Israel, ist es ein Stück Völkerwanderung, oder ist es ein lebendiger Fluß, der gen Westen strömt, gewaltig anwachsend – »Bruder, nimm die Brüder mit«? Aus allen Ländern und Provinzen, durch die der Fluß sich wälzt, streben sie ihm zu, neue Ströme von Wagen und Menschen. Die Dörfer bleiben verwaist zurück, in Pommern, in der Mark und in Mecklenburg, und der Zug wächst, und die Kette wird immer länger; längst fahren zwei und drei Fahrzeuge nebeneinander und sperren die ganze Breite der Straße. Aber was tut es, sie haben alle den gleichen Weg – gen Osten fährt keiner mehr. Nur die Gedanken gehen täglich dorthin zurück, all diese vielen herrenlosen Gedanken und Träume. Niemand spricht, man sieht keine Tränen und hört nur das Knarren der allmählich trocken werdenden Räder.

Viele Marksteine der östlichen Geschichte standen an dem endlosen Wege. Die Marienburg, Bismarcks Varzin, die Festung Kolberg; Nogat, Weichsel, Oder und Elbe haben wir überquert, und allmählich, Eis und Schnee zurücklassend, ziehen wir mit dem aufblühenden Frühling durch das Schaumburger Land; und nun ist auch langsam der Strom der wandernden Flüchtlinge verebbt und irgendwo in neue Häfen und enge Stätten der Zuflucht eingemündet.

Ich bin schließlich ganz allein mit dem braven Fuchs bei Rinteln über die Weserbrücke geritten, vorbei an Barntrup, einem kleinen Städtchen, aus dessen Mitte ein schönes Renaissanceschloß emporsteigt. Vor mir liegt ein bewaldeter Höhenzug, und dahinter muß auch bald das Ziel unserer langen Reise zu finden sein. Wie die Slalomspur eines Skiläufers ist der Weg in großen Schleifen in den Buchenhang eingeschnitten, über dem schon ein leiser Schimmer von Grün liegt. Wir steigen gemächlich bergan, es ist ein schöner Vorfrühlingstag, die Drosseln schlagen, und ein sanfter Wind treibt die Wolken über die warme Frühlingssonne.

Plötzlich, als wir in die letzte Kurve der Straße einbiegen, steht droben auf dem Kamm eine einsame Gestalt, wie ein Monument vor dem hellen Himmel: ein alter Mann, grau, verhungert, abgerissen, auf dem Rücken trägt er einen Sack, der die letzte Habe birgt, in der Hand einen Stab – so steht er da wie einer jener Hirten, die zu Homers Zeiten ihre Schafe weideten, und sieht mit weltverlorenem, zeitlosem Blick in die blaue Weite des Tals. Ich wage nicht, ihn zu stören, und grüße ihn nur, wie man ein Kreuz grüßt, das am Wege steht, voller Ehrfurcht und nicht Antwort heischend.

Und dann bietet sich mir ein unfaßliches Bild: Den Berg herauf, uns entgegen, kommen sie gewandert, viele solcher Gestalten, manchmal zwei oder drei, die gemeinsam ziehen und das Los der Landstraße miteinander teilen, aber meist sind es einzelne, durch den Krieg nicht nur der Habe und der Zuflucht beraubt, sondern auch der tröstlichen Gemeinschaft vertrauter Menschen. Grau, elend, abgehärmt sind ihre Gesichter, gezeichnet von angsterfüllten Bunkernächten, aber aus ihren Augen ist die Furcht längst geschwunden, stumpfe Hoffnungslosigkeit ist eingezogen.

Ist das noch Deutschland, dieses Fleckchen Erde, auf dem sich Ost und West begegnen, ratlos, ohne Heimat und Ziel, zusammengetrieben wie flüchtendes Wild in einem Kessel? Ist dies das »tausendjährige Reich«: ein Bergeskamm mit ein paar zerlumpten Bettlern darauf? Ist das alles, was übrigblieb von einem Volk, das auszog, die Fleischtöpfe Europas zu erobern? Wie klar und deutlich ist die Antwort zu lesen: »Denn wir haben hier keine bleibende Statt, aber die zukünftige suchen wir.«

Arbeiten und nicht verzweifeln

Zum Problem der Vertriebenen

Im März 1947

Nachdem auf der Moskauer Konferenz das Thema Flüchtlingsverteilung in Deutschland angeschnitten worden ist und vor Jahresfrist im März 1946 ein internationales Flüchtlingsamt beim Wirtschafts- und Sozialrat der UNO gegründet wurde, wächst unsere Hoffnung, daß dieses Problem aus seiner zonalen Unlösbarkeit in einen weiteren Rahmen gespannt werden wird.

Es ist eine Utopie, zu glauben, daß das zerstörte und zerstückelte Deutschland mit dem Problem der Vertriebenen, die heute nahezu ein Fünftel der Gesamtbevölkerung Restdeutschlands darstellen, aus eigener Kraft fertig werden kann. Es gibt nur einen Präzedenzfall in der Geschichte, der eine in dieser Beziehung ähnliche Katastrophe über ein Land gebracht hat: den griechisch-türkischen Bevölkerungsaustausch. Griechenland mußte seinerzeit zwischen 1922 und 1924 nach der »Machtergreifung« Kemal Paschas 1,5 Millionen Griechen aus Kleinasien und Ostthrazien zurücknehmen, während gleichzeitig etwa 350 000 Türken in die Türkei abwanderten. Bei einer eigenen Bevölkerung von damals 5 Millionen mußte Griechenland also mehr als 1 Million Ausgewiesener in seine Volkswirtschaft eingliedern. Es zeigte sich bald, daß die zwar sehr dankenswerte Unterstützung des englischen und des amerikanischen Roten Kreuzes und verschiedener karitativer Organisationen keineswegs ausreichte, um dieses Problem zu meistern. Erst als der Völkerbund im Herbst 1923 die »Greece Refugees Settlement Commission« gegründet hatte und eine internationale Anleihe von 12 Millionen Pfund zur Verfügung gestellt wurde, konnte die Umsiedlung in einem Zeitraum von etwa zehn Jahren durchgeführt werden, eine Leistung, die in Griechenland deswegen überhaupt nur durchführbar war, weil zur Ansiedlung der Ausgewiesenen in erster Linie das dünnbevölkerte Mazedonien zur Verfügung stand, das auf diese Weise eine politisch sehr erwünschte Stärkung des griechischen Elements erfuhr.

Eine Bevölkerungstransaktion des Ausmaßes, wie sie eben in Deutschland vor sich gegangen ist, ist im Rahmen der gegebenen Möglichkeiten überhaupt nicht zu bewältigen, und doch sind wir durch diese Erkenntnis nicht von der Verpflichtung entbunden, alle nur denkbaren Anstrengungen zur Selbsthilfe zu unternehmen.

Es sind jetzt genau zwei Jahre vergangen, seit die ersten Wellen des noch immer nicht versiegten Stroms der Vertriebenen die heutigen westlichen Zonen erreichten. Was ist nun in dieser Zeitspanne geleistet worden? Erstaunlich wenig, sofern wir die britische Zone betrachten, die im Vergleich zur amerikanischen in dieser Hinsicht außerordentlich rückständig ist. Viele Versprechungen sind den Vertriebenen vor den Wahlen von sämtlichen Parteien gemacht worden; zahlreiche Stellen und Referate innerhalb der Landesverwaltungen haben nominell den Auftrag, sich um die Vertriebenen zu kümmern, was sich nach Lage der Dinge in der Praxis zumeist dahingehend auswirkt, daß diese Stellen ihre Aufgabe darin sehen, die Einheimischen vor dem Ansturm der Vertriebenen zu schützen. Es gibt in der britischen Zone auch nicht einmal eine Erfassung nach Berufsgruppen. Es gibt darum noch immer wichtige Spezialisten, wie Feinmechaniker, Uhrmacher und Maschinenschlosser, die Kühe melken oder zur Waldarbeit eingesetzt sind.

Wenn diese beiden Jahre nicht vollkommen nutzlos verronnen sein sollen, dann muß jetzt an der Schwelle des dritten Jahres im Exil – und die Zeitrechnung der Vertriebenen richtet sich nicht nach dem Kalender, sondern nach dem Zeitpunkt der Austreibung aus der Heimat – versucht werden, wenigstens aus den negativen Erfahrungen zu lernen, wie man es nicht machen soll.

Man muß einmal versuchen, das ganze Problem mit neuen Augen zu sehen und sich wunsch- und vorurteilslos über die derzeitige Situation und deren mutmaßliche Entwicklung klarzuwerden. Zunächst ist es falsch, die Vertriebenen grundsätzlich und von vornherein ausschließlich als Konsumenten und niemals als potentielle Produzenten anzusehen. Zweifellos ist durch die Zuwanderung aus dem Osten die Disproportion im Bevölkerungsaufbau, die der Krieg gezeitigt hat, noch verschärft worden: Überalterung, Erhöhung des Frauenüberschusses und Rückgang des Anteils der arbeitsfähigen Bevölkerung, aber wieviel brauchbare Arbeitskräfte gibt es anderseits unter den Vertriebenen – welche Summe von Können, Erfahrung und Geschick liegt da brach! Das einzige Kapital, über das Deutschland noch verfügt, ist seine Arbeitskraft – jeder Mensch, der überhaupt arbeiten kann, ist ein Produktionsfaktor innerhalb der Volkswirtschaft; darum darf es nicht geschehen, daß die Intelligenz und Arbeitskraft zahlloser Millionen nicht oder gar falsch ausgenutzt wird. Einen Feinmechaniker zum Holzfällen einzusetzen ist ebenso sträflich, wie auf einem zuckerrübenfähigen Boden dreijährigen Klee zu bauen. Als Rußland nach dem Ersten Weltkrieg, ohne irgend-

welches fremdes Kapital und ohne eine nennenswerte Industrie im eigenen Land, daranging, seine Wirtschaft auszubauen, stand ihm dazu nur die Arbeitskraft seiner Millionenbevölkerung zur Verfügung. Wenngleich es uns an den reichen Bodenschätzen und Möglichkeiten Rußlands fehlt, so liegt doch auch in der Arbeitskapazität des deutschen Volkes ein wesentlicher Aufbaufaktor. Wenn man allerdings ein Fünftel der ganzen Bevölkerung lediglich als Konsumenten und nicht zugleich auch als Produzenten ansieht, wird man mit dem Vertriebenenproblem nie weiterkommen.
Deutschland wird zweifellos, auf lange Sicht gesehen, nur als kapitalintensiver, hochindustrialisierter Staat leben und seinen Beitrag zur Weltwirtschaft leisten können, aber der Weg dahin ist weit und setzt eine lange wirtschaftliche Entwicklung, frei von politischem Mißtrauen, voraus. Die Großindustrie ist heute weitgehend zerschlagen und damit auch die Forschungsinstitute der großen Konzerne, in denen ein wesentlicher Teil aller Erfindungen und Verbesserungen durchgeführt wurde; der Patentschutz ist aufgehoben, Rohmaterial nur in geringen Mengen vorhanden, es fehlt an Wohnraum, besonders in den bisherigen Industriezentren, kurz, alle Vorbedingungen zur Entwicklung einer konzentrierten Industrialisierung sind einstweilen nicht gegeben, selbst

wenn die Beschränkungen des Industrieplanes aufgehoben werden sollten. Der zunächst vorgezeichnete Weg ist vielmehr der der Entwicklung einer intensiven Klein- und Heimindustrie auf technischem und handwerklichem Gebiet. Sei es Textil- oder Ton- und Keramikindustrie, Pharmazeutik, Farben, Feinmechanik oder auch nur die Verwandlung von Halbfabrikaten in Fertigwaren. In all diesen Bereichen kann auch ein Teil der Vertriebenen wieder zu Produzenten und nützlichen Mitgliedern der Volkswirtschaft werden.

Die guten Willens sind

Gespräch mit Victor Gollancz und dem Bischof von Chichester

Im Dezember 1947

Die Sterne müssen schon sehr günstig stehen, wenn man im Trubel des Londoner Verkehrs einmal ein bekanntes Gesicht entdecken soll. So war es also eine besondere Auszeichnung des Schicksals, daß ich gleich an einem der ersten Tage des Londoner Aufenthaltes, und zwar am Spätnachmittag – also zur Zeit der steigenden Verkehrsflut –, Victor Gollancz bei der Überquerung des *Piccadilly Circus* begegnete. Es fügte sich, daß ein Besuch beim Bischof von Chichester bereits verabredet war. Kurzum: Ich sollte beide Persönlichkeiten sprechen können, die wie Prediger in der geistigen Wüste Europas – man möchte manchmal meinen als einzige – die Zeichen der Zeit zu verstehen scheinen.

Was Victor Gollancz lehrt und fordert, ist ein neuer Mensch. Und was er lebt, ist jenes höhere Menschentum, in dem Haß durch Liebe überwunden wird und Gerechtigkeit an die Stelle von Vergeltung tritt. Er ist überzeugter Sozialist. Aber er sieht im Sozialismus nicht nur eine ökonomische Forderung und nicht nur einen politischen Aspekt, sondern eine ethische Maxime. »Wenn wir«, so sagt er, »wirtschaftliches Wohlergehen für die Massen erkämpfen wollen, so deshalb, weil Armut und Unsicherheit, wirtschaftliche Not oder Sklaverei den Menschen erniedrigen und ihn nicht zur freien Entfaltung seiner Persönlichkeit kommen lassen.« – Nach seiner Meinung kann man vom Individuum nur dann verlangen, sich seiner geistigen Existenz als Mensch bewußt zu werden, wenn es eine gerechte Verteilung gibt und ein bestimmtes Maß an ökonomischer Freiheit sowohl für den einzelnen wie für die Klasse und schließlich auch für die Völker. Darum tritt Gollancz leidenschaftlich nicht nur für die Grundrechte des Individuums ein, sondern auch dafür, daß diese Rechte den arbeitenden Massen erkämpft werden. Und schließlich ist dies auch der Grund, warum er sich immer wieder für die Rechte des besiegten deutschen Volkes einsetzt.

Was Gollancz fordert, ist viel, aber es ist das einzige, was den Weg zu einer Erneuerung Europas freimachen könnte: die unbegrenzte Versöhnung der Völker untereinander. Er geht so weit, zu sagen, daß es Schizophrenie sei, ein gespaltenes Irresein, Politik und Menschlichkeit zu trennen. Damit hier ein praktischer Anfang zur Besserung der Dinge gemacht werde, ruft er das englische Volk auf, Deutschland gegenüber eine Politik der christlichen Versöhnung zu betreiben. Ja, er hat unter der Devise »Christliche Aktion 1947« sogar eine neue Bewegung ins Leben gerufen, die am letzten Sonntag zu Oxford in Gegenwart von Lord Pakenham und anderen hohen Persönlichkeiten des öffentlichen Lebens tagte. Und hier wurde unter anderem die Beendigung der Demontagepolitik gefordert, ferner ein Friedensvertrag, der eine Zentralregierung für ganz Deutschland aufstellt und dem Land einen angemessenen Lebensstandard ermöglicht. Und schließlich wurde gefordert: »alles zu tun, damit im höchstmöglichen Grad das Prinzip der Versöhnung in der Politik gegenüber Deutschland und allen anderen bedürftigen Ländern zur Anwendung gebracht werde«.

Der dies alles fordert, ist ein Jude, ein Mann, dessen Geschichtsbewußtsein und dessen Humanitas weit zurückreichen in die Jahrtausende, bis zu den Quellen der Weisheit der Propheten seines Volkes.

Aber noch einer anderen Stimme sind wir gewohnt, mit Ehrfurcht und Aufmerksamkeit zu lauschen, der Stimme des Bischofs von Chichester, der in besonderer Weise die christlichen Tugenden von Tapferkeit, Besonnenheit und Maß verkörpert. Vielleicht liegt darin eine gewisse Parallele zwischen diesen beiden Männern, die so verschiedener geistig-religiöser Herkunft sind, daß beide gewohnt sind, in zeitlosen Kategorien zu denken. Die Welt des christlichen Bischofs, die ihren Maßstab nimmt aus jener Welt, in der tausend Jahre sind wie ein Tag, steht hoch über den politischen Leidenschaften und Reaktionen des Alltags. Aus dieser Perspektive ist er damals mit der ganzen Unabhängigkeit eines Christenmenschen aufgestanden gegen die schändlichen Taten Adolf Hitlers, und mit der gleichen Unerschrockenheit hat er während des Krieges seine Stimme erhoben gegen den uneingeschränkten Bombenkrieg der englischen Luftwaffe. Schon während des Krieges hat er im englischen Oberhaus immer wieder darauf hingewiesen, daß man nie das Ziel aus den Augen verlieren dürfe, für das England in den Krieg gezogen ist: die Befreiung und Neuordnung Europas. Und heute spricht er immer wieder die sorgenvolle Mahnung aus, nicht die Leidenschaft regieren zu lassen, sondern die Besonnenheit. Und wenn er von dem zukünftigen Friedensvertrag spricht, mahnt er immer wieder, Deutschland nicht aus der Gemeinschaft europäischer Völker auszuschließen; denn dadurch könnte die Trennung nur vertieft, der Nationalismus verschärft und eine neue Katastrophe vorbereitet werden. »Die Leiden Europas, die die dämonische Grausamkeit Hitlers und der Nazis hervorgebracht hat, können nicht durch die

Anwendung von Macht und Gewalt geheilt werden. Die Alliierten stehen für etwas Höheres ein, nämlich für Recht, Gesetz und Freiheit.«

Wenn man in Chichester ankommt und durch den kleinen friedlichen Ort mit der schönen alten Kathedrale wandert und dann den bischöflichen Palast betritt, dessen älteste Teile im 12. Jahrhundert erbaut wurden, und wenn man die uralten Bäume im Garten anschaut, dann versteht man, daß diese Welt wahrhaft zeitlos ist und ihre Maßstäbe andere sind als die der flüchtigen Politiker, die heute kommen und morgen wieder abtreten von der wechselnden Bühne der sogenannten Weltpolitik.

George Bell, der heutige Bischof von Chichester, hat sich von jeher für die Unterscheidung zwischen Deutschen und Nazis eingesetzt und darum als erster aus politischer und christlicher Überzeugung gegen den Begriff der Kollektivschuld gekämpft. Er war der in Deutschland ringenden Kirche beiderlei Konfessionen und der deutschen Widerstandsbewegung eng verbunden.

Der Bischof, der damals so dachte, erkennt heute konsequent, daß es nicht mehr auf nationale Zugehörigkeit und auf die Kategorien Sieger und Besiegte ankommt, sondern allein darauf, die Menschen, die guten Willens sind, zusammenzuführen, um mit ihnen eine bessere Welt zu bauen.

Männer wie Victor Gollancz und der Bischof von Chichester mögen den Politikern ihres Landes zuweilen ein Ärgernis sein; sie bleiben darum doch, was sie sind: nämlich wirksam im Sinne jenes Wortes vom Salz der Erde …

Die dunkle Hauptstadt

Das um die Freiheit kämpfende Berlin zur Zeit der Wahlen

Im Dezember 1948

Jetzt weiß ich, daß man sehr zu Recht immer ein etwas schlechtes Gewissen hat, wenn man durch die hellerleuchteten Städte Westdeutschlands geht – aus dem warmen Büro in ein warmes Zimmer – und sich derweil vorstellt, daß die Berliner noch immer – wie wir vor zwei Jahren – in Mänteln und mit verklammten Fingern an ihren Arbeitsplätzen sitzen und zu Hause bestenfalls eine Kerze vorfinden oder eine petroleumgefüllte Konservenbüchse mit blakendem Docht. Wie lange scheint für uns diese Zeit zurückzuliegen! Sie ist mit all der Verzagtheit und der allmählichen Zermürbung für viele kaum noch vorstellbar, auch wenn es bei uns genug neue Sorgen gibt.

Und dann kommt man nach Berlin, und dann ist alles wieder da, so als wäre die Zeit hier stehengeblieben. Und sie kriechen auf einen zu, diese Erinnerungen, die man endlich einmal auslöschen möchte. Das gleiche Hasten durch die dunklen

Straßen, um eines der wenigen Verkehrsmittel zu bekommen; das gleiche beklommene Gefühl, ertappt zu werden, wenn man durch den Ostsektor wandert, so wie in jenen Tagen, wenn man die BBC angestellt hatte und draußen fremde Schritte hörte; die gleiche Finsternis, die gleiche Kälte, die gleiche ungewisse Zukunft. Mein Gott, wie lange geht das nun schon so! »Ich hab' Berlin so richtig normal gar nicht mehr gekannt«, sagt ein junger Bursche neben mir, mit dem ich die Chancen abwäge, ob es möglich sein wird, mit unserem ständig aussetzenden S-Bahnzug Nikolassee noch vor Mitternacht zu erreichen. »Als der Krieg ausbrach, war ich sieben Jahre alt«, sagt er, »jetzt bin ich 17 – na, bis zum nächsten werde ich's also gerade geschafft haben.« Übrigens war am folgenden Tag in der Zeitung zu lesen, daß wir uns sehr zu Unrecht über die alten, nicht mehr funktionierenden Wagen beschwert hatten, denn dort stand, daß der Führer jenes Zuges, nur weil er nicht mit normalem Tempo fahren konnte, rechtzeitig einen T-Träger bemerkt hatte, der quer über die Schienen gelegt worden war. »Wenn Se den Anschluß in Nikolassee nicht mehr kriejen, können Se bei mir mitkommen«, hatte mich eine Frau getröstet, »mein Oller ist nämlich heut auf Reisen.« Das ist Berlin! Wirklich, das gibt es nur in Berlin, diese nüchterne Hilfsbereitschaft, die so bar ist allen Aufhebens und aller Vorbehalte.

Dieses selbstverständliche Zusammenstehen ist heute natürlich stärker, als es jemals war, denn das Leben in West-Berlin gleicht dem Zustand einer belagerten Festung. Und wenn man auf der Luftbrücke einfliegt in diese Enklave, so wie die Soldaten vielleicht während des Krieges zu den eingeschlossenen Gruppen in Demjansk oder am Wolchow gelangt sein mögen, dann wird diese Situation besonders deutlich. Deutlich wird sie auch in der politischen Sphäre: in der Einmütigkeit der deutschen Bevölkerung untereinander, die keinen Parteienzwist mehr kennt, sondern nur den gemeinsamen Kampf gegen den lauernden Terror des Kommunismus. Wie in einem antiken Stadtstaat gibt es ein gültiges Gemeinschaftsgefühl, und jeder Bürger kennt seine gewählten Vertreter: Frau Louise Schröder und die Männer: Suhr, Friedensburg, Reuter, Neumann, Kaiser und Schwennicke, die mit eindrucksvoller Unbeirrbarkeit klar, ruhig und ohne sich mit Nebensächlichkeiten aufzuhalten im Stadtparlament die Maßnahmen beschließen, die ergriffen werden müssen. Deutlich wird die Berliner Situation auch in der Einmütigkeit der Deutschen mit den westlichen Besatzungsmächten. »Ich habe viele gute Freunde unter den Engländern«, sagte mir ein junger Fahrer, der vor dem *Lancasterhouse* mit seinem Volkswagen wartete, »ein paar sind mir eigentlich ebenso lieb wie früher meine Kameraden. Natürlich hat man ganz hinten manchmal so ein kleines Gefühl: Wenn sie nur nicht eines Tages doch abhauen, aber das ist nur so, wie man manchmal fürchtet, der Blitz könnte doch einschlagen, auch wenn ein Blitzableiter auf dem Haus ist.« Wenn man den Chef jener Behörde, die im *Lancasterhouse* ihren Sitz hat, den englischen Botschafter Mr. Steel, politischen Berater General Robertsons, spricht, versteht man angesichts seiner überlegenen Ruhe und kühlen Dezidiertheit das Vertrauen, das die Mehrzahl der Bevölkerung empfindet. Dort in Berlin ist endlich einmal Realität geworden, wovon im Westen nur geredet wird: das Gefühl der Zusammengehörigkeit in gemeinsamer Verantwortung für Europa, und zwar einfach deshalb, weil man in der gleichen Front steht und jeder dort nur aushalten kann, solange auch der andere nicht nachgibt. Und das ist von beiden Teilen viel gefordert.

Denn Berlin ist ja keine geschlossene Einheit, keine fest umgrenzte Festung mit schützenden Mauern, sondern eine aufgespaltene Stadt mit einer offenen Flanke. Wenn man an der Nahtstelle steht, an der die beiden Hälften zusammenstoßen, dann sieht man neben dem dunklen Westen den hellerleuchteten

Ostsektor, in dem die Bevölkerung pro Haushalt zwölf Zentner Kohle zugeteilt bekommen hat, und wo es Kartoffeln gibt – Kartoffeln, die Sehnsucht aller Bewohner der westlichen Sektoren. Es würde genügen, sich dort eintragen zu lassen oder sein Domizil einfach ein paar hundert Meter weiter auf die andere Seite des Brandenburger Tores zu verlagern, um all dieser unentbehrlichen materiellen Lebensvoraussetzungen teilhaftig zu werden. Aber für die Berliner gibt es keinen Kompromiß. Sie sagen es immer wieder, ohne Pathos, aber mit verbissener Leidenschaft: Es gibt keinen Kompromiß.

Gewiß, während der letzten Monate ist es immer schwieriger geworden. »Wir wissen nicht, wie wir den Winter überstehen sollen und wie es sein wird, wenn es erst einmal richtig kalt wird. Und was danach kommt, weiß man erst recht nicht, aber mit den Russen paktieren wir nicht« – das sagen sie alle.

»Sehen Sie«, meint Professor Reuter, der gewählte Oberbürgermeister, »wer hätte am Anfang geglaubt, daß die Luftbrücke wirklich funktionieren könnte. Damals kamen täglich 700 Tonnen herein, heute werden an guten Tagen 5000 Tonnen eingeflogen, und warum sollte man diese Menge nicht allmählich verdoppeln können, jetzt, da der Flugplatz Tegel ausgebaut worden ist und die zweite Rollbahn in Gatow nahezu fertig ist.« Wahrscheinlich hat er recht, denn die Amerikaner sehen diese Material- und Eignungsprüfung für ihre Luftwaffe offenbar gar nicht ungern. Vielleicht denken sie überdies, daß die Luftbrücke nicht nur der Überwindung einer geographischen Strecke dient, sondern auch in zeitlicher Hinsicht eine Brücke schlägt von der heutigen Ausweglosigkeit zu einer Zukunft, die es gestattet, eine deutlichere Sprache mit den Russen zu reden. Wobei man sich darüber klar sein muß, daß eben aus der gleichen Erkenntnis der russische Druck auf die Berliner Westbevölkerung wahrscheinlich während der nächsten Wochen am stärksten sein wird, weil die Sowjets damit rechnen, daß heute angesichts der fast unvorstellbaren Belastung eines licht- und kohlelosen Winters, der ja kaum erst begonnen hat, die Druckempfindlichkeit der Bevölkerung größer sein werde als im Frühjahr oder irgendwann später.

Und in der Tat fragt man sich, wie diese Zeit durchgestanden werden soll, wenn man die grauen Gestalten sieht, die in der Dämmerung ihre kleinen, quietschenden Handwagen durch die menschenleeren endlosen Straßen Berlins ziehen, um die geringe Beute an schwarz gekauften Kartoffeln oder mühsam zusammengelesenem Reisig nach Hause zu fahren. Oder wenn man den Kindern zuschaut, die mit Messern und Stemmeisen an den Baumstümpfen herumschnippeln in den Alleen von Dahlem und

Grunewald, in denen zur Zeit jeder zweite Baum gefällt wird. Mühsam schleppen sich die Tage hin, wie Tage, die ohne wärmenden Frühstückskaffee bei Kerzenlicht beginnen und in endlos erscheinenden dunklen Abendstunden enden. Die Industrie produziert nur mehr mit etwa 40 v. H. Einstweilen sind bei Siemens noch 20 000 Arbeiter beschäftigt, aber wie viele andere keine Arbeit mehr haben, das kann man auf den Bahnhöfen und in dem Bezirk Zoo, Kurfürstendamm, Schlüterstraße sehen, wo alle paar Schritte eine andere Stimme flüstert: »Weiße Schrippen? Amis? Französische Schokolade?« – alles nur gegen WM versteht sich; und wer kann schon 14 WM für einen Zentner Kohle oder 30 WM für einen Zentner Kartoffeln ausgeben, wenn nur 25 v. H. der Löhne und Gehälter in Westwährung ausgezahlt werden? Noch gehen etwa 20 v. H. der industriellen Erzeugnisse im Austausch gegen Rohstoffe in die Ostzone, und noch kommt überdies ein nicht unwesentlicher Teil schwarzer Ware über die Sektorengrenze. Aber wie wird das werden, wenn Berlin nun endgültig verwaltungsmäßig in zwei Teile zerfällt? Wenn die Russen vielleicht die Hauptverkehrsader, die S-Bahn, abschneiden und der Eiserne Vorhang mitten durch die Stadt geht? Die Berliner kennen diese Fragestellung genau. Sie haben sich dennoch bei der Wahl am vergangenen

Sonntag eindeutig für die Freiheit entschieden – für eine Freiheit ohne Sicherheit – und haben damit nicht nur Deutschland, sondern der Welt ein Beispiel gesetzt.

Polen annektiert die deutschen Ostgebiete

Im Januar 1949

Der Ministerrat in Warschau hat einen Gesetzentwurf angenommen, mit dem das für die Gebiete östlich der Oder-Neiße-Linie zuständige polnische Sonderministerium aufgelöst wird und diese Gebiete in die reguläre polnische Verwaltung eingegliedert werden. Das Gesetz tritt sofort in Kraft und wird nach den Parlamentsferien vom Sejm nachträglich genehmigt werden – womit denn die demokratischen Formen des Selbstbestimmungsrechts der Völker in eindrucksvoller Weise gewahrt wären!

Mit einem von niemand in der Welt beachteten Federstrich hat sich Polen also unter dem Protektorat Stalins, der schon im Oktober 1946 erklärt hatte, »die Sowjetregierung betrachtet die Westgrenze Polens als endgültig«, ein Viertel des alten deutschen Reichsgebietes angeeignet. Stalin hat schon einmal seine großzügige Konzeption hinsichtlich der Errichtung und Auslöschung historischer Grenzen unter Beweis gestellt: Am Vorabend des polnischen Feldzuges, am 31. August 1939, hatte er in einem

Geheimabkommen mit Hitler die vierte Teilung Polens beschlossen, die ihm den Teil Ostpolens sicherte, den die Sowjets im Vertrag von Riga an die Polen hatten abtreten müssen. Vier Wochen später, nach Beendigung des polnischen Feldzuges, wurde dann in Moskau zwischen ihm und Hitler ein Vertrag unterzeichnet, der feststellte, daß der polnische Staat zu bestehen aufgehört hätte.

Wie die meisten Entscheidungen totalitärer Staaten, für die historische Gegebenheiten und Gesetze bekanntlich nicht existieren, so war auch diese »Feststellung« wenige Jahre später durch die Entwicklung überholt und der polnische Staat zu neuem Leben erstanden. Man kann den ungebrochenen Optimismus, mit dem der gleiche Stalin heute glaubt, die 700jährige Geschichte der deutschen Ostprovinzen auslöschen zu können, nur bewundern. Bisher hat sich noch immer gezeigt, daß die innere Gesetzmäßigkeit und das Beharrungsvermögen geschichtlicher Entwicklung letzten Endes stärker waren als die Willkür aller Eroberer, die seit Dschingis-Khans Zeiten in reicher Zahl über die Weltbühne gezogen sind.

Die westlichen Alliierten Stalins haben von der eigenmächtigen Handlungsweise der polnischen Satelliten keine Notiz genommen, obgleich diese mit einer verwaltungsmäßigen Verfügung ein Gebiet an-

nektiert haben, das ihnen nur zur einstweiligen treuhänderischen Verwaltung übertragen worden war. Wie lauteten doch die Vereinbarungen? Im Schlußprotokoll der Konferenz von Jalta wurde erstmalig bestimmt: »Die endgültige Festsetzung der polnischen Westgrenze wird der Friedenskonferenz überlassen.« Im Kapitel IX des Potsdamer Abkommens wurde dieser Passus noch einmal wörtlich bestätigt und hinzugefügt: »Die Chefs der drei Regierungen sind übereingekommen, daß die früheren deutschen Gebiete östlich der Oder-Neiße-Linie sich bis zur endgültigen Festlegung der Westgrenze Polens unter Verwaltung des polnischen Staates befinden sollen und in dieser Hinsicht (!) nicht als ein Teil der sowjetischen Okkupationszone in Deutschland betrachtet werden sollen.«
Der amerikanische Außenminister Marshall stellte dann 1947 auf der Konferenz in Moskau den Antrag, eine Grenzkommission für die endgültige Grenzfestsetzung zu bilden. Auf der Londoner Konferenz mußte er jedoch abschließend feststellen, daß die deutsche Ostgrenze zu den Verhandlungspunkten gehörte, über die keine Einigung erzielt werden konnte. Aber gegen das neue *fait accompli* hat weder er noch die britische Regierung protestiert. Kein Wunder, denn die Politik der Westmächte in dieser Frage ist keineswegs immer so konsequent gewesen,

wie sie seit Jalta erscheint, und wahrscheinlich ist es die Erinnerung an jene vorangegangene Epoche bereitwilliger und kurzsichtiger Zugeständnisse, die heute einem überzeugenden Protest im Wege steht. Solange der Westen glaubte, den künftigen polnischen Staat mit Hilfe der in London tagenden Exilregierung fest in der Hand zu haben, war besonders die englische Regierung sehr großzügig in ihren Versprechungen gewesen: die von Rußland gewünschte Abtretung polnischer Gebiete durch Überlassung deutschen Gebietes zu kompensieren. Churchill war schon in Teheran im November 1943 bereit, die Oder als Grenze zu akzeptieren, und im August 1944 hatte er den Polen, um sie für die russischen Forderungen gefügig zu machen, erstmalig den Hafen Stettin angeboten.

Am 2. November 1944 schrieb der englische Unterstaatssekretär Alexander Cadogan an den Außenminister der polnischen Exilregierung, Tadeusz Romer, einen Brief, der jetzt in der polnischen Dokumentensammlung erstmalig veröffentlicht worden ist und in dem es heißt, daß Seiner Majestät Regierung es für berechtigt halte, Polens Westgrenze bis zur Oder vorzuschieben, und daß, selbst wenn die Amerikaner dagegen sein sollten, England diesen Standpunkt auf der Friedenskonferenz vertreten werde und auch bereit wäre, mit den Sowjets zusam-

men eine Garantie für die Unabhängigkeit und Integrität des neuen polnischen Staates zu geben.
Diese ganze Einstellung änderte sich grundlegend, als im Dezember 1944 in Warschau eine Regierung aus den Kreisen des sowjethörigen Nationalen Befreiungskomitees gebildet wurde und die Londoner Exilregierung ganz in den Hintergrund trat, weil sie trotz der großzügigen Angebote auf Kosten Deutschlands entschädigt zu werden, nicht bereit war, die polnischen Ostgebiete an Sowjetrußland zu übertragen. Die einzigen, die oft genug erfahren haben, daß, wenn die geschichtlichen Gegebenheiten nicht respektiert werden, die willkürlichen Vorteile von heute leicht zur Ursache für die Nachteile von morgen werden, waren Mikolajczyk und die Nationalpolen. Nicht nur ihre sowjetisierten Landsleute, sondern auch der Westen hätten viel von ihnen lernen können.

Was heißt eigentlich »plündern«?

Im Februar 1949

Der amerikanische Bundesrichter Jackson hat zum erstenmal Einzelheiten mitgeteilt über die Viermächtekonferenz, auf welcher im Jahre 1945 die Grundlagen für die Kriegsverbrecherprozesse festgelegt wurden. Bereits damals waren zwischen den Westmächten und der Sowjetunion schwerwiegende Differenzen ausgebrochen, die das Zustandekommen eines gemeinsamen Beschlusses nach seiner Schilderung ernsthaft gefährdeten. Es ging um die Definition des Begriffes: Kriegsverbrechen, den die Sowjets so zu fassen wünschten, daß für einen solchen Tatbestand nur die Funktionäre des Nationalsozialismus zur Rechenschaft gezogen werden konnten. Ein begreiflicher Wunsch angesichts der auch nach 1945 weitergehenden sowjetischen Verletzung des in Nürnberg neugeschaffenen Begriffs der Verbrechen gegen die Menschlichkeit. Immerhin muß man zugeben, daß in dieser zynischen Haltung der Sowjets mindestens eine gewisse Ehrlichkeit zum Ausdruck kam, insofern, als sie von vornherein die Absicht hatten, die Nürnberger Rechtsprechung zur politischen »Entmachtung« Deutschlands zu benutzen und sie nicht als eine rein juristische Institution anzuerkennen. Dies war der Standpunkt der Westmächte. Von den hohen Idealen einer neuen Menschlichkeit jedoch, die damals mit großer Verve vertreten wurden, ist angesichts der Realität politischer Alltagsinteressen leider wenig übriggeblieben. Sehr deutlich ist dies vor allem bei dem Anklagepunkt »Plünderung« geworden.

Eines der wesentlichen Argumente der Anklage im Wilhelmstraßen-Prozeß hinsichtlich »Plünderung« ist die Behauptung, Deutschland hätte laut Haager Konvention die Wirtschaft der von ihm besetzten Gebiete nur zur Deckung der Bedürfnisse der Besatzungsarmee und nicht für Zwecke der Kriegführung und des Nachschubs heranziehen dürfen. Auch die in den Industrieprozessen gefällten Urteile basieren alle auf diesem Grundsatz. Im IG-Farben-Urteil heißt es wörtlich: »Das Internationale Militärgericht hat festgestellt, daß die von Deutschland besetzten Gebiete für den deutschen Kriegseinsatz (also über die Bedürfnisse der Besatzungsmacht hinaus) in der unbarmherzigsten Weise ausgebeutet worden sind, ohne Rücksichtnahme auf die örtliche Wirtschaft und im Verfolg vorbedachter Planung und Politik.« Es wird dann abschließend festgestellt, daß die

Handlungsweise der IG einen untrennbaren Teil jener Politik gebildet habe. Im Krupp-Urteil heißt es, daß weder die Einwohner des besetzten Gebietes noch deren Wirtschaftsgüter bei der Kriegführung gegen ihr eigenes Land oder dessen Verbündete eingesetzt werden dürfen. »Der Raub privaten Eigentums ist demnach unter zwei Gesichtspunkten verboten: erstens, der einzelne Privatbesitzer darf dessen nicht beraubt werden; zweitens, die wirtschaftliche Substanz des kriegsmäßig besetzten Gebietes darf von den Besetzenden nicht übernommen oder in den Dienst seines Kriegseinsatzes gestellt werden.«

Dies die amerikanische Rechtsprechung gegenüber der deutschen Besatzungspolitik. Die Frage liegt nahe, ob nicht auch die alliierte Besatzungspolitik unter den gleichen Gesichtspunkten betrachtet werden müßte. So, wenn man etwa an den Zwangsexport von Kohle denkt und besonders von Holz, dessen Verbleib in Deutschland dringend notwendig wäre – hat Deutschland doch vor dem Krieg stets zusätzlich Holz eingeführt; oder wenn man sich vergegenwärtigt, daß sämtliche Auslandsguthaben von deutschen Privatpersonen in allen Ländern beschlagnahmt und zum großen Teil bereits konfisziert worden sind. Aber Theorie und Praxis stimmen ja selten überein, und darum dürfte man vielleicht billigerweise sein Augenmerk nicht auf die derzeitige Besatzungspraxis lenken, sondern müßte im Hinblick auf die völkerrechtlichen Bestimmungen vielmehr die amtliche amerikanische Auffassung zum Maßstab nehmen.

Da war zunächst der Morgenthau-Plan, der ja, auch wenn er nie durchgeführt wurde, in Amerika offensichtlich für völkerrechtlich zulässig gehalten wurde, denn sonst hätte Roosevelt ihn nicht als Diskussionsgrundlage für die Konferenz von Quebec mitnehmen können. Er sah bekanntlich vor: »Sämtliche Industriewerke nebst Einrichtung, soweit nicht durch Kriegseinwirkung zerstört, vollständig zu demontieren« ... »Aus den Bergwerken sind sämtliche Einrichtungen zu entfernen und die Schächte zu schließen.« Unter Wiedergutmachung ist ferner »deutsche Zwangsarbeit außerhalb Deutschlands« vorgesehen. Aber freilich ist dieses haßgeborene Dokument kaum als amtlich zu bezeichnen – während die Direktive JCS 1067 dieses Attribut zweifellos verdient. Es handelt sich hierbei um eine Anweisung der Vereinigten Stabschefs der USA an General Eisenhower als Oberbefehlshaber der USA-Besatzungsstreitkräfte in Deutschland vom April 1945. Darin werden folgende Richtlinien für die Besatzungspolitik auf wirtschaftlichem Gebiet gegeben: »Es dürfen keine Schritte unternommen werden, die

die wirtschaftliche Wiederbelebung Deutschlands vorsehen oder die deutsche Wirtschaft aufrechtzuerhalten oder zu stärken geeignet sind« ... »Alle erdenklichen Maßnahmen sind zu ergreifen, um sicherzustellen, daß die deutschen Hilfsquellen voll ausgenutzt werden und der deutsche Verbrauch auf ein Minimum begrenzt wird, damit die Einfuhren auf das Äußerste eingeschränkt bleiben ...«

Zweieinhalb Jahre später, am 14. Oktober 1947, faßt eine Dienstanweisung vom US-Kriegs- und Marineministerium an die US-Militärregierung der besetzten Gebiete die Aufgaben, Rechte und Pflichten dieser Behörden (und zwar nicht nur für Deutschland, sondern ganz generell) in einer völkerrechtlich durchaus überraschenden Form zusammen: »Aufgabe der amerikanischen Besatzungsbehörde ist es, die militärischen Operationen dadurch zu unterstützen, daß die örtlichen Hilfsquellen des Besatzungsgebietes zugunsten der militärischen Ziele mobilisiert werden und das besetzte Gebiet zu einer Quelle des Nachschubs für weitere militärische Operationen (offenbar bis zum Abschluß eines Friedensvertrages) entwickelt wird« ... »Die Bedürfnisse der Zivilbevölkerung der besetzten Gebiete an Nahrung, Kleidung usw. sind insoweit zu berücksichtigen, als dies erforderlich ist, um einer Ausbreitung von Krankheit und Unruhe vorzubeugen, durch die die Besatzungsstreitkräfte gefährdet werden könnten, und um die Zwecke der Besatzung zu erreichen.«

Bei diesen Dienstanweisungen ist von dem Bedarf der Besatzungsarmee als solcher, der Rücksichtnahme auf die Bedürfnisse der einheimischen Bevölkerung und anderen völkerrechtlichen Grundsätzen gar nicht mehr die Rede. Ebensowenig wie sich die geforderte Respektierung des Privateigentums mit dem Kontrollratsgesetz Nr. 3 verträgt, mit dem das bewegliche und unbewegliche Privateigentum der IG Farben beschlagnahmt und konfisziert wurde. Das amerikanische Kriegsministerium hat den Tatbestand des Krieges stets ganz nüchtern gesehen; es gibt eine Art Dienstvorschrift der US-Army – *Rules of Land Warfare* –, die im Oktober 1940 vom Kriegsministerium herausgegeben und von dem damaligen *Chief of Staff* Marshall unterzeichnet wurde, in der über das Verhältnis der militärischen Notwendigkeit zu dem Grundsatz der Menschlichkeit in der Weise entschieden wird, daß »Kriegsräson vor Kriegsmanier geht!«. Dies bedeutet, wie dort näher ausgeführt wird, daß der Grundsatz der Menschlichkeit für jene Maßnahmen nicht gilt, durch die der Aufwand von Zeit, Leben und Geld für die völlige Unterwerfung des Gegners verringert wird. Eben dieser Grundsatz rechtfertigte auch, wie der Kriegsminister Stimson gelegentlich erklärte, den Entschluß, Atombomben auf Japan zu werfen.

Es mag eine völkerrechtlich schwierige Entscheidung sein, festzulegen, was Plünderung ist, aber es sollte verhältnismäßig einfach sein, die einmal getroffene Entscheidung dann in allen Fällen gleichmäßig zur Anwendung zu bringen. Jede Form einer Zweierlei-Maß-Rechtsprechung muß zwangsläufig in Deutschland zu einer Verringerung des Schuldbewußtseins und damit zu dem führen, was man »draußen« den deutschen Nationalismus nennt.

Brief aus dem Nichts

Im Oktober 1949

Vor ein paar Tagen brachte mir der Postbote einen seltsamen Brief. Er lag auf meinem Schreibtisch, als ich abends nach Hause kam, und ehe ich ihn noch in die Hand genommen und den Poststempel mit dem überraschenden Datum 21.2.1945 näher betrachtet hatte, spürte ich diese eigenartige und schwer zu beschreibende Schrecksekunde, wie man sie wohl empfindet, wenn plötzlich im Dunkeln eine Gestalt auf einen zutritt. Es war ganz deutlich spürbar, irgend etwas Merkwürdiges, Gespensterhaftes war mit diesem Brief.

Er steckte in einem jener armseligen hellgrünen Briefumschläge, wie sie während der Kriegsjahre üblich waren, mit einem Feldpoststempel darauf und einem zweiten Stempel daneben, auf dem in rotem Druck zu lesen stand: »Weiterleitung durch Kriegsverhältnisse verhindert.« Ja, die Deutsche Reichspost war immer eine gut funktionierende Behörde und hielt auf Ordnung. Und als sie schließlich in dem allgemeinen Chaos ihre Pflicht nicht mehr erfüllen konnte, weil die Heimat zum Schlachtfeld geworden und eine Beförderung nicht mehr möglich war, da drückte sie im Donner der feindlichen Geschütze wenigstens noch einen Stempel auf die Briefe, die ihren Adressaten nie mehr erreichen sollten: »Weiterleitung durch Kriegsverhältnisse verhindert« – gewissermaßen zu ihrer eigenen Entlastung tat sie das und triumphierte damit über das allgemeine Chaos.

Merkwürdig, wie so ein verspäteter, verblichener Feldpostbrief wie ein Zauberstab alles um sich herum verändert – Zeit und Raum schienen verwandelt, alles war mit einmal wieder da, so präsent, als sei es lebendige Gegenwart: jenes allmorgendliche fieberhafte Durchblättern der Post auf der Suche nach einem hellgrünen Feldpostbrief, die vielfältige, oft sich durch Wochen täglich wiederholende Enttäuschung und die beglückende Entspannung, wenn er dann schließlich eines Tages da war. Aber dann sofort der angstvolle Blick auf das Datum des Poststempels und die sorgenerfüllte Berechnung: fünf Tage – vierzehn Tage – drei Wochen unterwegs, was konnte inzwischen alles geschehen sein?

»Varzin, Pommern, Februar 1945«, so begann der Brief. Varzin ... wie viele Erinnerungen der preußischen Geschichte sind mit diesem Platz verbunden, der nach 1866 Bismarcks Heimat wurde.

Für mich wird es immer die Erinnerung an den endgültigen Abschied von der Weite des Ostens sein, als ich an einem Spätnachmittag, Anfang Februar jenes Jahres, durch den leicht ansteigenden Park heraufritt zum Schloß Varzin, um meinem müde gewordenen Pferd Erholung in einem richtigen Stall zu gönnen. Vierzehn Tage war es damals schon unterwegs, und das Futter war oft knapp gewesen. Pommern im Februar 1945 … wie viele Bilder gewinnen wieder Umriß und Farbe! Wochenlang war ich mit dem unabsehbaren Millionenheer unbekannter und namenloser Flüchtlinge über die pommerschen Straßen gezogen, und viele der damaligen Gedanken wurden nun wieder lebendig bei der Lektüre dieses Briefes, der die letzte Phase der allgemeinen Auflösung im Osten schilderte.
Was ist Wirklichkeit, so mag man sich fragen – jenes Chaos damals, in dem die Landstraße und der Wechsel von Tag und Nacht und das Gefühl des Preisgegebenseins die einzigen Realitäten waren, oder das pseudobürgerliche Leben von heute, in dem vor jedem besseren Café wieder Palmentöpfe stehen? Nie würde es jenes verlogene bürgerliche Leben wieder geben – so hatte man damals gemeint, und fast lag eine gewisse Hoffnung in dem Gedanken, daß, wenn es nie mehr so sein würde, es doch die Möglichkeit gäbe, eine neue, wesentlichere Welt

aufzubauen, zusammen mit all jenen, die nicht nur am Rand des Abgrunds gewandelt waren, sondern die tief unten von seinem Grund heraufgeschaut hatten. Wie sollte es denn möglich sein, und wer könnte auch nur den Wunsch haben, noch einmal eine Welt zu restaurieren, die so vollkommen zu Bruch gegangen ist? Es stimmte ja nichts mehr – die Kategorien nicht, und die Wertung nicht und gar nichts. So dachte man damals, vor knapp fünf Jahren.

Und dann dachte man, daß es nun immer so sein würde, daß all diese Fremden, mit denen man des Wegs zog und bei denen man einkehrte, ehe sie wenige Tage später sich selbst aufmachen mußten, Brüder bleiben würden. Hatte nicht jeder, der noch etwas Wärmendes oder Eßbares abzugeben hatte, mit dem, der fror oder Hunger hatte, geteilt? Niemand sagte damals »Sie« zum andern – Seid ihr müde? Wo kommt ihr her? So lauteten die Fragen. Das war vor knapp fünf Jahren. Wer fragt heute noch: Seid ihr müde? Habt ihr Hunger? Und doch kommen sie noch immer gewandert, vom Osten her über die endlosen Straßen.

Letzter Ausweg aus dem Rechts-Wirrwarr: Amnestie!

Kriegsverbrecher, die nichts verbrochen haben

Im Dezember 1949

Die Schatten des totalen Krieges reichen weit hinein in die Epoche des sogenannten Friedens. War damals der Anspruch des Staates an den Bürger ein totaler, so ist heute der Vorsatz, ihn umzuerziehen, nicht minder total – sogar das Recht wird zuweilen diesen Zwecken dienstbar gemacht und verliert damit den Charakter der »Majestät«.

Zwei Dinge waren es, die die alliierte Rechtsprechung bestimmten, als man nach der deutschen Kapitulation an die Liquidierung des Hitler-Regimes ging: die Vorstellung, daß die auf ewig verbundenen Sieger den Krieg für alle Zeiten unmöglich machen könnten. Und ferner das begreifliche Verlangen, diejenigen zur Rechenschaft zu ziehen, die so viel Leid über die Welt gebracht haben, wobei man von der Idee ausging, daß der Nationalsozialismus sich nur habe ausbreiten können, weil die einzelnen Bürger nicht genug Widerstand geleistet hätten.

So wie ein Tertianer, der Karl May liest, sich selbst

stets in die Rolle des edlen Winnetou hineindenkt, haben die Alliierten sich stets in der Rolle des Widerstandskämpfers gesehen und dabei vergessen, daß Heldentum etwas sehr Seltenes ist, etwas, das sich nicht zur Norm erheben und fordern läßt. Alle alliierten Gerichtsverfahren seit 1945 basierten daher auf dem Vorwurf des unterlassenen Widerstandes, so daß die jahrtausendealte Frage, ob der Bürger das Recht habe, sich gegen die Obrigkeit aufzulehnen, ganz im Gegensatz zu dem Brief des Apostel Paulus an die Römer kurzerhand in die Feststellung abgewandelt wurde, daß er die Pflicht habe, dies zu tun.

Heute schon beginnt diese unbekümmerte Forderung für jeden fragwürdig zu werden, der die Vorgänge in den Satellitenstaaten aufmerksam verfolgt. Gerade in den letzten Wochen war selbst die katholische Kirche genötigt, die kompromißlose Politik des Exkommunikationsdekrets in der Tschechoslowakei abzuschwächen. Sie hat sogar einer bedingten Eidleistung der Priester auf das kommunistische System zugestimmt, weil sie die Grenzen menschlicher Leistungsfähigkeit und Standhaftigkeit kennt.

Auch die andere Vorstellung, es gebe die Möglichkeit, den Krieg in aller Zukunft zu verhüten, ist inzwischen mindestens zweifelhaft geworden. Jedenfalls muß man annehmen, daß der idyllische

Traum, man könne mit einer geeigneten moralischen Erziehung den Krieg verhüten, so wie man dank hygienischer Belehrungen ansteckende Krankheiten oder die Kindersterblichkeit bannt, kaum mehr glaubhaft erscheint angesichts der Tatsache, daß fast alle Länder ein Drittel ihres Budgets für Rüstungszwecke verwenden.

Eine Zeit, in der alles derart im Fluß ist, daß die Ideale von gestern bereits heute zur Torheit werden, ist nicht dazu angetan, neues dauerhaftes Recht zu schaffen, wie man es in Nürnberg eigentlich vorhatte. Es kann ferner niemanden wundernehmen, daß die alliierten Sondergerichte der verschiedenen Zonen besonders in der ersten »Sturm-und-Drang-Zeit« nach der Kapitulation Urteile gesprochen haben, die aus einer ruhigeren Atmosphäre betrachtet nicht mehr als gerecht bezeichnet werden können. Wie notwendig eine Amnestie und Überprüfung dieser Urteile ist, wird aber erst deutlich, wenn man einmal Einzelfälle herausgreift und betrachtet.

Es sitzen in Landsberg neben den in Nürnberg Verurteilten alle diejenigen, die seit 1945 von amerikanischen Sondergerichten verurteilt wurden. Unter ihnen befindet sich beispielsweise ein Häftling namens Arthur Dietzsch (Case 000 – 50 – 9). Wegen seiner antinationalsozialistischen Gesinnung war er von 1942 bis 1945 im KZ, zuletzt in Buchenwald,

wo er von einem SS-Arzt unter Hinweis darauf, daß Befehlsverweigerung Sabotage sei und mit dem Tode bestraft werde, gezwungen wurde, bei Fleckfieberversuchen mitzuwirken. Es liegen im übrigen Beweise vor für die Rettung vieler Gefangener, darunter eines englischen und zweier französischer Offiziere. Der englische Oberst Forest Yeo Thomas hat 1948 ein Gnadengesuch für Dietzsch an General Clay gerichtet. Obgleich dieser Fall unter den Begriff des gesetzlichen Notstandes fällt, ist Dietzsch zu 15 Jahren Gefängnis verurteilt worden.
Besonders unverständlich ist das Schicksal eines anderen »kleinen« Mannes, der ohne sein Zutun in das Gestrüpp des »SS-Staates« geriet: Adolf Merkle. Er war Angestellter bei der IG Farben in Frankfurt am Main mit 300,- RM Monatsgehalt. Bei Kriegsbeginn wurde er zur Luftwaffe eingezogen und am 15.1.1944 als »dauernd dienstuntauglich« entlassen, weil er sich in Kreta eine schwere Malaria tropica geholt hatte, an der er langsam zugrunde geht – sein Körpergewicht beträgt heute nur noch 45 Kilo. Obgleich Merkle haftunfähig ist, befindet er sich seit vier Jahren in Landsberg. Nachdem er von der Wehrmacht entlassen worden war und wieder seine Stelle bei der IG Farben antreten sollte, wurde er vom Arbeitsamt dienstverpflichtet und als Schreiber nach Hadamar in die Registratur geschickt. Seine Frau

war inzwischen bei einem Bombenangriff umgekommen, und sein damals zehnjähriger Sohn lebt bei fremden Menschen in Frankfurt.
In der Anstalt Hadamar, in der Euthanasieverfahren durchgeführt wurden, saß Merkle in der Schreibstube und hatte die Personallisten zu führen. Er mußte bei den Zu- und Abgängen Tag und Grund der Einlieferung oder der Entlassung und Verlegung eintragen und bei den Sterbefällen den Todestag und die Todesursache. Diese mußte, der gesetzlichen Vorschrift entsprechend, aus der amtlichen Sterbeurkunde entnommen werden, die vom Standesamt Hadamar auf Grund des Leichenschau-Attestes des Chefarztes der Anstalt ausgestellt wurde. Infolge dieser Tätigkeit ist Merkle am 15. 10.1945 von einer amerikanischen Militärkommission in Wiesbaden (Case 12 – 449) zu 35 Jahren Gefängnis verurteilt worden. In einem Gnadengesuch schreibt Merkle: »Wenn mir im Prozeß der Vorwurf gemacht wurde, ich hätte in die Krankenbücher eintragen sollen: durch Spritze getötet, so kann dieser Vorwurf höchstens dem Chefarzt gemacht werden, der die Todesursache auf dem Leichenschauschein feststellte.«
Dies ist der einzige Anhalt, der sich für die Anklage gegen Merkle rekonstruieren läßt, denn ordnungsmäßige Akten gibt es für all diese Fälle nicht, da die Anklage nur manchmal, das Urteil nie schriftlich

erfolgte und die Angeklagten keinen Verteidiger hatten. Außerdem ist das Kontrollratsgesetz 10 erst am 20. Dezember 1945 erlassen worden, so daß schwer zu übersehen ist, nach welchen Gesetzen im einzelnen diese frühen Fälle eigentlich abgeurteilt wurden.

Ein Brief spricht Bände

Wahrscheinlich wüßte man von diesem merkwürdigen Fall gar nichts, wenn nicht im Juli 1948 ein junger Mensch, der jetzt als Arbeiter in Holstein lebt und der Merkle sein Leben verdankt, zunächst nach Landsberg gereist und dann bei einem Rechtsanwalt in Frankfurt aufgetaucht wäre und ein merkwürdiges Affidavit abgegeben hätte. Der 1924 in Berlin Geborene schildert, daß seine Stiefeltern ihn in ein Landesjugendheim gesteckt hätten. »Nach 2 1/2 Jahren wurde ich von der Anstalt Görden mit einem Transport nach Hadamar geschickt zur Vernichtung. In Hadamar trafen wir am 11. 11.1943 ein. Ich wurde gleich am andern Tag vom Stationspfleger Karl Willich zur Arbeit bei ihm auf der Kleiderkammer eingesetzt.« Er schildert dann, daß er Merkle kennengelernt habe und sich mit ihm anfreundete, obgleich den Angestellten der Umgang mit den Anstaltsinsassen streng verboten war. »Eines Tages wollte Adolf Merkle mich heimlich aus Hadamar fortbringen, damit ich aus der Gefahr raus bin und ich mich wieder meiner Freiheit freuen sollte. Für meine Unterbringung und was so noch zu erledigen war, hatte er schon alles vorher erledigt. Ich selbst hatte Angst und dachte, wenn es schiefgeht, wären wir alle beide dran, und sagte zu ihm, wir wollen damit noch warten … Er entfernte sogar aus meinen Akten schlechte Berichte von Ärzten und Erziehern aus der vorigen Anstalt und stellte mir meine Papiere zur Verfügung. Der Herr Oberpfleger Ruoff versuchte es oft, meinem Leben ein Ende zu machen, weil ich ihm unsympathisch und überall im Wege war. Er hätte es auch beinah zweimal geschafft. Nur durch Herrn Adolf Merkle sein Einsetzen für mich bei Inspektor Klein ging es bei dem Oberpfleger Ruoff daneben.«

Es ist ein seltsames und rührendes Zeitdokument, wie diese beiden unglücklichen Individuen in ihrem kleinen Wirkungsbereich versuchen, einander gegen die Sinnlosigkeit der damaligen Gesetze und der heutigen Rechtsprechung zu verteidigen. Soviel ist sicher, wenn nicht jeder Glaube an die Existenz eines wirklichen Rechtes im Volk aussterben soll, müssen all diese Verfahren richtiggestellt werden. Und zwar bald, sonst könnte es in einigen Fällen zu spät sein. So wie es bei Otto Steinbrinck, der am 14.8.1949 in Landsberg verstarb, zu spät ist.

Steinbrinck war nicht, wie die bisher geschilderten Fälle, von einer der US-Militärkommissionen verurteilt worden, sondern vom »internationalen« Nürnberger Gericht, und zwar im Verfahren gegen Flick u. a. Er hatte verschiedene hohe Stellungen in der deutschen Schwerindustrie innegehabt und wurde 1940 zunächst Generalbevollmächtigter für Stahl und Eisen, später für die Kohlewirtschaft in den besetzten Westgebieten. Von allen Beschuldigungen, die im Zusammenhang mit dieser Tätigkeit in Nürnberg gegen ihn erhoben waren, wurde er freigesprochen, nicht zuletzt dank zahlreicher, sehr anerkennender Aussagen belgischer und französischer Industrieller. Übrig blieben Punkt 4 und 5 der Anklage: Mitgliedschaft im sogenannten »Freundeskreis« und SS-Ehrenmitgliedschaft – Tatbestände, die im IG-Farben-Prozeß und in anderen Verfahren nicht als Delikte galten, wegen deren Steinbrinck jedoch zu fünf Jahren Gefängnis verurteilt wurde.

Steinbrinck hatte sich während der Haft eine schwere Krankheit zugezogen. Er war am 2.10.1945 im Lager Recklinghausen, in dem er sich seit Mai befand, in eine unter der Erde liegende dunkle Bunkerzelle gesperrt worden, die etwa zwei Zentimeter hoch unter Wasser stand. Als Folge dieser Sonderhaft traten Kreislaufstörungen ein, die während der Nürnberger Zeit zu immer stärkeren Gallenanfällen führten. Am 5.12.1948 wurde ein Antrag auf Feststellung der Haftunfähigkeit gestellt, der jedoch nie beantwortet wurde. Im Mai 1949 brach er während der Arbeit in der Schlosserei von Landsberg zusammen und kam in das dortige Lazarett. Zwei Anträge auf Genehmigung zur Durchführung einer Operation wurden abgelehnt. Ein erneuter Antrag auf Haftentlassung im Juli blieb wieder ohne Antwort. Schließlich, im August, wurde die Operation genehmigt, aber der allgemeine Zustand Steinbrincks war bereits so geschwächt, daß er vier Tage nach der Operation starb. Der neue Gefängniskommandant, Colonel Graham, der gerade seinen höchst unerfreulichen Vorgänger abgelöst hatte, war in jeder Weise bemüht zu helfen, aber es war zu spät.

Keine Revisionsinstanz

Es ist eine gar nicht zu begreifende Tatsache, daß es für all diese Gerichtsverfahren keine Revisionsinstanz gibt, so daß es nicht möglich ist, etwa ergangene Fehlurteile je wieder aus der Welt zu schaffen oder auch nur Ungerechtigkeiten im Strafmaß zu berichtigen. Da ist beispielsweise der Fall des Generals Wilhelm Speidel, der zu 20 Jahren Gefängnis verurteilt wurde, was seinen Ankläger Mr. Fenstermacher veranlaßte, einen Verwandten des Verurteilten zu sich zu bitten, um ihm zu sagen, daß er an dem Strafmaß keine Schuld habe und es nicht in seinem Sinne sei.

Nur wer die Atmosphäre von Nürnberg kennt, kann ermessen, wie abwegig dieses Urteil sein muß, wenn der Ankläger selbst eine solche Äußerung tut. Speidel wurde verurteilt für seine Tätigkeit als Militärbefehlshaber in Griechenland, die er von 1941 an ausübte, bis er im Mai 1944 abberufen wurde, weil er nicht scharf genug durchgegriffen hätte. Wie denn dieser Sohn eines Tübinger Professors mit seinen vielen geistigen und künstlerischen Interessen überhaupt kein General nach dem Herzen der Nazis war. Für ihn haben sich in Nürnberg hohe griechische Persönlichkeiten, so der päpstliche Nuntius in Athen und andere, eingesetzt.

Speidel war in vier Punkten angeklagt, wurde aber nur in einem Punkt: Repressalien, und zwar in 14 Fällen, für schuldig befunden. Von diesen 14 Fällen sind allein vier gleichzeitig dem General Felmy, Kommandierendem General des 68. Armeekorps, zur Last gelegt worden, der die Verantwortung dafür

auch übernommen hat. Es ist zweifellos ein Unikum, daß für das gleiche Delikt zwei voneinander unabhängige Täter bestraft werden.
Auch die französische Zone hat zahlreiche Beiträge zu dieser Sammlung seltsamer Urteilssprüche geliefert. Hier sei nur der Fall von Ernst Röchling erwähnt, der in ganz besonderem Maße unbegreiflich erscheint. Röchling, der nach dem 20. Juli 1944 in Paris verhaftet wurde, weil er den später hingerichteten Oberstleutnant von Hofacker verborgen hatte, wurde im Januar 1945 von Freisler im Volksgerichtshof wegen Feindbegünstigung zu fünf Jahren Zuchthaus verurteilt. Seltsamerweise sollte ihm diese Episode noch einmal zum Verhängnis werden, insofern als das französische Berufungsgericht den zweckgefärbten Brief, den Hermann Röchling zur Rettung seines Vetters nach dem 20. Juli an Hitler schrieb, als besonderes Belastungsmoment wertete. Das Gericht erster Instanz, das Tribunal Général in Rastatt, hatte Röchling nach viermonatiger Verhandlung im Juli 1948 freigesprochen. Das Tribunal Supérieur, dessen Tagung man lediglich für eine formale Angelegenheit gehalten hatte, verurteilte ihn jedoch binnen zwei Tagen zu fünf Jahren Gefängnis und Konfiskation seines gesamten Vermögens – übrigens ohne daß Röchling durch einen Anwalt vertreten war.

Ernst Röchling lebte seit 1930 in Paris als Vertreter der Werke von Völklingen; seine Freunde waren damals der Meinung, er habe diese Tätigkeit nur übernommen, um seiner ausgeprägten Frankophilie leben zu können. 1941 hat man ihn dann zum Vermittler zwischen der deutschen Besatzungsbehörde und den französischen Behörden sowie der französischen Wirtschaft ernannt. Er hat sich in dieser Zeit bemüht, die französischen Verhandlungspartner zur Mitarbeit zu gewinnen, um ihnen Schlimmeres zu ersparen, und hat nur diejenigen Maßnahmen und Transaktionen der Besatzung vertreten, bei denen die französischen Partner bereit waren, freiwillig zuzustimmen. Um so unverständlicher ist es, wenn Ernst Röchling heute unter Anerkennung dieser Umstände wegen »Plünderung« verurteilt wird. Bisher galt als Plünderung die Wegnahme oder Beeinträchtigung von Vermögenswerten unter Anwendung von Gewalt oder Druck – ein Tatbestand, der Röchling während des ganzen Verfahrens nicht vorgeworfen wurde. Hingegen wird ihm gerade seine vermittelnde und ausgleichende Tätigkeit als »hauptsächlich belastendes Moment« angerechnet. – Offenbar verwechselt man das national-französische Delikt: Kollaboration, mit einer im Sinne des Völkerrechts strafbaren Handlung.

Wenn man diese verschiedenen Fälle überdenkt, die

übrigens unschwer um eine lange Reihe vermehrt werden können, so bleibt kein Zweifel, daß die Majestät des Rechts empfindlichen Schaden gelitten hat. Es kommt aber gerade in Deutschland darauf an, die Achtung vor dem Recht wiederherzustellen und es wieder zu einer unabhängigen Ordnung werden zu lassen. Die bisherige Rechtsprechung hat dazu geführt, daß bei uns Schuldige zusammen mit den Unschuldigen beklagt werden, daß verbrecherische Elemente aller Art als Märtyrer gelten. Da eine Revision der Fehlurteile abgelehnt worden ist, bleibt nur der Weg der Amnestie, um die Schuldigen von den Unschuldigen zu sondern. Und zwar sollten alle als Kriegsverbrecher von alliierten Gerichten Verurteilten amnestiert werden, sofern sie sich nicht zugleich nach deutschem Strafrecht schuldig gemacht haben. Hierbei wäre das Strafmaß dem deutschen Strafrecht anzupassen. Es bleibt dringend zu wünschen, daß die Hohen Kommissare in Zusammenarbeit mit der deutschen Bundesregierung den Entschluß zu einer solchen Amnestie fassen.

Falkenhausens Gefängnisrekord

Ohne individuelle Schuld

Im Dezember 1949

Der einundsiebzigjährige General von Falkenhausen, ehemals Militärbefehlshaber von Belgien, ist seit fünfeinhalb Jahren ein Gefangener. Seit zwei Jahren sitzt er gefangen in Lüttich. Nicht, weil er dort eine Strafe verbüßt – das ist nicht der Fall, denn er ist nie verurteilt worden, man hat nicht einmal Anklage gegen ihn erhoben –, sondern weil er als Militärbefehlshaber zu der Kategorie »Führerkorps« gehört.

Falkenhausen gehört zu den wenigen Deutschen, die schon zu einer Zeit, da viele spätere Widerstandskämpfer noch mit feierlicher Gänsehaut dem Tag von Potsdam beiwohnten, längst erbitterte Gegner Hitlers waren. Seit 1930 konnte man in Dresden und Umgegend seine warnende Stimme in Vorträgen hören. Im August 1932 versuchte er vergeblich, Schleicher zum Verbot der SA zu bewegen. Nach der Harzburger Koalition trat er aus der Deutschnationalen Partei aus und wenig später, als Seldte den Stahlhelm in die SA eingliederte, auch aus dem

Stahlhelm. Schließlich griff er zu, als Marschall Tschiang Kai-schek ihn aufforderte, in seine Dienste zu treten, er reiste im April 1934 enttäuscht und degoutiert nach China ab – gerade noch rechtzeitig, um nicht das Schicksal seines Bruders zu teilen, der am 30. Juni 1934 ermordet wurde. Aber die Freiheit währte nicht lange. 1938 zwang Ribbentrop ihn zur Rückkehr, mit der Drohung, er werde anderenfalls seine Familie in Sippenhaft nehmen, weil es nicht angehe, daß nach Abschluß des deutsch-japanischen Pakts noch Deutsche privat militärische Berater in China seien.

Im August 1938 wurde er eingezogen, und im Mai 1940 sorgten einflußreiche und verantwortungsbewußte Offiziere dafür, daß Falkenhausen, sehr gegen seinen Willen, als Militärbefehlshaber in Belgien eingesetzt wurde. Wieviel er diesem Land durch sein unbeirrbares Rechtsgefühl und seine große Menschlichkeit erspart hat, wird am deutlichsten, wenn man die wirtschaftliche Lage Belgiens bei Kriegsende mit derjenigen anderer besetzter Gebiete vergleicht. Für Falkenhausen war diese Zeit ein ständiger Kampf mit der Partei, SD und Polizei. Im Dezember 1943 wurde der Kommandant der Gefängnisse in Brüssel von der Gestapo verhaftet, weil er Mißhandlungen an Gefangenen gemeldet und Falkenhausen daraufhin streng eingegriffen hatte. Seine Versuche,

die Einführung des zwangsweisen Arbeitseinsatzes in Belgien zu verhindern, die so weit gingen, daß er sich 1944 weigerte, den geschlossenen Jahrgang 1925 auszuheben, führten schließlich dazu, daß er am 14. Juli 1944 seiner Stellung enthoben wurde. Neun Monate ist er von der Gestapo durch viele KZ und Gefängnisse geschleppt und kurz nach der Befreiung erneut, als Kriegsverbrecher, verhaftet worden.
Seither sind Jahre vergangen. Falkenhausen ist in sechs verschiedenen Ländern durch 51 Gefängnisse und Lager gewandert. Sein Nachfolger hingegen, der frühere Gauleiter von Köln/Aachen, Grohé, der als Reichskommissar ein wesentlich schärferes Regime in Belgien führte, ist dort längst aus der Haft entlassen.
Vielleicht wird eines Tages in einem menschlicheren Zeitalter geschrieben werden, wie ein Ritter ohne Furcht und Tadel im Gefängnis zugrunde ging, weil die Menschen verlernt hatten, zwischen Gut und Böse zu unterscheiden.

Die fünfziger Jahre

Die Zeit ist abgelaufen

Im Juli 1950

Als der Zweite Weltkrieg zu Ende ging und die UNO auf den Trümmern der Alten Welt eine neue und bessere Ordnung der Völkergemeinschaft aufzubauen versprach, da glaubten die Sieger mit Hilfe der Kriegsverbrecherprozesse soviel erzieherischen Einfluß ausüben zu können, daß es in Zukunft keine Kriege mehr geben werde. Heute, fünf Jahre später, werden in Korea wieder Städte bombardiert, wieder fliegen Brücken in die Luft, und wieder wandern Tausende von Flüchtlingen ohne Ziel und Zuflucht über die Straßen … Die Verfahren gegen die Kriegsverbrecher haben also die gewünschte Wirkung nicht gezeitigt. Wie sollten sie auch? Denn Aufgabe der Rechtsprechung ist es ja, Recht zu sprechen und nicht, angewandte Pädagogik zu treiben und dabei die Majestät des Gesetzes zum politischen »schwarzen Mann« herabzuwürdigen.

Vielleicht wird die Zukunft von den Fehlern der Vergangenheit profitieren. Bei uns aber steht dieses Problem zwischen gestern und morgen noch immer in der Gegenwart. Noch immer warten über 600 deutsche Kriegsgefangene in den Gefängnissen der westeuropäischen Länder auf ihr Urteil. Allein in Frankreich sind es noch etwa 550, in Belgien und Holland je 30. In Griechenland und Italien, das übrigens als einziges Land den Gefangenen den Status der Genfer Konvention zugebilligt hat, sind die Prozesse bis auf je einen Fall abgeschlossen. Denn wohlgemerkt, es handelt sich bei jenen Gefängnisinsassen nicht um überführte Kriegsverbrecher, die ihre wohlverdiente Strafe absitzen, sondern um Leute, die zum Teil seit fünf Jahren darauf warten, daß zunächst einmal geprüft werde, ob sie schuldig sind oder nicht. Und dies in einer Zeit, in der mehr von Freiheit, Humanität und Recht gesprochen wird als je zuvor.

Hitler hat bis 1945 alle Rechtsbegriffe systematisch vergewaltigt und ausgehöhlt, und seither ist so viel herumexperimentiert worden, daß von einer Wiederherstellung des Rechtsbewußtseins keine Rede sein kann. Nicht Justitia, sondern die öffentliche Meinung hat vielfach die Rechtsprechung seit 1945 bestimmt. In vielen Fällen ist kollektive Haftung an die Stelle individueller Schuld getreten, hat überdies eine Umkehrung der Beweislast stattgefunden – alles Dinge, die mit normalen Rechtsvorstellungen ganz unvereinbar sind. In Frankreich bestimmte die für die Verfahren maßgebende *Ordonnance* vom 28. August 1944, daß bei den Kriegsverbrechergerichten, denen ein ziviler Richter vorsteht, von den sechs militärischen Beisitzern vier der *Résistance* angehört haben müssen.

Viele dieser seltsam anmutenden Bestimmungen sind nur aus jener Atmosphäre elementarer Entrüstung zu erklären, welche die Verbrechen Adolf Hitlers – die die meisten Menschen in Deutschland heute so geflissentlich zu vergessen trachten – in der gesamten zivilisierten Welt auslösten. Heute, am Vorabend der Vereinigung Europas, befinden wir uns aber nicht mehr in der Phase retrospektiver Betrachtung, sondern wir sind immerhin einige Schritte weiter gediehen und stehen bereits im Stadium eines neuen Beginns.

Der Tag muß kommen, an dem die Einsicht dämmert, daß es wesentlich wichtiger ist, die Autorität des Rechtes unangetastet durch die wirren Zeiten zu retten, als in langjährigen Ermittlungen einige Menschen zu verurteilen. Darum hoffen wir, daß wenigstens im nichtkommunistischen Europa überall die Kriegsverbrecherprozesse nun endlich so rasch wie möglich abgeschlossen werden.

Sechsjahresplan für die Flüchtlinge

Im Jahre 1951

Als der stets hilfsbereite Odd Nansen im Herbst 1948 einmal in Hamburg war und in kleinem Kreise mit uns das deutsche Flüchtlingsproblem besprach, war er der erste Ausländer, der sich nicht in ausschließlich karitativem Sinne mit dieser Frage beschäftigte, sondern nach einer großrahmigen wirtschaftspolitischen und administrativen Lösung suchte. Er war damals verblüfft und ein wenig befremdet, daß wir die Idee einer Massenauswanderung von zwei bis drei Millionen Deutschen mit großer Skepsis aufnahmen. Aber erst der soeben fertiggestellte Sonne-Bericht hat diese Idee endgültig *ad acta* gelegt.

Es war ein langer Weg von jenem Spätherbst 1948, da außer dem großen Norweger alle Ausländer immer wieder beteuerten, das Flüchtlingsproblem sei eine rein deutsche Angelegenheit, bis zum Sonne-Bericht. – Auch der Walter-Report des amerikanischen Repräsentantenhauses vom März 1950, der zum ersten Male die Größe des Problems sah, ging im großen und ganzen noch von diesem Gesichtspunkt aus.

Mr. Sonne, ein Däne von Geburt und jahrelang erfolgreicher Manager einer großen *Investment Company* in USA, hat auf Ersuchen der Bundesregierung im September 1950 begonnen, mit acht hochqualifizierten amerikanischen und fünf deutschen Sachverständigen eine Untersuchung der deutschen Flüchtlingsfrage durchzuführen. Das Ergebnis, das jetzt vorliegt, ist eine selten glückliche Mischung von jenem vorurteilslosen tatkräftigen und großräumigen Denken der Amerikaner und der Gründlichkeit und Sachkenntnis deutscher Professoren und Verwaltungsbeamten. Es ist in der Tat zum erstenmal gelungen, das Problem aus der aktenstaubigen kleinmütigen Atmosphäre kassenleerer deutscher Behördenressorts in das Licht einer weltweiten Aktualität zu stellen. Man hat ganz einfach das Gefühl: Da haben sich die Leute einmal die Ärmel aufgekrempelt und sind mit der Courage des Nichtzuständigen an ein in seiner Größenordnung für die Betroffenen allzu erschreckendes Thema herangegangen.

Gewiß, es bleibt erschreckend, wenn man – das Ergebnis vorwegnehmend – liest, daß für einen Sechsjahresplan, der die Eingliederung der Flüchtlinge in das Wirtschaftsleben der Bundesrepublik vorsieht, 12,5 Milliarden DM erforderlich sind; aber

sehen wir uns die Dinge erst einmal genauer an, ehe wir resigniert feststellen, alles sei nun einmal hoffnungslos. – Um es gleich zu sagen: Acht Milliarden, also drei Viertel dieser Summe, sind für den Bau von etwa einer Million Wohnungseinheiten vorgesehen. Da man schätzt, daß für die Gesamtbevölkerung der Bundesrepublik die Erstellung von 2,5 Millionen Wohnungseinheiten notwendig ist, könnte man einwenden, daß die Belastung des Sechsjahresplanes mit dem auf die Flüchtlinge entfallenden Anteil von einer Million Einheiten gar nicht notwendig wäre, denn die Regierung muß ja ohnehin bauen.
Unbedingt wichtig ist es aber, daß der Sonne-Bericht den Wohnungsbau zum Mittelpunkt seines ganzen Programms macht. Es steht fest, daß zur Zeit etwa 100 000 bis 150 000 Arbeitsplätze mehr in der Industrie besetzt werden könnten, wenn die brachliegenden Arbeitskräfte aus den Notstandsgebieten in die Industriegebiete umgesiedelt würden. Was nützen 100 000 Arbeitsplätze bei 9,4 Millionen Flüchtlingen, so könnte man fragen. Doch würde man dabei übersehen, daß ja der größere Teil der Flüchtlinge in den zurückliegenden Jahren bereits in die Wirtschaft des Westens eingegliedert worden ist. Der Bericht rechnet, daß unter jenen 9,4 Millionen Flüchtlingen etwa 3,5 Millionen effektive Arbeitskräfte vorhanden sind, von denen über 75 Prozent bereits wieder

Arbeit gefunden haben und nur 600 000 bis 750 000 heute noch unterzubringen sind. Der Sechsjahresplan, den die Sonne-Kommission ausgearbeitet hat, setzt sich nun zur Aufgabe, von jenen letzten rund 500 000 arbeitsfähige Flüchtlinge mit ihren Familienangehörigen wieder in den Arbeitsprozeß einzugliedern.
Die Kommission macht eine große Anzahl von Vorschlägen zur Berufsausbildung, zur Umsiedlung und zur zusätzlichen Beschäftigung in Industrie, Handel, Handwerk und Landwirtschaft, die insgesamt Kosten von 12,5 Milliarden DM verursachen. Aber sie macht nicht nur irgendwelche wunsch- und hoffnungsvollen Vorschläge, sondern untersucht eingehend die wirtschafts- und finanzpolitische Lage der Bundesrepublik, um die tatsächlichen Möglichkeiten abzutasten. Gewissermaßen als Probe aufs Exempel wurden dann die Forderungen und Ergebnisse der Kommission verglichen mit Schätzungen und Plänen der einzelnen Länder und ihrer zuständigen Sachverständigen, wobei sich zeigte, daß die Abweichungen nicht sehr groß waren.
Natürlich kann man die Durchführung eines solchen Planes nicht den sich bekämpfenden Ländern und den Kompetenzstreitigkeiten der einzelnen Bundesministerien überlassen, und darum schlägt der Bericht vor, es solle eine unabhängige juristische Per-

son, eine öffentliche Körperschaft also, errichtet werden. Sie soll der Regierung unterstehen und ihrerseits drei privatrechtliche Institute gründen, denen die Durchführung des Wohnungsbaus, der ländlichen Siedlung und der Kreditgewährung übertragen wird. Die Aufgabe, eine solche öffentliche Körperschaft, der natürlich ein Beirat aus Mitgliedern der zuständigen Ministerien und des Bundesrats zur Seite stehen muß, verantwortlich zu leiten, erfordert in der Tat eine Persönlichkeit vom Range eines Paul G. Hoffmann von der Marshall-Plan-Verwaltung. Das Beste vom Besten sollte Deutschland für diese Aufgabe zur Verfügung stellen!

Es ist ein riesiger Fortschritt, daß jetzt ein Bericht vorliegt, der von einer neutralen Stelle mit aller Sorgfalt und Sachkenntnis aufgestellt ist. Zum erstenmal ist klar herausgearbeitet, daß das Schicksal Deutschlands mit der Lösung der Flüchtlingsfrage untrennbar verknüpft ist, die damit zu einem Anliegen des Westens geworden ist. Sie kann nur in gemeinsamer Arbeit mit der westlichen Welt gelöst werden, und sie ist vom Standpunkt der westlichen Verteidigung wichtiger und vordringlicher als direkte Wehrbeiträge Deutschlands; das geht deutlich aus dem Sonne-Bericht hervor. Und darum erscheint der Wunsch und die Hoffnung begründet, die Hohen Kommissare möchten in diesem Jahr eine Milliarde DM von den Besatzungskosten streichen, damit die Forderung der Sonne-Kommission, sofort eine Milliarde DM als Initialzündung in das Wohnungsbauprogramm zu stecken, erfüllt werden kann, ehe die Dinge wieder zerredet werden und jede Initiative in Aktenstaub und uferlosen Bedenken verlorengeht.

Kasernen, die der Freiheit dienen …

Über die geistigen Grundlagen deutschen Soldatentums

Im August 1951

Vor fünf Jahren, am 20. August 1946, erließen die Alliierten das Gesetz Nr. 34, mit welchem die deutsche Wehrmacht für alle Zeiten – vielleicht dachte man an die nächsten tausend Jahre – »aufgelöst, völlig liquidiert und für ungesetzlich erklärt« wurde. Man hoffte, auf diese Weise den »typisch deutschen Geist« auszurotten. Jenes »typisch deutsch« aber hieß: die letzten 200 Jahre deutscher Historie. Denn die neuen Erzieher waren der Meinung, daß von Friedrich dem Großen über Bismarck bis Hitler die deutsche Geschichte eine einzige Folge von Barbarentum, Terror, Blut und Eisen gewesen sei. Sie kannten im Grunde nur diese Namen, diese Worte, ja – und allenfalls ihr in der Nazizeit verfälschtes Klischee. Nur eine Figur kannten sie wirklich: Hitler, und so transponierten sie seine Züge in die Vergangenheit bis hin zu Luther. Mit Hitler, dem Verfälscher, wurden also auch die Großen der deutschen Geschichte in den Abgrund gestürzt. Bismarck mußte in den Schulbüchern der französischen Zone seine Auferstehung halten durch Karikaturen von Daumier, und die einzigen historischen Vorbilder, die noch gelten sollten, waren die Professoren von 1848, mit denen aber eine moderne Jugend, die gerade ihre pompösen »Helden« verloren hatte, sehr wenig anzufangen weiß.

Heute nun, fünf Jahre später, ist die Frage, wie man die Deutschen dazu bringen kann, wieder zu den Waffen zu greifen, das Thema des Tages. Darin liegt ein gewisser Zynismus, der aber nicht den Erziehern, sondern der politischen Situation zuzuschreiben ist. Und diesmal, das steht fest, müssen wir selber – und nicht unsere Erzieher – darüber Rechenschaft ablegen, in welchem Geist eine neue Armee überhaupt vorstellbar ist. Denn darüber muß man sich klar sein, daß Begriffe wie das Ethos des Soldatentums, die Uniform als Ehrenkleid und der Ruhm des Schlachtfeldes, die viele Jahrgänge zu äußerster Leistung angespornt haben, nach zwei mörderischen Weltkriegen und den Nürnberger Gerichtsverfahren fragwürdig geworden sind. Heute wird niemand mehr, wie in früheren Zeiten, mit Stolz und Freude an Paraden denken. Eine Armee kann heute nicht mehr Selbstzweck sein, sondern nur noch einen Zweck haben, nämlich die nationale, die europäische und schließlich auch die bürgerliche Freiheit zu gewähr-

leisten. Kasernen, die der Freiheit dienen, das ist eine der seltsamen Paradoxien unserer Zeit!
Die heutigen Generationen, die erlebten, wie in der Armee subalterner Gehorsam gegenüber unduldsamen rechthaberischen Herren immer mehr in den Vordergrund trat, wissen kaum noch, daß es in der preußisch-deutschen Geschichte auch andere Maßstäbe gab. Der General Graf Sponeck, der auf der Krim einen Befehl Hitlers nicht ausführte, weil er ihn für militärisch unverantwortlich hielt, wurde erschossen. Dem Major von Saldern, der von Friedrich dem Großen im Schlesischen Krieg persönlich den Auftrag erhielt, das Schloß Hubertusburg zu plündern, und der den Befehl verweigerte, geschah gar nichts. Friedrich Wilhelm I., der gefürchtete Vater dieses Königs, schickte im Katte-Prozeß das Urteil der Ersten Instanz, die Katte zu lebenslänglicher Festungshaft verurteilt und den Kronprinzen »außerhalb aller Kompetenz« erklärt hatte, an die zu Gericht sitzenden Generale Schwerin, Dönhoff und von Linger zurück mit dem Befehl: »Sie sollen Recht sprechen und nicht mit dem Flederwisch darüber gehen. Das Kriegsgericht soll wieder zusammenkommen, soll anders sprechen.« Aber das Kriegsgericht hielt sich an das, was es für Rechtens hielt, und nicht an den Befehl, es bestätigte sein früheres Urteil von neuem. In der altpreußischen Armee stand das

Recht über dem königlichen Befehl, und die höchste Instanz war das eigene Gewissen.
Als Scharnhorst die Armee reorganisierte, verlangte er ein Höchstmaß von gründlich erworbener, organisch aufgebauter und nicht angelernter Allgemeinbildung. Er verlangte von den Kommandeuren, daß den jungen Offizieren das erforderliche Mindestmaß an Zeit übrigbliebe und daß sie ihre Abende nutzbringend verwendeten. Und dies in den Jahren zwischen Tilsit und Breslau, von denen man meinen sollte, daß für derartige Dinge wahrhaftig keine Zeit gewesen sei.
Man muß einmal an die betont geistige Atmosphäre der folgenden Jahrzehnte denken, an die Gründung der Universität Berlin mit Humboldt, Fichte, Savigny und Niebuhr – die Gründung einer Universität nach der größten Niederlage, die Preußen je erlebte! An den Revolutionär Yorck, der mehr als ein Jahrhundert vor dem 20. Juli das Schicksal seines Landes gegen seinen Monarchen in die Hand nahm. An die Briefe und Aufzeichnungen Moltkes, der, als Bismarck nach dem 70er Krieg zu ihm sagte: »Mein Lieber, ich möchte wissen, woran wir uns jetzt nach solchen Erfolgen noch freuen sollen«, antwortete: »Nun, beispielsweise daran, einen Baum wachsen zu sehen.« An die Memoiren und Briefe vieler Offiziere jener Zeit – an alle jene Typen, in denen sich Offi-

ziershaltung, Noblesse mit einem Schuß Künstlerischem vereinte.
Gewiß, es hat auch später, auch zu unseren Zeiten, noch einzelne dieser Art gegeben, aber ihre Tradition in der preußisch-deutschen Armee hat mit Moltke aufgehört. Und wie merkwürdig dies war, als Moltkes Geist das alte Preußen verließ: Er starb am 24. April 1891; am gleichen Abend »sahen« zwei Offiziere, Prinz Max Hohenlohe und Graf Harald von der Groeben, den Feldmarschall, wie er ohne Mütze und ohne Degen ging. Sie machten Front und grüßten, und Moltke grüßte wieder. An der Ecke des Generalstabsgebäudes, kurz vor der Hauptwache, sah ein Hauptmann vom Kaiser-Alexander-Regiment den Feldmarschall und machte ebenfalls Front. Gleich darauf präsentierte die Wache das Gewehr, und der Protokollant notierte die Zeit. In diesem Moment entstand Unruhe im Hause, weil die Nachricht eintraf, daß der Feldmarschall soeben in seiner Berliner Wohnung unerwartet gestorben war. Die Aussagen der Offiziere über diese seltsame Erscheinung wurden am andern Tag zu Protokoll genommen und ihre Veröffentlichung verboten.
Die menschliche Würde, das Geistige, das gewissermaßen Zivile, das von Scharnhorst bis Moltke im preußischen Offizierkorps beheimatet war, verlor erst nach seinem Tode immer mehr an Raum und

konnte in der neuen Ära nicht mehr gedeihen. Aus dem Militär wurde allmählich der Militarismus; aus Korpsgeist Dünkel; an die Stelle von urteilsfähigem Gehorsam trat subalterne Disziplin.

Wenn man sich noch einmal an die ursprüngliche Frage erinnert, in welchem Geiste denn eigentlich ein Deutscher überhaupt noch einmal Soldat werden könne, so muß man wohl sagen, daß es sicherlich nicht im Geiste irgendeiner Restauration geschehen kann. Das grundsätzlich Neue an unserer Situation ist, daß verantwortungsbewußte Zivilisten sich organisieren, um ihre bürgerliche Freiheit zu verteidigen, und nur für eben so lange, als die Freiheit bedroht ist. Es kann nichts restauriert werden von dem, was vergangen ist. Aber es gibt genug einzelne Vorbilder in unserer Geschichte bis hinein in den Ersten und Zweiten Weltkrieg, auch wenn Nürnberg das Gegenteil hat beweisen sollen. Man muß nur wieder zurückfinden zu der eigenen Geschichte durch den Nebel der *reeducation* und die Verfälschung und Umdeutung eilfertiger Nazi-Demagogen. Auch Scharnhorst begann, als er das Volksheer aufbaute, mit einer völlig neuen Konzeption, die seiner Zeit weit vorauseilte. Er hatte die demokratischen Ideale seiner Epoche im Aufbau des Heeres verwirklicht, längst ehe im politischen Raum die konstitutionelle Monarchie eingeführt wurde.

Unsere teuren Alliierten

Besatzungskosten und Wehrbeitrag

Im August 1951

Wenn das Verhältnis der Alliierten zu Deutschland auch nicht so sehr einer Neigungsehe als viel eher dem Begriff der *mariage arrangé* gleicht, so wäre doch der Wandel von der bedingungslosen Kapitulation zur Partnerschaft Grund genug, auch im finanziellen Status der veränderten Beziehung Rechnung zu tragen. Die Besatzungskosten jener Tage sind schließlich etwas ganz anderes als der Verteidigungsbeitrag, den man heute von uns erwartet. Damals, als Deutschland bedingungslos kapitulierte und die Alliierten das Land besetzten, war dies gewissermaßen der Abschluß einer Epoche, die – was man in Deutschland gern übersieht – einschließlich der Endphase von uns selbst inszeniert war. Die Besetzung sollte dem erklärten Zweck dienen, Deutschland zu demilitarisieren, zu denazifizieren, zu dekartellisieren und zu demokratisieren. All diese Ziele sind inzwischen, mehr oder weniger vollständig, erreicht, und so haben denn die Alliierten nach verschiedenen Revisionen jetzt die Absicht, das Be-

satzungsstatut ganz aufzuheben, sofern wir freiwillig einen Beitrag zur Verteidigung leisten.
Seit langem schon wird bei allen Festreden deutsch-alliierter Veranstaltungen von der Gleichberechtigung und Partnerschaft Deutschlands gesprochen, aber unter Ziffer 2e) des Besatzungsstatuts steht noch immer, daß die Alliierten sich die Festsetzung der Besatzungskosten und ihrer sonstigen Bedürfnisse vorbehalten. Das heißt mit anderen Worten: Die Höhe der Besatzungskosten wird einseitig festgesetzt und diktiert, nicht vertraglich vereinbart. Gerade diese Methode aber, die noch aus der Zeit des *unconditional surrender* stammt, paßt nicht mehr in die heutige Phase. Darum ist es auch wenig einleuchtend, wenn man unseren Einspruch gegen die Höhe der diesjährigen Besatzungskosten mit der Begründung entkräften will, alle Länder müßten heute höhere Aufwendungen für ihren Wehrbeitrag leisten. Entweder wir sind der besiegte Feind von gestern, dem nach Gutdünken Tributzahlungen auferlegt werden, oder wir sind der potentielle Partner von morgen, der sich bereit erklärt, bis zur Grenze seiner Leistungsfähigkeit an der gemeinsamen Verteidigung mitzuwirken. Was aber gewiß nicht möglich ist, ist die Ummünzung der Besatzungskosten des Zweiten Weltkrieges in einen Wehrbeitrag zur Vermeidung des dritten Weltkrieges.

Das geht schon darum nicht, weil wir der Meinung sind, daß die Verwendung der heutigen Besatzungskosten nur zu einem Bruchteil der Verteidigung dient, eben deshalb, weil ja der Zweck der Besatzung erklärtermaßen ein ganz anderer war. So ist beispielsweise in der britischen Zone die Einrichtung der *Kreis Resident Officers*, die seinerzeit auf der untersten Ebene die Umgestaltung Deutschlands vollziehen sollten, im Jahre 1951 vollkommen überholt. Ihre einzige Obliegenheit besteht heute noch darin, bei der Freigabe von Wohnraum mitzuwirken und bei der Abschätzung von Manöverschäden. Obgleich in jedem Land der britischen Zone *eine* alliierte Dienststelle für diesen Zweck vollauf genügen würde, gibt es beispielsweise allein in Niedersachsen 60 derartige Verwaltungsstellen, deren Aufwand für Personal, Wohnung, Strom, Wasser und Gas 1,5 Millionen DM beträgt.

Noch höher sind die Aufwendungen für die ebenso überflüssigen Kreisdelegierten in der französischen Zone, deren Aufgabe es ist, die Vorgänge im Kreis zu beobachten und die Verbindung zwischen den deutschen Behörden und der Besatzung zu pflegen! In dem Miniaturstaat Württemberg-Hohenzollern mit seinen 17 Kreisen umfaßt der Stab dieser 17 Kreisdelegierten annähernd 600 Personen; allein für die persönliche Bedienung eines solchen französischen Kreisdelegierten stehen stellenweise bis zu fünf Hilfskräfte zur Verfügung. Die Personalkosten für den gesamten Stab und die 450 beschlagnahmten Büro- und Wohnräume betragen 2,3 Millionen. Rechnet man noch die übrigen Kosten für Heizung, Licht und dergleichen hinzu, so wird man wohl annehmen können, daß diese französische Schattenregierung genausoviel Kosten verursacht wie die normale deutsche Verwaltung der 17 Landratsämter in Württemberg-Hohenzollern, die einen Etat von 3 Millionen haben.

In Bremen ist es nicht viel anders. Dort betragen die Aufwendungen allein für den *Land Commissioner* und seinen Stab von 80 Amerikanern und 600 Deutschen mit 4,4 Millionen beinah die Hälfte der normalen Aufwendungen der gesamten Landesverwaltung. Diese 4,4 Millionen sind aber nur ein Bruchteil der gesamten Besatzungskosten von Bremen, die sich auf 30 bis 40 Millionen belaufen. Allein in den amerikanischen Messen und Clubs in Bremen werden über 300 Hilfskräfte beschäftigt, die bei den hohen Tarifeinstufungen jährlich 1 Million DM kosten. Außerdem gibt es 1300 weitere dienstbare Geister (davon etwa 65% Hausmädchen), die mit 3 Millionen zu Buche stehen; es gibt 930 Hilfskräfte, die in den Fahrbereitschaften und Kraftfahrerwerkstätten beschäftigt sind, sowie 650 Handwerker, die nur für die amerikanischen Dienststellen arbeiten. Gewiß ist Bremen als *der* Hafen der US-Zone, über den der gesamte Nachschub kommt, ein Sonderfall. Aber wenn man bedenkt, daß gewiß nicht mehr als 2500 Amerikaner in Bremen stationiert sind, dann erscheint diese Menge an Personal und Hilfskräften doch erstaunlich hoch.

Es sind also gar nicht so sehr die Einzelfälle: der teure Schreibtisch eines französischen Generals oder die extravagante amerikanische Kegelbahn in Partenkirchen, die einen Einspruch gegen die Besatzungskosten rechtfertigen, es sind vor allem die vielen überholten Einrichtungen, die immer noch aufrechterhalten werden. – Der Einwand, der von alliierter Seite gern gemacht wird, daß nämlich die Arbeitslosigkeit in Deutschland gefährlich steigen würde, wenn personelle Einschränkungen stattfänden, ist einfach falsch. Die Alliierten beschäftigen noch immer etwa 450000 Deutsche, von denen wahrscheinlich die Hälfte zu hohen Gehältern vollkommen unproduktiv eingesetzt ist. Es gibt in der britischen Zone *Kreis Resident Officers*, die einen monatlichen Aufwand von 900 DM für persönliche Bedienung haben. Selbst wenn man diese Arbeitskräfte auf Kosten des Bundes in Krankenhäusern, die alle unter Mangel an Personal leiden, einsetzen würde, wäre das wesentlich sinnvoller und außer-

dem billiger. Der Aufwand an Besatzungskosten für Dienstleistungen war 1950 mit 1,3 Milliarden höher als der der Postverwaltung im Bundesgebiet, die mit allen Angestellten, Pensionären, Telefonistinnen und Briefträgern 1,1 Milliarde kostete.
Vergleicht man weiter die Besatzungskosten mit dem Gesamtbetrag der Haushalte von Bund und Ländern, so zeigt sich, daß im Jahr 1950 die Besatzungskosten 22 Prozent der gesamten Etatsummen in Anspruch nahmen. Man muß sich einmal vergegenwärtigen, was das heißt! Das heißt nämlich, daß ein Fünftel der vereinigten Etats – im Vergleich zum Bundesetat allein ist es sogar ein Drittel – ohne jede parlamentarische Kontrolle ausgegeben wird. Weder das deutsche noch irgendein alliiertes Parlament hat je die Höhe und Verwendung der Besatzungskosten beraten; obgleich öffentliche Kontrolle und Diskussion nun einmal das wichtigste Prinzip der Demokratie sind und wir im Zuge der Besetzung doch eigentlich demokratisiert werden sollen.
Jeder Mensch weiß, daß jede Armee dazu neigt, ökonomische Gesichtspunkte für ein bürgerliches Vorurteil zu halten, wenn aber nicht einmal eine öffentliche Überwachung stattfindet und die Gelder aus einem fremden Land stammen, dann kennt die Großzügigkeit keine Grenzen. In Bremen werden für die in den dortigen Kasernen untergebrachten

1500 US-Soldaten für Strom, Gas und Wasser jährlich 660 000 DM ausgegeben. Das ist einfach sinnlos, und niemand kann sich wundern, wenn die deutsche Öffentlichkeit dagegen rebelliert, dies als einen unerläßlichen Beitrag zur europäischen Verteidigung anzusehen.

Wir haben, wie der Bundesfinanzminister soeben mitgeteilt hat, in diesem Jahr 7,7 Milliarden für Sozialausgaben zu zahlen, mehr als 20 Prozent des gesamten Volkseinkommens müssen aufgewandt werden, um annähernd 15 Millionen Unterstützungsempfänger am Leben zu erhalten. Wir können es uns einfach nicht leisten, öffentliche Gelder zu verschleudern. In unserer Situation kommt alles auf eine optimale Verwendung der Mittel an. Wir wissen, daß Amerika ungeheure Opfer bringt für die Verteidigung der westlichen Welt; wir wissen, daß auch die *Labour*-Regierung ihr Ideal des Wohlfahrtsstaates um der Verteidigung willen zurückgestellt hat – auch *wir* sind bereit, im Rahmen der ökonomischen Leistungsfähigkeit Deutschlands zu diesem Ziel beizutragen, aber wir verlangen, daß es uns selber überlassen wird, zu beraten und zu entscheiden, wie dies am zweckmäßigsten geschehen kann.

Der Kreml zum ersten Male unsicher

Vorgeschichte der Note vom März 1952: Stalin läßt Grotewohl sondieren

Im September 1951

Als Molotow im März 1950 seinen 60. Geburtstag feierte, veranstaltete die Gesellschaft für Deutsch-Sowjetische Freundschaft in Berlin zu seinen Ehren einen Empfang. Diese Gelegenheit nahm damals der Präsident der DDR, Pieck, wahr, um auf McCloys neuen Vorschlag, gesamtdeutsche, freie Wahlen abzuhalten, zu antworten. Er sagte: »Er wird bei uns keine solchen Dummköpfe finden, die ihm auf den Leim gehen.« Und Grotewohl konstatierte, er habe nicht die Absicht, »sich mit einem derartigen Unsinn zu beschäftigen«.

Inzwischen hat Herr Grotewohl seine Meinung offenbar gründlich geändert, denn am 15. September 1951 hat er selber vor der Ostdeutschen Volkskammer diesen »Unsinn« als neuen Vorschlag eingebracht. Man solle in Berlin gemeinsame Beratungen über die »Durchführung gesamtdeutscher freier Wahlen für eine Nationalversammlung mit dem Ziel der Schaffung eines einheitlichen, friedlichen

Deutschland« abhalten, schlug er vor. Das Parlament stimmte jubelnd zu, und bereits wenige Stunden später lief die Propagandamaschinerie in allen Organisationen und Betrieben auf vollen Touren. Übrigens müßte man wahrscheinlich sagen »trug er vor« und nicht »schlug er vor«, denn in Berlin hat sich inzwischen herumgesprochen, daß das Exposé für Grotewohls Rede in überstürzter Eile in Karlshorst fertiggestellt worden ist und daß auch ostdeutsche Regierungsmitglieder erst in der Volkskammersitzung von dieser neuen Schwenkung erfuhren. Ob Pieck und Ulbricht, die sich zur Zeit in der Sowjetunion befinden und die noch kurz vor ihrer Abreise feststellten, die Zeit sei nun vorbei, mit den »Landesverrätern« in Bonn ins Gespräch zu kommen, zuvor vom Kreml verständigt worden sind, steht nicht fest. Vielleicht ist *ihre* neue Politik auch für sie eine Überraschung und sicherlich keine freudige, denn würde sie tatsächlich durchgeführt, dann wären ihre Tage gezählt.

Warum diese Schwenkung und warum die Eile? Wenn man sich noch einmal die weltpolitische Entwicklung der letzten Jahre vergegenwärtigt, dann erhält man eine sehr deutliche Anwort auf diese Frage. Von 1945 an lag das Gesetz des Handelns bei den Sowjets. Sie bestimmten den Ton aller Verhandlungen und die Lebensdauer des Kontrollrats und anderer Institutionen. Sie schlugen Konferenzen vor, und die westlichen Alliierten beeilten sich, dorthin zu reisen, sie brachen die Konferenzen ab, und die westlichen Vertreter reisten beklommenen Herzens wieder nach Haus. Sie inszenierten Kriege in Griechenland, in Indochina und in Korea, und den anderen fiel die Rolle zu, überall auf dem Globus einzuspringen und den Angegriffenen beizustehen. Gewiß, im Laufe der Zeit ist es Amerika, dem stets der zweite Zug in dieser Partie zufiel, gelungen, auch in der Nach-Hand ein sinnvolles System politischer Konzeption zu entwickeln: Die Truman-Doktrin, der Marshall-Plan und der Atlantikpakt sind die Etappen dieses Systems. Aber bis zur Konferenz von San Franzisko galt die Regel: Die Aktivität, das Gesetz des Handelns liegt bei den Sowjets.

Das Ende der Pariser Vorkonferenz deutete eine Wendung an, die nun in San Franzisko eingetreten ist. Die USA hatten die Nationen der Welt dorthin eingeladen, nicht um den von ihr entworfenen japanischen Friedensvertrag zu diskutieren, sondern um ihn zu unterschreiben – oder es zu lassen. Möglichkeiten für sowjetische Propaganda und Ablenkungsmanöver, die noch die endlose Pariser Vorkonferenz geboten hatte, waren also nicht gegeben. Der Kreml hat diese plötzliche Veränderung der Situation mit Besorgnis wahrgenommen und mindestens seine Deutschland-Politik entsprechend geändert.

Noch im März vorigen Jahres, als Grotewohl konstatierte, er würde sich mit dem »Unsinn« gesamtdeutscher freier Wahlen nicht beschäftigen, verfaßte der Block antifaschistisch-demokratischer Parteien und Massenorganisationen der DDR folgenden Aufruf: »Der Friede, die nationale Unabhängigkeit und Einheit unseres Vaterlandes sind durch die eigenmächtigen Maßnahmen der imperialistischen Westmächte auf das Schwerste bedroht.« Und dann werden die imperialistischen Maßnahmen der Westalliierten gegeißelt: »Mit dem Marshall-Plan bestimmen sie die westdeutsche Ein- und Ausfuhr nach ihrem Interesse. Die Konkurrenzdemontagen und der Raub von Patenten dienen ihnen dazu, die westdeutsche Industrie immer weiter zu drosseln. Westdeutschland wird so in wirtschaftlicher Ohnmacht und Abhängigkeit gehalten. Arbeitslosigkeit, Kurzarbeit und Lohndruck für die Arbeiter und Angestellten, langsamer, aber unaufhaltsamer Ruin des gewerblichen Mittelstandes und der Bauern, die steigende Zahl der wirtschaftlichen Zusammenbrüche sowie die hoffnungslose Lage der Umsiedler und die Zunahme der Selbstmorde und der Kriminalität, das sind die heute schon sichtbaren erschreckenden Zeichen des Schicksals der über-

großen Mehrheit der Bevölkerung im Westen unseres Vaterlandes.«
Dieser Tenor: Wir, die Beschützer der unterdrückten und ausgebeuteten westdeutschen Bevölkerung, beherrschte alle Versuche, die Bundesrepublik zu neutralisieren, das heißt einen Keil zwischen Bonn und den Westen zu treiben. Mit besonderer Sorgfalt wurde dabei die Opposition der Offiziere gegen die Diffamierung der Wehrmacht nach 1945 ausgenutzt. All diese Bemühungen haben jedoch verhältnismäßig wenig gefruchtet. Daraus zieht der Kreml jetzt die für ihn selbstverständliche Konsequenz, es einmal andersherum zu versuchen. Wenn man den Deutschen nicht die Westalliierten verleiden kann, so muß man eben dem Westen die Bundesrepublik verekeln, denn auf jeden Fall muß man die seit der Washingtoner Konferenz drohende Integration Westdeutschlands verhindern.
Um zu diesem Ziel zu gelangen, werden gleichzeitig zwei Wege beschritten: Im August hat man ein Weißbuch herausgegeben, für das der Nationalrat der Nationalen Front des Demokratischen Deutschland verantwortlich zeichnet und dessen Generallinie vom Zentralkomitee der SED festgelegt worden ist. In diesem Weißbuch wird nicht mehr Westdeutschland als »koloniales Ausbeutungsgebiet« bemitleidet, sondern vielmehr festgestellt, »daß der

wiedererstehende deutsche Imperialismus sich die neue Angriffsarmee schafft, mit der er sich unter Führung der USA die Vormachtstellung in Europa erobern will«. Es wird ferner behauptet, in Westdeutschland sei viel zuwenig demontiert worden, das Rüstungspotential sei »nicht nur kaum verringert, sondern laufend vergrößert worden«. Dem Marshall-Plan, von dem es bisher hieß, er versklave die deutsche Wirtschaft, wird attestiert, er habe dazu geführt, »daß die Entwicklung Westdeutschlands bedeutend schneller voranschreite als die der übrigen westeuropäischen Länder«. Bezüglich des Schuman-Planes, der bisher nur als Mittel zur Ausbeutung Westdeutschlands charakterisiert wurde, heißt es in dem Weißbuch, er führe zu einer »Verstärkung der ökonomischen Position des deutschen Imperialismus, dessen Basis durch die Montan-Union neu fundiert wurde«. Kein Wort mehr zur Annektion der Saar, dem sonst so beliebten Thema. Kein Wort mehr an die deutschen Offiziere, denen so oft die Berechtigung des Ohne-mich-Standpunktes bestätigt wurde und die jetzt als »Militaristen«, »Kriegsverbrecher« und »Koryphäen des ehemaligen Generalstabs der Nazi-Wehrmacht« bezeichnet werden. – Man spricht nicht mehr zu den Deutschen, sondern zu den Westalliierten, und der Tenor lautet: Hütet euch vor dem wiedererstehenden deutschen Imperialismus! Vor allem an die Adresse Frankreichs und Englands sind diese Warnungen gerichtet. Frankreich ist überdies von Moskau direkt mit einer Note bedacht worden, und über die so ungewohnt herzliche Behandlung des scheidenden englischen Botschafters in Moskau berichtete der dortige Korrespondent der *New York Times* in großer Ausführlichkeit.

Gleichzeitig wird noch ein zweiter Weg beschritten, denn die östliche Politik ist grundsätzlich zweigleisig. Neben der an die Adresse der Westalliierten gerichteten Anti-Bonn-Propaganda läuft der brüderliche Appell Grotewohls an das westdeutsche Parlament. Denn, wie auch immer und auf welchem Wege, die Eingliederung der Bundesrepublik in Westeuropa muß verhindert werden! Dieser Wunsch ist so dringlich, daß man sich fragen muß, ob nicht in der Tat heute zum ersten Male eine Möglichkeit gegeben ist, unser Ziel, die Einheit Deutschlands unter westlichem Vorzeichen, zu erreichen. Denn fraglos ist die östliche Position so geschwächt worden, daß die DDR diesmal auf die Vorbedingungen, die sie bisher für allgemeine Wahlen stellte, verzichtet hat. Man könnte sich tatsächlich vorstellen, daß die Sowjetunion, um die endgültige Eingliederung Deutschlands in die atlantische Gemeinschaft und seine damit verbundene Wiederaufrüstung zu verhindern, bereit wäre, Deutschland beispielsweise den Status Österreichs zu gewähren.

Wenn man diese Frage prüft, muß man sich über eines ganz klar sein, darüber nämlich, daß wir uns mitten im Krieg befinden. Der sogenannte kalte Krieg ist nämlich nicht die Endphase eines bedrohten Friedens, sondern ist bereits der Krieg selber. Der Vorteil Sowjetrußlands bestand bisher darin, daß allein der Kreml sich dieser Tatsache zu jeder Stunde des Tages bewußt ist und entsprechend handelt, während das Sinnen und Trachten aller anderen darauf konzentriert ist, den Krieg alten Stils zu verhindern und auf alle Angebote, die scheinbar diesem Ziel dienen, einzugehen. Im Grunde aber kommt es auf dasselbe heraus, ob es einer kriegführenden Macht gelingt, die Fabriken, Verkehrswege und Rüstungszentren des Gegners durch Bomben lahmzulegen oder durch Streik, Sabotage und Spionage. Dem Kreml ist es in der Phase des kalten Krieges gelungen, wochenlang alle entscheidenden Häfen stillzulegen, in die bewachte Festung der Atomphysiker einzudringen und die italienischen Landarbeiter während der Ernte streiken zu lassen. Warum einen teuren, lauten Krieg führen, wenn es der billige, leise auch tut.

Genau unter diesem Aspekt aber muß man Grotewohls Vorschlag prüfen – denn es ist natürlich etwas anderes, ob der Gegner im Frieden ein Arrangement anbietet oder ob er im Krieg versucht, ein Trojanisches Pferd in die Festung einzuschleusen. Was im Frieden vielleicht noch glaubhaft ist, wird im Krieg zur List. Der Vorschlag Schumachers, der Gegner solle durch allgemeine Wahlen in Berlin zunächst einmal die Unzweideutigkeit seiner Absichten beweisen, liegt genau auf der Linie, die man einschlagen sollte. Die Regierung sollte sogar noch weiter gehen. Wenn man wirklich beginnt, die lange ersehnte Einheit Deutschlands wiederherzustellen, dann muß man auch die Gewähr haben, daß es sich nicht nur um einen neuen Einfall Grotewohls handelt, sondern um eine grundsätzliche Verhandlungsbereitschaft der Sowjetunion. Deutschland, das von den Alliierten des Zweiten Weltkrieges geteilt worden ist, kann seine Einheit nicht dadurch wiedererlangen, daß die beiden Teile dies unter sich beschließen, sondern nur dadurch, daß diejenigen, die die Teilung vollzogen haben, dann auch die neue Einheit garantieren.

Die Forderung muß daher lauten: Es müssen neben den ost-/westdeutschen Verhandlungen Viererbesprechungen abgehalten werden.

Man nehme die Russen beim Wort

Warum wir einer Viererkonferenz zustimmen müssen

Im Juni 1952

Wohin sind die Zeiten entschwunden, da der Dichter die Vorstellung beschwor, der Geist sitze am sausenden Webstuhl der Zeit und webe der Gottheit lebendiges Kleid? Gibt es noch diese Vorstellung, daß die Menschheit ein unsichtbares, von den Göttern geheimnisvoll entworfenes Muster nachwebe? Webt nicht heute jeder sein eigenes Muster und ein Kleid, das nur für ihn selbst bestimmt ist? Und wer webt eigentlich?

Ja, wer webt? Da sind die Regierungen, die nach einer bestimmten politischen Auffassung die Geschicke ihres Landes leiten; die Parlamente, die diese Politik bestätigen oder korrigieren; die Außenminister, die Konferenzen abhalten, sie scheitern lassen oder Verträge schließen; und da sind die Völker (von Menschheit kann man gewiß nicht sprechen), die eben diese Regierungen, Parlamente und Außenminister wählen. Oft hat ihre Beteiligung an dem Ganzen mit diesem jeweiligen Akt der Wahl sein Bewenden. Aber hin und wieder gibt es Fragen, die plötzlich jeden einzelnen ganz persönlich angehen, und dann ist der, der am Webstuhl sitzt, in einer schwierigen Lage. Dann kann er nämlich nicht mehr nach seinem eigenen möglicherweise sachlichen Konzept weiterweben, sondern er muß hinhorchen auf die Argumente und Emotionen der vielen einzelnen, denn mindestens in der westlichen Welt hat jeder das Recht mitzuwirken.

An einem solchen Punkt stehen wir heute. Der Deutschland-Vertrag und der europäische Verteidigungspakt, mit der Verpflichtung, deutsche Divisionen aufzustellen, was zu Konsequenzen für jeden Bürger führt, hat alle Mitwirkenden an ihr Mitbestimmungsrecht erinnert. Beide Verträge sind unterschrieben. Und damit ist zweifellos ein entscheidender Schritt getan. Damit ist nämlich einmal dem Westen gegenüber der Verdacht widerlegt, Deutschland wolle sich nicht festlegen, sondern versuche immer nur, einen gegen den anderen auszuspielen. Und damit ist zum anderen Sowjetrußland gegenüber ein Limit gesetzt für seine Politik, mit Drohungen die Integration Deutschlands zu verhindern oder sie mit immer neuen, scheinbar verlockenden Angeboten hinauszuzögern.

Binnen kurzem, sobald nämlich die Ratifizierung vollzogen ist, wird diese Methode keine Wirkung mehr haben; dann werden die Russen sich Neues ausdenken müssen.

Eben hierüber ist nun in dieser bedeutsamen Phase zwischen Unterschrift und Ratifizierung ein allgemeines Rätselraten unter den westlichen Völkern und den einzelnen Bürgern dieser Völker ausgebrochen. Sachlich lautet die Frage: Erstens, werden die Russen, die jetzt, da sich herausstellt, daß sie mit der Methode der Einschüchterung nichts erreicht haben, nicht vielleicht doch bereit sein, es im letzten Moment mit wirklichen Konzessionen zu versuchen? Oder vom Westen her gesehen: Hat nicht die Politik der starken Hand einem unwilligen Verhandlungspartner gegenüber nur Sinn, wenn man fünf Minuten vor zwölf noch einmal innehält, um zu fragen, ob er sich inzwischen eines Besseren besonnen habe? Zweitens lautet die Frage: Was wird die Politik des Kremls in der neuen Phase, also nach der Ratifizierung, eigentlich sein? Vielleicht Aggression gegen den Westen, vielleicht Eingliederung der Ostzone in die Sowjetunion, vielleicht wachsender Terror gegen die deutsche Bevölkerung der Zone?

Neben diesen rein sachlichen, echten Fragen, die sich den verantwortlichen Politikern stellen, wird eine Reihe zum Teil emotionaler und jedenfalls ganz verschiedenartiger Bedenken laut, die Zweifel an der endgültigen Bestätigung der bisherigen Politik zum

Ausdruck bringen oder mindestens die Zahl derjenigen, die diese Politik entschlossen tragen, vermindern. Das ist nun in der Tat ein sehr buntes Gemisch von Sorgen, Argumenten und Absichten, die alle zusammen zwar keinen harmonischen Chor abgeben, die aber doch eine nicht zu überhörende Lautstärke besitzen.

Da sind diejenigen, die mit der Remilitarisierung auch den Ungeist des Militarismus wieder heraufziehen sehen, und diejenigen, die berechtigte oder unberechtigte Ressentiments gegen die Diffamierung der deutschen Soldaten durch die westlichen Alliierten in der Brust tragen. Viele befürchten, die Zweiteilung Deutschlands werde durch die unterschriebenen Verträge verewigt, andere wiederum glauben, man brauche sich nur an dem Ost-West-Konflikt zu desinteressieren und nicht selber Stellung zu beziehen, um der Segnungen der Neutralität teilhaftig zu werden. Und schließlich hat die Opposition das in der Demokratie konzessionierte Recht, gegen die Politik der Regierung zu agitieren, und dies geschieht naturgemäß am wirkungsvollsten, indem all diese potentiellen Widerstände gegen die Regierungspolitik bewußt formuliert und verstärkt werden.

Viele sind heute in Deutschland entschlossen, die bisherige Politik kompromißlos weiter zu verfolgen, denn, so sagen sie: Wir haben es zur Genüge erlebt, daß Konferenzen mit Rußland zu nichts führen, und wir glauben, daß die Einheit nur dann zu erreichen ist, wenn der Westen stark ist; denn erst seit der Westen eine starke Politik macht, sind überhaupt Angebote, wenn auch unzulängliche, von Moskau gekommen. Viele aber stehen mit voller Überzeugung auf dem entgegengesetzten Standpunkt. Das, worauf es für eine demokratische Regierung letzten Endes ankommt, ist aber: die Unentschiedenen zu gewinnen. Denn je größer die Zahl der Bürger, die hinter den Maßnahmen der Regierung stehen, desto eher wird sie in der Lage sein, die möglichen Rückschläge auszuhalten. Und die Sowjets werden schon dafür sorgen, daß der Druck nach der Ratifizierung wächst.

Es gibt in der Tat nur *eine* Möglichkeit, das eigene Gewissen zu beruhigen und die Zweifelnden, die Unentschiedenen zu überzeugen: Vierebesprechungen! Aber Viererbesprechungen, die von vornherein zeitlich limitiert sind und bei denen zuvor auf diplomatischem Wege und nicht in einer Vorkonferenz die Punkte der Tagesordnung geklärt werden.

Das Ringen um »die Note von 1952«

Im Juni 1953

Am Tage nach Stalins Tod wurde in einem Kreise von Politikern dieses weltbewegende Ereignis heftig diskutiert. Plötzlich stand die Hausfrau ärgerlich auf und sagte: »Ich versteh' euch nicht. Da habt ihr jahrelang geklagt, es gebe keine Hoffnung in dieser ausweglos festgefahrenen Welt, es sei denn, Stalin sterbe. Nun ist er tot, und nun seid ihr noch ratloser als zuvor.«

In der Tat hat man sich so an den kalten Krieg gewöhnt, dessen Spielregeln mittlerweile alle Beteiligten gelernt haben, daß man dem angeblich ausbrechenden Frieden wirklich recht ratlos gegenübersteht. Der Kurswechsel des Kreml – auch wenn er nur taktisch sein sollte – kommt in dieser Phase des kalten Krieges dem Einsatz der Atombombe im Krieg gleich, so unübersehbar ist die Kettenreaktion dieses Ereignisses. Noch in keinem Zeitpunkt seit 1945 ist die Möglichkeit, vieles zu gewinnen oder alles zu verlieren, so groß gewesen wie heute. Eins sollte man sich dabei vor Augen halten: daß nach wie

vor die These Eisenhowers aus seiner *State-of-the Union*-Botschaft gilt: »Nur der Sieg im kalten Krieg kann den dritten Weltkrieg verhindern.«
Jede falsche Bewegung kann jetzt das Pendeln der Waagschalen des west-östlichen Kräfteverhältnisses zu unseren Ungunsten verschieben. Denn nur die Tatsache, daß das eindeutige Übergewicht des Ostens allmählich geschwunden und eine Art von *balance of power* eingetreten ist, hat die Sowjets veranlaßt, das Ruder herumzuwerfen. Die Meinung, die vielfach vertreten wird, daß die unhaltbare ökonomische Situation in der Ostzone die Sowjets gezwungen habe, ihre Politik zu revidieren, ist doch absurd. Ist vielleicht die Lage in der Tschechoslowakei rosiger? Macht sich der Kreml überhaupt je Gedanken über das Befinden seiner Untertanen? Verschwendet er beispielsweise einen Gedanken an das Schicksal seiner SED-Funktionäre in der Ostzone, die doch nichts anderes getan haben, als, getreu den Moskauer Befehlen, eben jene ruinöse Politik durchzuführen, und die jetzt, wenn es nötig werden sollte, kühl lächelnd liquidiert werden?
Die eingangs erwähnte Ratlosigkeit hat zu Meinungsverschiedenheiten geführt. Die einen wollen sich weiterhin auf die bewährte Faustregel verlassen: Erst rüsten, dann reden! Nur dank einer unbeirrten Rüstungs- und Integrationspolitik und des Aufbaus

der NATO-Organisation, sagen sie, sind wir so weit gekommen; folglich war unsere Politik richtig, und deshalb sollten wir sie fortsetzen. Die anderen leugnen diese Tatsache nicht, sind aber der Meinung, der Zeitpunkt sei gekommen, auf dem Verhandlungswege herauszufinden, wie weit man eigentlich gediehen ist. Und sie haben zweifellos recht, denn, wenn man nicht ab und zu auf dem eingeschlagenen Weg prüfend innehält, landet man zwangsläufig eines Tages in der Sackgasse. Schlimm daran ist nur, daß die Verhandlungswilligen in ihrer Bereitschaft so überschwenglich sind, daß sie alles andere darüber vergessen. Der *Observer* schrieb neulich, auf keinen Fall dürfte beim Kreml der Eindruck entstehen, daß der Westen sich in Bermuda zusammenrotte.

Genau das aber ist nötig. Jetzt nämlich ist der Zeitpunkt gekommen, wo man die beiden Taktiken gemeinsam anwenden sollte: sich zusammenrotten, Druck ausüben, fordern, aber gleichzeitig verhandeln! Jetzt ist der Moment, wo vielleicht wieder einmal wirkliche Politik gemacht werden kann.

Was ist denn geschehen? Auf der ganzen Front von der Ostsee bis zu den Dardanellen machen die Sowjets Konzessionen. In der Ostzone werden willkürlich Verurteilte zu Tausenden aus den Gefängnissen entlassen. Der Kirchenkampf wird eingestellt, die Schulreform, die Kollektivierung der Landwirt-

schaft und die Sozialisierung des Kleingewerbes werden rückgängig gemacht, den in die Bundesrepublik Geflüchteten wird Generalpardon verheißen. Soweit betreffen diese Maßnahmen nur den Abbau zusätzlicher Schwierigkeiten, die während der letzten zwölf Monate, seit dem Parteitag der SED also, inszeniert wurden. Es ist der alte Trick: erst Hindernisse aufzubauen, nach deren Abbau – der als große Konzession gefeiert wird – man dann doch wieder auf dem *status quo* landet. Aber in diesem Fall sind die Sowjets zweifellos entschlossen, noch weiter zu gehen. Alle Maßnahmen, die in den letzten Tagen ergriffen wurden, sind auf das Ziel gerichtet, den Unterschied zwischen den beiden Hälften Deutschlands nach Möglichkeit zu verringern. Es kursieren sogar Gerüchte, die Volkspolizei werde von 120000 Mann auf die Stärke des westlichen Grenzschutzes abgerüstet, die vormilitärische Ausbildung der Jugend werde gestoppt und westdeutsche Zeitungen würden wieder in der Zone zugelassen.
Genau das war es – nämlich zunächst einmal die Voraussetzungen für eine Wiedervereinigung zu schaffen –, was die Westmächte im vorigen Jahr gefordert hatten. Noch läßt sich nicht übersehen, ob die Sowjets auch Entscheidendes zu tun bereit sind, denn wirklich entscheidend ist nur der Abbau des vorhandenen Machtapparates. Jener Notenwechsel

zwischen den Alliierten und der Sowjetunion, der sich vom März bis zum September 1952 erstreckte (es wurden acht Noten gewechselt), ging vornehmlich um die Reihenfolge der zu ergreifenden Maßnahmen. Die Sowjets schlugen vor, mit dem Abschluß eines Friedensvertrages zu beginnen, dann eine gesamtdeutsche Regierung zu bilden und erst dann gesamtdeutsche Wahlen abzuhalten sowie eine Kommission einzusetzen, die die Frage prüft, ob die Voraussetzungen für derartige Wahlen gegeben sind.

Die westlichen Alliierten hingegen forderten in Übereinstimmung mit der Bundesrepublik genau die umgekehrte Reihenfolge, mit der Maßgabe, daß mehr als sieben Jahre nach Kriegsende ein Friedensvertrag nicht ohne Beteiligung der deutschen Regierung aufgesetzt werden könne. Darum müsse mit freien Wahlen begonnen werden, aus denen eine gesamtdeutsche Regierung hervorgehe, die den Friedensvertrag behandeln könne. Und dies wiederum setze voraus, daß erst einmal eine Kommission eingesetzt werde, die nachprüft, ob überhaupt die Voraussetzungen für eine freie Wahl gegeben sind. Mit der Weigerung der Sowjets, zunächst über diese Kommission und ihre Kompetenzen zu verhandeln, sind die Verhandlungen im vorigen September zum Stillstand gekommen. Der Bundestag und die Bundesregierung stehen auch heute noch auf dem gleichen Standpunkt.

Im Grunde haben wir es mit der alten Parabel von der Ziege, dem Kohlkopf und dem Wolf zu tun, die über einen Fluß zu setzen sind. Nämlich, den zeitlichen Ablauf der Wahl und der Regierungsbildung unter den Bajonetten der Sowjets und den Argusaugen der SED-Funktionäre und des Sicherheitsdienstes so zu gestalten, daß die Ziege nicht den Kohlkopf und der Wolf nicht die Ziege frißt. Es muß Gewähr gegeben sein, daß die Wähler keinen Schaden erleiden und daß ferner die Regierung, die dann errichtet wird, auch wirklich frei handlungsfähig ist. Darum der Beschluß des Bundestages vom 10. Juni 1953, in folgender Reihenfolge zu prozedieren: freie Wahlen … Bildung einer gesamtdeutschen Regierung … Friedensvertrag und Regelung der territorialen Fragen … und schließlich »Sicherung der Handlungsfreiheit für ein gesamtdeutsches Parlament und eine gesamtdeutsche Regierung im Rahmen der Grundsätze der Vereinten Nationen«.

Die Flammenzeichen rauchen

Im Juni 1953

Als die Pariser am 14. Juli 1789 die Bastille stürmten, wobei sie 98 Tote zu beklagen hatten und nur 7 Gefangene befreiten, ahnten sie nicht, daß dieser Tag zum Symbol für die Französische Revolution werden würde. Er wurde es, obgleich alle wesentlichen Ereignisse: die Erklärung der Menschenrechte, die Ausarbeitung der neuen Verfassung, die Abschaffung der Monarchie, zum Teil erst Jahre später erfolgten. – Der 17. Juni 1953 wird einst und vielleicht nicht nur in die deutsche Geschichte eingehen als ein großer, ein symbolischer Tag. Er sollte bei uns jetzt schon zum Nationaltag des wiedervereinten Deutschland proklamiert werden. Denn an diesem 17. Juni hat sich etwas vollzogen, was wir alle für unmöglich hielten.

Hatte nicht schon Nietzsche gesagt: »Wer aber erst gelernt hat, vor der Macht der Geschichte den Rücken zu krümmen und den Kopf zu beugen, der nickt zuletzt chinesenhaft-mechanisch sein ›Ja‹ zu jeder Macht … und bewegt seine Glieder in dem

Takt, in dem irgendeine Macht am Faden zieht.« Hatten wir nicht längst resigniert vor der Macht des totalitären Apparates, gegen den jede Auflehnung zwecklos sei? Hatten nicht viele jene Jugend für verloren angesehen, die im totalen Staat Hitlers geboren und im totalen Staat der SED herangewachsen war? Und nun? Nun kam der 17. Juni. Am Morgen hatten ein paar Bauarbeiter in der Stalinallee in Berlin gegen die Erhöhung der Arbeitsnorm revoltiert. Spontan kam ein Protestmarsch zustande, ohne eigentliches Ziel zunächst und ohne jegliche Organisation. Hunderte stießen dazu, bald waren es Tausende, Zehntausende und mehr. Nach 24 Stunden stand Ostberlin im offenen Aufruhr, ohne Waffen, mit Steinen und Stangen gingen die Arbeiter gegen die russischen Panzer vor. In Leipzig brannten die Leuna-Werke, in Magdeburg wurde das Zuchthaus gestürmt ... Streik auf den Werften, Streik bei Zeiss-Jena, auf allen Bahnstrecken, in den Kohlen- und Uranbergwerken. Staatseigene Läden, Polizeistationen und Propagandabüros standen in Flammen. Die Volkspolizei ließ sich teilweise widerstandslos entwaffnen. Eine aus Magdeburg geflüchtete Arbeiterin berichtete über den Sturm der Magdeburger auf das Volkspolizeipräsidium. Die Volkspolizisten hätten die Tore geöffnet, ihre Waffen übergeben und die Uniformröcke ausgezogen. »Ich sah, wie Offiziere

der Volkspolizei, die dem Vordringen der Arbeiter Widerstand entgegensetzten, aus den Fenstern des ersten Stocks geworfen und verprügelt wurden.«
Als Demonstration begann's und ist eine Revolution geworden! Die erste wirkliche deutsche Revolution, ausgetragen von Arbeitern, die sich gegen das kommunistische Arbeiterparadies empörten, die unbewaffnet, mit bloßen Händen der Volkspolizei und der Roten Armee gegenüberstanden und die jetzt den sowjetischen Funktionären ausgeliefert sind. Straße für Straße und Haus für Haus wird jetzt durchsucht nach Provokateuren und Personen, die sich nicht dort aufhalten, wo sie gemeldet sind. Allein in Ostberlin befanden sich nach dem Aufstand mehrere tausend Personen in Haft, zum Teil in Schulen, die provisorisch in Gefängnisse umgewandelt worden sind. Sehr viele ganz junge sind dabei. In einer Liste von »überführten Provokateuren«, die das SED-Organ veröffentlichte, gehört die Mehrzahl den Jahrgängen von 1933 bis 1936 an. Das ist die Jugend, von der man uns glauben machen wollte, sie habe den Sinn für die Freiheit verloren.
Es ist Blut geflossen – vielleicht sehr viel Blut. Der Ausnahmezustand wurde verhängt, und dort, wo bisher die kommunistischen Bürgermeister herrschten, regieren wieder wie 1945 die Rotarmisten. Der Ostberliner Bürgermeister Ebert stellte fest: »Unsere

sowjetischen Freunde haben durch ihr energisches und mit großer Umsicht geführtes Eingreifen uns und der Sache des Friedens einen großen Dienst geleistet.« Das ist die einzige Stimme aus dem Kreise der »deutschen« Regierungsfunktionäre, gegen die der Aufstand sich in erster Linie richtete. Also eine Revolution, die zu nichts geführt hat?

Nein, so ist es nicht. Diese Revolution hat im Gegenteil ein sehr wichtiges Ergebnis gehabt. Das, was der britischen Diplomatie und den amerikanischen Bemühungen nicht gelungen war, das haben die Berliner Arbeiter fertiggebracht: Sie haben am Vorabend der Viererverhandlungen im Angesicht der ganzen Welt offenbar werden lassen, auf wie schwachen Füßen die Macht des Kreml und seiner Werkzeuge in Ostdeutschland (und vermutlich in allen Volksdemokratien) steht. Es ist deutlich geworden, daß dieses Gebiet, zu dessen Fürsprecher und Schutzpatron jene sich so gern aufwerfen, sie aus ganzem Herzen haßt und verachtet, ja, daß sie sich nicht einmal auf die Volkspolizei verlassen können. Es ist ferner offenbar geworden, daß mit dem richtigen Instinkt für die Schwächemomente des totalitären Regimes man selbst diesem schwere Schläge versetzen kann – ganz zu schweigen davon, daß dieses System in vollem Umfang: politisch, wirtschaftlich und psychologisch Schiffbruch erlitten hat. Und schließlich

ist für alle noch eines ganz eindeutig klargeworden, daß nämlich jetzt die Einheit Deutschlands die wichtigste Etappe in der weiteren politischen Entwicklung sein muß.
Jener 17. Juni hat ein Bild enthüllt, das nicht mehr wegzuwischen ist: die strahlenden Gesichter jener Deutschen, die seit Jahren in Sorge und Knechtschaft lebten und die plötzlich, wie in einem Rausch, aufstanden, die fremden Plakate herunterrissen, die roten Fahnen verbrannten, freie Wahlen zur Wiedervereinigung forderten ... Und die nun wieder schweigend, von neuen Sorgen erfüllt, an ihre Arbeitsstätten wandern. Manch einem in der Bundesrepublik mag erst in diesen Tagen klargeworden sein, daß das, was dort drüben geschieht, uns alle angeht und nicht nur jene, die die Verhandlungen führen. Der 17. Juni hat unwiderlegbar bewiesen, daß die Einheit Deutschlands eine historische Notwendigkeit ist. Wir wissen jetzt, daß der Tag kommen wird, an dem Berlin wieder die deutsche Hauptstadt ist. Die ostdeutschen Arbeiter haben uns diesen Glauben wiedergegeben, und Glauben ist der höchste Grad der Gewißheit.
Einen Moment lang bestand die Frage, was wird die sowjetische Antwort sein, Fortsetzung des Kurswechsels oder verschärfter Terror? Die Entscheidung ist zugunsten des Kurswechsels gefallen. Hö-

ren wir die Erklärungen des Zentralorgans der SED nach jenen Ereignissen: Das *Neue Deutschland* schreibt am 18. Juni, »natürlich muß uns, der Partei der Arbeiterklasse, die gewichtige Frage zu denken geben, wie konnte es geschehen, daß nennenswerte Teile der Berliner Arbeiterschaft, der Berliner Werktätigen, unzweifelhaft ehrliche und gutwillige Menschen, von einer solchen Mißstimmung erfüllt waren, daß sie nicht bemerkten, wie sie von faschistischen Kräften ausgenutzt wurden. Hier liegen zweifellos schwerwiegende Versäumnisse unserer Partei vor. Sie wird viel besser lernen müssen, die Massen zu achten, auf ihr Wort zu hören, um ihr tägliches Leben besorgt zu sein.«

Am 22. Juni stellt das SED-Zentralkomitee abschließend eindeutig fest: »Wenn Massen von Arbeitern die Partei mißverstehen, *ist die Partei schuld*, nicht der Arbeiter.« Unter dem Vorsitz von Ministerpräsident Grotewohl wurden im weiteren Verfolg der Politik des »neuen Kurses« der Bevölkerung eine Reihe von Zugeständnissen gemacht. Der Kreml will also weiter die Ostzone »anschlußfähig« machen, weil er sie für die Neutralisierung Gesamtdeutschlands vertauschen will. Reimann hat dies in seiner Pressekonferenz in Bonn am 18. Juni – am Tage danach – sehr deutlich gesagt, indem er noch einmal jenen Passus zitierte, der sich wie ein roter

Faden als Hauptforderung durch die vier sowjetischen Noten des vorigen Jahres hindurchzog. Grundsatz des Friedensvertrages müsse sein, so sagte er, »Deutschland wird keinerlei Militärbündnisse oder Koalitionen eingehen, die sich gegen Staaten richten, die im Krieg gegen Deutschland standen«.
Es muß schlecht um Moskau bestellt sein, wenn es, um der potentiellen EVG willen, die Berliner Schlappe – die nicht ohne Rückwirkungen auf die Satellitenstaaten bleiben dürfte – einzustecken bereit ist. Wir aber wissen, wie rasch in der vorigen Woche die sowjetischen Nachschubdivisionen über die Oder geworfen wurden. Das wird uns eine Warnung sein.
Gesamtdeutschland soll nicht, wie die Deutschen der Ostzone, eines Tages genötigt sein, sich mit Steinen gegen die roten Panzer zu verteidigen.

Ein harter Kampf in Moskau

Am Konferenztisch eiskalt, beim Bankett eng umschlungen

Im September 1955

Dieser Staatsbesuch wird als eines der eigenartigsten diplomatischen Ereignisse in die Geschichte eingehen: Der deutsche Bundeskanzler begab sich mit zwei Sonderflugzeugen und einem Sonderzug, also mit großem Aufgebot, jedoch *ohne festes Programm* in die Metropole der östlichen Welt, zu der keinerlei Beziehungen bestehen.

So fingen sie an: Zur Begrüßung der deutschen Delegation flatterte die Fahne der Bundesrepublik neben Hammer und Sichel. Die Ehrenkompanie trug zum ersten Male seit 1917 bunte Galauniformen. Großartige Burschen marschierten da auf. Jede Nation könnte stolz auf sie sein. Den flachen Horizont des Flugplatzes säumte ein Rand von Wäldern, hinter denen man die Weite dieses unermeßlichen Landes ahnte, und darüber wölbte sich ein östlicher Himmel, an dem ein paar spätsommerliche Wolken standen. Der Wind trieb die Klänge der beiden Nationalhymnen weit über das Land.

Zum letztenmal haben Sowjets und Deutsche diese Hymnen auf diesem Platz gehört, als vor sechzehn Jahren der Außenminister Nazideutschlands in einer Condor-Maschine hier landete. Dazwischen liegen Jahre der Zerstörung, liegt der Weg vom totalen Zusammenbruch eines Volkes, das ausgezogen war, die Fleischtöpfe Europas zu erobern, in die Verdammnis stürzte und nun, vom Wunsch nach Frieden beseelt, dem großen Widersacher einen ersten offiziellen Besuch abstattet. Es war ein Galaempfang, den die Gastgeber ihm bereiteten: große Bankette mit hochgestimmten Trinksprüchen, weitausladender Gastfreundschaft und ungezwungener Heiterkeit, mit burlesken Späßen und allgemeiner Verbrüderung.

Am nächsten Tage wurden die beiden Grundsatzerklärungen verlesen – die Bonner Erklärung ist ein staatsmännisches Meisterwerk von ungewöhnlicher menschlicher Wärme und Eindringlichkeit. Tags darauf folgte die erste sachliche Unterhaltung, und sofort ward die *tiefe Kluft deutlich, die zwischen diesen beiden Welten liegt.*

Der Arbeitstisch verbindet nicht die beiden Delegationen, die jede an einer Seite Platz genommen haben; er trennt sie. Bulganin sprach als erster von den Schrecken des Krieges und den Nazigreueln. Und was soll man von dem unsinnigen Gerede halten –

sagte er –, das in Westdeutschland über die Politik der Stärke geführt wird? Drohend fügte er hinzu: So sprächen wahrscheinlich diejenigen, für die die Schrecken des Zweiten Weltkrieges nicht ausreichen … Die Kriegsgefangenen seien Verbrecher, Mörder und Brandstifter. Wolle man diese Frage überhaupt behandeln, so müßten an diesen Verhandlungen auch die Vertreter der DDR teilnehmen. Da die Bundesregierung dies aber nicht für wünschenswert erachte, sei »es öffentlich nicht zweckmäßig, diese Frage zum Gegenstand dieser Verhandlungen zu machen«.

Und zur Wiedervereinigung? Die Angliederung Deutschlands an die Militärbündnisse des Westens, NATO, WEU, die gegen die Sowjetunion gerichtet seien, hätten die Dinge unnützerweise sehr erschwert. Nun gebe es nur eines –: zu versuchen, die Militärgruppierungen *als solche* allmählich überflüssig zu machen, nämlich durch Schaffung eines *europäischen kollektiven Sicherheitssystems*. Im übrigen sei die Wiedervereinigung eine *deutsche Angelegenheit*, deren Lösung nur von der Bundesregierung und der DDR *gemeinsam* vorangetrieben werden könne …

Bereits an dieser Stelle, also am Sonnabend, zeigte sich, daß niemand Brücken sah. Aber Adenauer wollte den Kampf um die Kriegsgefangenen nicht

aufgeben. Er erinnerte an die hektische Atmosphäre der ersten Nachkriegszeit, in der die Urteile verhängt wurden, sprach von Gnadenakten, die die anderen Alliierten vollzogen haben, appellierte an das sowjetrussische Volk, »ein Volk, das viel Herz und Gemüt hat«. Es ist wahr, so sagte der Kanzler, deutsche Truppen sind in Rußland eingefallen. Es ist wahr, daß viel Schlechtes geschehen ist; aber als die russische Armee dann – gewiß in der Gegenwehr – in Deutschland eindrang, mußten auch dort viele entsetzliche Dinge geschehen. Eine Feststellung, die Chruschtschow zu dem empörten Ausruf veranlaßte, der Kanzler habe die Sowjettruppen beleidigt …
Adenauer setzte auseinander: Der Gedanke, der bei seiner Einladung ausgesprochen wurde, daß nämlich die Erörterung des Friedens in Europa von dem Bestehen normaler, guter Beziehungen zwischen dem sowjetischen und dem deutschen Volk abhängig sei, dieser Gedanke werde auch von ihm geteilt. »Wir sind hierhergekommen, um normale und gute Beziehungen zwischen den beiden Völkern wiederherzustellen, und nicht nur – das würde nur ein *kleiner* Teil dieser Aufgabe sein –, um normale diplomatische Beziehungen herzustellen.« Man könne aber normale Beziehungen nur auf einem normalen Zustand aufbauen, nicht auf einem anomalen.

Chruschtschow, der über alles dominierende, bärbeißige, rasch und eisern zupackende Mann – der schon in Belgrad nicht gezögert hatte, schroff und nachdrücklich seine Meinung zu sagen –, wurde sehr viel deutlicher. Wenn die Bundesrepublik zögere, diplomatische Beziehungen aufzunehmen – gut, dann eben nicht! Die Sowjetunion sei sehr wohl in der Lage zu warten. »Uns weht kein Wind ins Gesicht.« Überdies: Die Regierung der DDR werde überall, wie er selbst gesehen habe, jubelnd begrüßt und applaudiert. Denn dies sei das System, dem die Zukunft gehöre.

Daran müßten die Deutschen sich gewöhnen. Schließlich seien Marx und Engels Deutsche. Die Deutschen hätten also die Suppe gekocht, jetzt sollten sie sie auch essen. Der Kanzler, dem diese »Eintopf-Vorstellung« nicht gefiel, fragte: »Kennen Sie den Namen Pferdmenges? Das ist ein Neffe von Engels.« Aber Chruschtschow kannte den Namen Pferdmenges nicht.

Das politische Ergebnis dieser Verhandlung? Die Sowjetunion steht in voller Größe hinter der DDR. Sie deutet nicht einmal einen möglichen Weg zur Wiedervereinigung an; denn kollektives Sicherheitssystem, das heißt: zwei Deutschland. Es gibt also keine Wiedervereinigung. Unter diesen Umständen schien die Aufnahme diplomatischer Beziehungen unmöglich. Um sie ist am Konferenztisch tagelang mit eiserner Energie gekämpft und bei Krimsekt und Wodka mit spontaner Herzlichkeit geworben worden.

Wahrlich, ein karges Ergebnis, das in keinem Verhältnis zu dem Aufwand von beiden Seiten steht, der übrigens seinen Höhepunkt am gleichen Abend in einer Galavorstellung des Balletts und am anderen Abend in einem Galaempfang im Kreml fand. Im Theater standen sie nun in der goldenen Zarenloge, die Großen des Sowjetreiches, Bulganin, Chruschtschow, Molotow, und an ihrer Seite der Bundeskanzler und Außenminister von Brentano, und während ihnen wohl alle die Gedanken an die schwierigen Verhandlungen im Kopfe herumgingen, sandte der Funk das Bild der immer wieder Hände schüttelnden, sich herzlich anlächelnden Regierungschefs rund um die Welt. Und das Merkwürdige: Beides ist echt, die vollkommene Unvereinbarkeit der Standpunkte und die freundschaftliche, nein, herzliche Unbefangenheit, mit der die sowjetischen Gastgeber ihre Gäste behandeln, denen sie immer wieder versichern: »Wenn unsere beiden Nationen zusammenhalten, ist es ganz gleich, was sonst in der Welt geschieht, dann kann es keinen Krieg geben, niemals mehr.«

Die Sorge vor einem möglichen Krieg ist in der Tat ein alles beherrschender Gesichtspunkt. Darum war auch die allgemeine Entspannung, wie sie sich in Genf bemerkbar machte, von ganz unschätzbarer Bedeutung für die Russen. Jetzt handelt es sich für sie vor allem darum, das sowjetische Imperium ungeschmälert durch die neue Phase der Weltpolitik zu steuern. Darum kann der Kreml es sich im Hinblick auf die Satelliten nicht leisten, die DDR preiszugeben, und es handelt sich weiter im Hinblick auf China darum, daß Moskau sich als Gralshüter des Marxismus immer wieder neu bestätigt – auch darum kann es die DDR nicht preisgeben. Stalin wäre stark genug gewesen, es zu tun, aber jetzt ist das anders.

Dennoch war diese Reise ins Sowjetland keineswegs zwecklos. Beide Völker müssen nebeneinander leben, und von ihren Beziehungen zueinander hängt viel ab. Bisher hatten sie überhaupt keine Beziehungen zueinander, nicht einmal eine Vorstellung voneinander – jeder malte sich den anderen jeweils so schwarz oder so grau, wie es ihm gerade paßte. Jetzt wird dies anders. An die Stelle des Klischees ist ein lebendiges persönliches Bild getreten. Man hat zusammen geredet, gegessen und getrunken, man hat gemeinsame Erfahrungen – »weißt du noch *Gospodin* Kanzler, *Towarisch* Schmid, damals in Moskau … ?« Niemand wischt diese Reise wieder weg, bei uns nicht und bei den anderen auch nicht.

Politik der Stärke oder Entspannung?

Im Oktober 1955

Was hat die DDR nun eigentlich während der letzten Wochen unternommen, um die These zu erhärten, die Wiedervereinigung könnten nur die Deutschen untereinander herbeiführen?
Gleich nachdem Adenauer aus Moskau zurückkam, hat Ulbricht vor der Volkskammer gesagt: »Wer aus der DDR nach Westdeutschland geht, um dort Arbeit aufzunehmen, der hilft den Feinden unseres Volkes.« Und Nuschke, der genau wie die anderen SED-Führer die Aufstellung von Divisionen in der Bundesrepublik für die Ursache aller Spannungen hält, warb vor dem Hauptvorstand seiner Partei für den Eintritt in die »Friedensbewegung«: »Jeder Soldat der Zone ist ein Garant des Friedens«, kommentierte er.
Merkwürdig, daß ein Soldat in Ostelbien den Frieden garantiert und in Westelbien den Krieg beschwört. Vielleicht war das auch der Grund, warum die Vopo vor ein paar Tagen bei Hünfeld eine Streife des Bundesgrenzschutzes mit Maschinenpistolen

beschoß – gewissermaßen für alle Fälle und um den Frieden zu garantieren. Man wird dabei unwillkürlich an Orwells »1984« erinnert, den Staat der Zukunft, in dem das Kriegsministerium: Ministerium für den Frieden genannt wird und die Propagandazentrale: Ministerium der Wahrheit.
Bischof Dibelius, das Haupt der Evangelischen Kirche von Ost- und Westdeutschland und damit die einzige Persönlichkeit, die in der Bundesrepublik und der DDR gleichermaßen anerkannt ist, hat in seinem Rechenschaftsbericht vor der Provinzialsynode erklärt, seit der Auflockerung zur Zeit des »Neuen Kurses« sei das Klima wieder spürbar unfreundlicher geworden. Es ging dabei um die kommunistischen »Jugendweihen«, die die SED mit aller Gewalt durchsetzen will und die die evangelische Kirche strikt ablehnt, weil sie mit der Konfirmation unvereinbar sind. Auch Dibelius, der es bisher in meisterhafter Weise verstand, mit den Kommunisten auszukommen und doch keinen Fußbreit von seinem Wege abzuweichen, findet also, daß die Schwierigkeiten gewachsen sind.
Dies alles überzeugt einen nicht unbedingt von der idealen Überlegenheit des Zustandes der Entspannung, wie er von der *Times* unlängst gepriesen wurde. »Ist es nicht möglich«, so fragte die *Times*, »einen Pakt abzuschließen auf einer vorläufigen Ba-

sis, die die deutsche Einheit in der Zukunft keineswegs ausschließt?« Mit anderen Worten: erst einmal die russischen Wünsche zu erfüllen und dann weiterzusehen? Ein Vorschlag, der uns Deutsche naiv anmutet. Mit Recht aber bemerkt die *Times* weiter, daß die entscheidende Frage lautet, ob man weiterkommt »durch Druck des Westens und Andauernlassen der Spannungen mit den Russen oder durch allmähliche Lockerung der Spannung in Europa«. Dies ist wirklich die Frage, auf die es ankommt. Die Zeitung gibt auf die eigene Frage eine eigenartige Antwort: »Solange die Spannung besteht, werden die Russen zwangsläufig Ostdeutschland ebenso festhalten wie die Satellitenregime ... Dagegen könnte es sein, daß sie in einigen Jahren vielleicht eher geneigt wären als jetzt, der Wiedervereinigung Deutschlands zu annehmbaren Bedingungen zuzustimmen.«

Wäre man diesem Rezept einer *progressive education* – nämlich den Sowjets alles zu gewähren und nichts zu tun, was sie ärgert – schon früher gefolgt, so wäre nicht nur der größte Teil Europas, sondern es wären vermutlich auch weite Teile Asiens längst kommunistisch. Ganz so weit in der bedingungslosen Anwendung jenes Rezepts geht allerdings auch der Chefredakteur der *Times*, Sir William Haley, persönlich nicht, der augenblicklich Deutschland bereist. Auf meine Frage bei einem Zusammentreffen in Hamburg, warum die *Times* denn nicht propagiere, die NATO aufzulösen, was doch in den Augen der Russen weit mehr zur Entspannung beitragen würde als der Verzicht auf die Wiedervereinigung Deutschlands, erklärte er erschrocken, das ginge natürlich nicht; denn das schwäche die Verteidigung Englands. – Das ist ein durchaus legitimes Argument; nur indem jeder auf seinen eigenen Schutz bedacht ist, kann der Westen überleben. Es fragt sich nur, wo nach Ansicht des Westens seine Interessensphäre beginnt; an der Oder, an der Elbe oder am Rhein?

Es ist natürlich nicht zu bestreiten, daß eine Entspannung, die alle Widerstände aus dem Wege räumt und jede Eigenständigkeit preisgibt, tatsächlich zu einer spannungslosen Koexistenz mit den Russen führt. Chruschtschow hat dies kürzlich den französischen Senatoren und Abgeordneten im Hinblick auf die Kirche in der Sowjetunion sehr anschaulich geschildert. Er erklärte, jeder könne heute in der Sowjetunion ungehindert in die Kirche gehen. Die Toleranz der Sowjetregierung gegenüber der Kirche sei jetzt möglich, weil die Stärke des Sowjetstaates groß genug sei und weil die Kirche ihre Opposition gegen die Regierung aufgegeben hätte. Als der Präsident des französischen Parlaments, Schneiter, weiter in Chruschtschow drang, setzte dieser erklärend hinzu: »Im alten Rußland verteidigte die Kirche die Interessen des Zaren, der Großgrundbesitzer und des Bürgertums. Aber jetzt ist die Macht des Sowjetstaates groß, und die meisten Priester haben ihre Opposition gegen die Sowjetregierung aufgegeben.«

Genau das ist der entscheidende Punkt: Toleranz kann man nach sowjetischer Ansicht erst dann üben, wenn man so stark ist, daß der andere nicht mehr wagt, Opposition zu machen. Merkwürdig, Chruschtschow, die höchste Autorität der kommunistischen Lehre in der UdSSR, verschleiert nichts. Er sagt, was er denkt (»In hundert Jahren wird die Welt so aussehen, wie Karl Marx es prophezeite« und »Das kapitalistische System ist zum Untergang bestimmt, die DDR, das ist die Zukunft«). Aber die Menschen haben keine Ohren zu hören. So wie viele Adolf Hitlers »Mein Kampf« lasen, in dem jener alles, was er zu tun beabsichtigte, schilderte, und sie hatten keine Augen zu lesen. Die Sowjets haben seit 1945 nie etwas anderes als eine Politik der Stärke getrieben, von der kommunistischen Machtergreifung in der Tschechoslowakei im Frühjahr 1948 bis zu den heutigen Waffenlieferungen an Ägypten, Mittel- und Südamerika. Natürlich ärgerte es sie, als die Amerikaner und Westeuropäer, um sich ihrer

Haut zu wehren, eines Tages auch zur Politik der Stärke griffen, und natürlich versuchen sie nun mit allen Mitteln, Entspannung zu erreichen.
Sebastian Haffner, der Deutschlandkorrespondent des *Observer*, hat – wie einer begeisterten Schilderung der Hamburger kommunistischen Zeitung zu entnehmen ist – vor dem *Rhein-Ruhr-Club* in Düsseldorf einen Vortrag gehalten, in dem er (wie alle Kritiker der westlichen Politik dies ohne Ausnahme seit drei Jahren tun) noch einmal auf die Note der Sowjets vom März 1952 verwies. Die These ist, in jener Note habe die Sowjetunion einem neutralen Deutschland die Wiedervereinigung versprochen; dieses Angebot aber sei weder von den Westmächten noch von Deutschland ernst genommen worden. Und nun sei es eben zu spät, denn jetzt stünden die Pariser Verträge einer friedlichen Lösung im Wege.
Die Moskauer Zeitschrift *Internationale Angelegenheiten* hat in einem Artikel, der offenbar als Auftakt für die Genfer Konferenz gedacht ist, geschrieben, die Sowjetunion würde es nie zulassen, daß die sozialistischen Errungenschaften der DDR wieder zerstört würden. Sie müßten vielmehr auf ganz Deutschland ausgedehnt werden, weil sie die »historische Zukunft verkörpern«. »Dies«, so fährt der Artikel fort, »sind die Kräfte, denen die Zukunft Deutschlands gehört. Die Nichtanerkennung der

DDR ist ein Versuch, den natürlichen Weg der Geschichte zu blockieren.«
Deutlicher, als Chruschtschow und die sowjetische Presse es immer von neuem formulieren, kann man es einfach nicht sagen: Es geht darum, Gesamtdeutschland mit den fortschrittlichen Errungenschaften der DDR auszustatten. 1952 schien das noch möglich, darum damals das Angebot für allgemeine Wahlen. Heute glaubt die Sowjetunion nicht mehr an ein unter dem roten Stern wiedervereinigtes Deutschland; darum der Entschluß, nicht die Wiedervereinigung zu propagieren, sondern die DDR unter allen Umständen in der eigenen Einflußsphäre zu erhalten. Dieser Erfolg, die Tatsache nämlich, daß Moskau es heute nicht mehr für möglich hält, die Bundesrepublik einfach gleichzuschalten, bedeutet gleichzeitig einen entscheidenden Rückschritt in der Frage der Wiedervereinigung. Das ist der Grund, warum beide glauben, recht zu haben: diejenigen, die meinten, man könne nur mit der Politik der Pariser Verträge Fortschritte erzielen, und diejenigen, die behaupteten, ebendiese Politik werde die Wiedervereinigung blockieren.
Für uns aber ist der Weg klar. Entspannung kann nur Verzicht auf Gewalt sein, nicht Kapitulation.

Chruschtschows Enthüllungen verwirren die SED-Führung

Nach dem XX. Parteikongreß

Im April 1956

Es geschehen Zeichen und Wunder – aber niemand scheint sie wahrzunehmen. Nicht einmal die, in deren unmittelbare Zuständigkeit das, was »drüben in der Zone« geschieht, fällt: nicht einmal das Kaiser-Ministerium gibt Zeichen des Erwachens von sich. Man muß sich einmal vergegenwärtigen, was geschehen ist: Im Juli vorigen Jahres, als die Spitze der Sowjetunion aus Genf zurückkam und in Pankow groß auftrat, schwoll Ulbricht und Genossen der Kamm. Seit dem 17. Juni 1953 war ihnen nie ganz wohl gewesen in ihrer Haut. Daß die Bevölkerung das Regime haßte, war ihnen in jenen Tagen erschreckend deutlich geworden, und auch die Sorge, Moskau könnte sie allesamt (wenn es sich eines Tages als opportun erweisen sollte) preisgeben, waren sie nie ganz losgeworden. Damals aber, nach der ersten Genfer Konferenz des gemeinsamen Lächelns, schien dieser Alp plötzlich von ihnen genommen. Die sowjetischen Machthaber hatten nämlich ihre Taktik geändert; die neue Parole hieß jetzt, die Wiedervereinigung sei eine Angelegenheit der Deutschen, darum: *Annäherung* der DDR und der Bundesrepublik! Pieck, Grotewohl und Ulbricht sahen darin die Bestätigung ihrer Existenzberechtigung und eine Garantie für ihre Zukunft – endlich waren sie aller Sorgen ledig.

Wenig später, im September, beim Adenauer-Besuch in Moskau, versicherte Chruschtschow bei jeder Gelegenheit: »Die DDR, das ist das System der Zukunft« – fast mitleidig wurde dem Bundeskanzler immer wieder vor Augen geführt, daß die Bundesrepublik einer veralteten, zum Untergang verdammten Welt angehöre.

Heute jedoch, nach den Moskauer Enthüllungen, klingt es in Pankow ganz anders. Grotewohl sah sich (allen Satelliten gleich) gezwungen, das Ruder herumzuwerfen. Alles, was *wir* bisher an dem östlichen Regime immer wieder als indiskutabel bezeichnet haben, wird nun plötzlich von dessen Erfindern selbst kritisiert. Kein Wort mehr von den berühmten *Errungenschaften* der Zone. Statt dessen scharfe Angriffe gegen die Justizministerin, Hilde Benjamin, und den Generalstaatsanwalt, Ernst Melsheimer, der vor der kommunistischen SED-Konferenz bereits zugegeben hat, daß in der DDR (man denke: in dem Hort des Fortschritts und der sozialen Ge-

rechtigkeit!) Menschen unbegründet verhaftet worden sind und die vorgeschriebenen Fristen für Ermittlungsverfahren gegen inhaftierte Personen »nicht immer eingehalten wurden«.
Grotewohl tadelte ferner den »blutleeren Arbeitsstil« der Volkskammer, der zu einem »lebendigen Parlamentarismus mit Rede und Gegenrede« entwickelt werden müsse. Er ordnete an, die Volkskammer und nicht die Regierung solle künftig die Direktiven für die Gemeindevertretungen ausgeben. Und er erklärte wörtlich, die DDR müsse eine Demokratie werden, in der jeder Bürger das Gefühl haben könne, daß die ostdeutsche Republik auch *sein* Staat sei. (Um jedem Triumph vorzubeugen, setzte er allerdings gleich hinzu, daß man natürlich nicht an einen Parlamentarismus westlicher Prägung denke.)
Die Presse der SED schließlich rügt unablässig einzelne Fälle von Rechtswillkür, und die Zeitungen der sogenannten bürgerlichen Parteien von Nuschke und Bolz verkünden, es werde Schluß gemacht mit dem Diktatursystem, die DDR werde sich jetzt zu einem wirklich demokratischen Staat entwickeln.
Es kann also mit den Errungenschaften nicht sehr weit her gewesen sein. Noch vor einem halben Jahr, nach der zweiten Genfer Konferenz, planten die SED-Machthaber, die politischen und sozialen Errungenschaften der DDR auf die Bundesrepublik

auszudehnen, jetzt aber bemühen sie sich plötzlich, ihr System dem unseren anzupassen – welche Perspektiven eröffnet das!
Mikojan hat, von westlichen und neutralen Journalisten arg bedrängt, in Karatschi leicht verärgert gesagt: »Wenn wir niemand kritisieren, dann heißt es überall, es gäbe in der Sowjetunion keine Demokratie. Und jetzt, wo wir Stalin kritisieren, wundern sich die Leute und kritisieren uns.« Genau dies wird in der allernächsten Zukunft die verzweifelte Schwierigkeit aller Satellitenregierungen, einschließlich der DDR, sein: Es ist nämlich viel schwieriger, ein bißchen Terror aufrechtzuerhalten, als mit totalem Terror zu regieren.
All jene unliebsamen Funktionäre, von den Luftschutzwarten der Hitlerzeit bis zu den Hauswarten der SED und dem Vorsteher der Kolchosen, können ja ihre Macht nur durch Einschüchterung behaupten. Wenn aber wirklich die Willkür – und damit doch auch die Wirksamkeit von Denunziationen – vermindert werden sollte oder, wie Grotewohl es formulierte: »auch nicht mehr die geringste Abweichung von der gewissenhaften Befolgung der bestehenden Gesetze geduldet werden wird« (besonders die Volkspolizei und der Sicherheitsdienst sollen angewiesen werden, die Rechtsnormen einzuhalten und zu achten), wenn also wirklich all dies

geschieht, dann kann es für Machthaber, die sich nicht der Gunst des Volkes erfreuen, recht schwierig werden.

Darum ist heute bei den kommunistischen Führern der DDR die Sorge, die Abschaffung des Personenkultes könne zur Auflösung jeder Parteiautorität führen, riesengroß. Nur Feinde der Arbeiterklasse, erklärte die oberste SED-Führung, könnten aus der Kritik an Stalin die Folgerung ableiten, man könne ohne Führer auskommen. Zur Bekräftigung wird Lenin zitiert, der gesagt hat, daß man den Klassenkampf ohne ausgeprägte Führerpersönlichkeit nicht erfolgreich durchführen könne.

Und noch ein anderer Umstand macht Ulbricht und Genossen Sorgen: die Wiederkehr der in Ungnade Gefallenen. Man ersieht dies daraus, daß es die SED bisher nicht gewagt hat, diese Leute zu rehabilitieren. Da ist zum Beispiel der ehemalige Kaderchef, Franz Dahlem, dessen Gefühle für seinen einstigen Gegenspieler Ulbricht in dreijähriger Gefangenschaft kaum herzlicher geworden sein dürften. Er tauchte kürzlich auf einer Studentenversammlung in Ostberlin auf, wo er behauptete, Berija habe die kommunistischen Funktionäre in der Sowjetunion und auch Ulbricht irregeführt. Ein Vorwurf, der diesem offenbar so schwerwiegend erschien, daß er gleich darauf offiziell erklären ließ, Berija habe nur an einer einzigen Besprechung mit führenden Mitgliedern der SED teilgenommen, und dabei seien Berijas Vorschläge, »die eine Unterstützung westlich reaktionärer Kreise zum Inhalt hatten«, einmütig abgelehnt worden.

Verwirrung und Unsicherheit in der SED müssen unvorstellbar groß sein. Ein Augenblick, der der Bundesregierung und dem Kaiser-Ministerium – das ja schließlich für Gesamtdeutschland zuständig ist – reichlich Gelegenheit gäbe, sich nach jahrelangem »geduldigem Warten« etwas eingehender mit der Zone zu beschäftigen. Wir haben kürzlich an dieser Stelle vorgeschlagen, aus der ewigen Defensive gegen das »Deutsche an einen Tisch« einmal in die Offensive überzugehen und jenes Schlagwort, mit dem die Anerkennung der DDR als selbständiger Staat erzwungen werden soll, abzuwandeln in eine Aufforderung, nicht die Funktionäre an einen Tisch zu bringen, sondern die Bürger von hüben und drüben.

Wir meinen, die Gelegenheit sei heute selten günstig. Warum laden wir sie nicht zu Tagungen und Diskussionen ein: die Bürgermeister der großen Städte, die Rektoren der Universitäten, Gewerkschaftler, demokratische Frauen, Studenten? Kommen sie nicht, so wissen wir, daß ihre Parole: »Deutsche an einen Tisch« nur Geschwätz ist; kommen sie aber, so hätten wir genug interessanten Gesprächsstoff …

Der 17. Juni 1953 hat, wie wir heute wissen, Kettenreaktionen bis weit nach Sibirien hinein gehabt; nur in der Bundesrepublik rührte sich nichts. Der März 1956 ist ein anderes Datum, das tief, noch viel tiefer hineingeschrieben sein wird in den Nachkriegsband der Geschichte des sowjetischen Imperiums – und wieder rührt sich nichts bei uns.

Adenauers Irrtum

Die Politik der Stärke führt nicht automatisch zur Wiedervereinigung

Im Juni 1956

Als sich die Alliierten 1945 daranmachten, die Verbrechen der Hitlerzeit an den Schuldigen in Deutschland zu sühnen, gab es nach ihrer Meinung kaum einen Unschuldigen. Da wurden kleinste Funktionäre der einstigen Größen zur Rechenschaft gezogen, und Soldaten wurden zu langjährigen Strafen verurteilt, die dem Befehl gefolgt waren, an standrechtlichen Exekutionen teilzunehmen, deren Recht- oder Unrechtmäßigkeit sie natürlich überhaupt nicht hatten beurteilen können.

Ganz anders ist heute die Einstellung den sowjetischen Machthabern gegenüber. Obgleich die Kaltenbrunner, Göring und Ribbentrop der Stalin-Ära alle noch da sind und regieren, genügt es vielen im Westen, daß diese (in der Nürnberger Terminologie: Hauptschuldigen) alle Schuld der Vergangenheit auf Stalin abwälzten, und schon glauben sie an ihre Respektabilität.

Saragat allerdings, der Führer der italienischen Sozialisten, meinte kritisch, Chruschtschow habe in seiner großen Anklage gegen Stalin nicht erklärt, »wie es eigentlich möglich war, daß der so dämonische Personenkult, der während zwanzig Jahren in der Sowjetgeschichte ungeheuerliche Verbrechen verübt hat, sich plötzlich breitmachen konnte. Er erklärt uns auch nicht«, fährt Saragat fort, »wie denn eine Wiederholung verhütet werden kann.«

Aus Paris und London jedoch kommen vergebungsfreudige Stimmen. Der französische Außenminister Pinay kann den Gesinnungswandel in der Sowjetunion nicht genügend preisen, und der *Manchester Guardian* beklagte sich, daß Eden und Adenauer den Veränderungen in Moskau nicht genügend Rechnung tragen. »Es ist Tatsache«, so schreibt das liberale Blatt, »daß sich die Spannung sprunghaft verringert hat, während Sir Anthony Eden nicht hinschaute und die Politik Adenauers den Boden unter den Füßen verlor.«

Wie ist das eigentlich? Hat die Politik Adenauers wirklich den Boden unter den Füßen verloren?

Jede Politik geht von *zwei* Elementen aus: von der *objektiven* Lage und von der *subjektiven* Anschauung, die die Menschen von dieser Lage haben, also von der öffentlichen Meinung (wenigstens in den Demokratien ist das so). Einer bestimmten Politik kann also der Boden entzogen sein, wenn sich *ent-*

weder die Lage *oder* wenn sich die öffentliche Meinung grundsätzlich verändert. (Die Welt war zu der Zeit, da man sie für eine Scheibe hielt, gewiß nicht weniger rund als heute, und doch bedeutete die Erkenntnis ihrer Kugelform eine grundlegende Veränderung auch der »Fakten«.)

Die bisherige Politik Adenauers ging von dieser Annahme aus: Wenn der Westen ebenso schnell und umfangreich aufrüste wie der Osten, ja, diesen vielleicht sogar an Qualität überbiete, werde dereinst der Tag kommen, an dem den Sowjets der Atem ausgehe und sie bereit sein würden, für den Waffenstillstand im kalten Krieg einen hohen Preis – die Zustimmung zur Wiedervereinigung – zu zahlen. Vielleicht wäre diese Rechnung sogar aufgegangen (denn daß Moskau es jetzt so außerordentlich eilig hat, Millionen von nutzlosen Soldaten in nützliche Arbeiter zu verwandeln, zeigt, daß der »Atem« kürzer geworden war), vielleicht also wäre die Rechnung aufgegangen, wenn nicht inzwischen der Gleichstand in der Entwicklung atomarer Waffen den kalten Krieg als solchen *ad absurdum* geführt hätte. So aber stellt sich nun heraus, daß der kalte Krieg zu Ende gehen kann, ohne daß irgend jemand einen Preis zu bezahlen genötigt ist. Mit dem atomaren Gleichstand hat sich also eines der Elemente der bisherigen Politik – nämlich die *objektive Lage* – verändert.

Auch das zweite Element, also die *öffentliche Meinung*, blieb nicht konstant. Sie allerdings veränderte sich nicht so sehr wegen des atomaren Gleichstands, sondern vielmehr wegen der Wandlungen in Rußland selbst. Ob nun dieser Wandel echt und dauerhaft ist oder nur auf einer momentanen Taktik beruht oder ob er vielleicht eine Kombination von beiden ist, nämlich momentan echt, auf die Dauer aber nur die Maske in einem bürgerlichen Mummenschanz, das spielt für unsere Frage: »Ist der Politik Adenauers der Boden entzogen?« keine Rolle. Es genügt, daß sich die öffentliche Meinung, und zwar sowohl »draußen« wie »drinnen«, verändert hat.

So gesehen, wäre also aller Anlaß gegeben, die bisherige Politik zu ändern und der neuen Lage anzupassen. Aber der Kanzler kann sich so leicht nicht von der alten Linie trennen. In Amerika, wo alle bisherigen Vorstellungen ins Wanken geraten sind, sagte Adenauer auf einer Pressekonferenz, die seinen Besuch abschloß, fast beschwörend: »Die Russen kennen nicht den Begriff der Zeit. Wer ungeduldig ist gegenüber einem solchen Gegner, ist im Hintertreffen. Daher muß man Geduld haben im Widerstreben.«

Dieser Haltung liegt offenbar die Erinnerung an Chamberlain, an München und das Stichwort *appeasement* zugrunde. Ist es nicht wieder so, daß das

Volk, daß alle Völker im Westen zur Verständigung um jeden Preis drängen, und muß – so mag Adenauer sich fragen – der wahre Staatsmann (der damals fehlte) nicht hart bleiben: lieber unpopulär als verantwortungslos? Man kann subjektiv diese Einstellung des Regierungschefs, der Deutschland durch die schwersten Jahre der Nachkriegszeit mit unbeirrbarer Sicherheit steuerte, wohl verstehen; objektiv aber wird man sagen müssen: »Hier irrt Adenauer.« Denn selbst, wenn er sachlich recht hätte – was nicht zu beweisen ist –, so gehört es doch zum wahren Staatsmann, daß er imstande ist, seine Staatsbürger zu überzeugen, also im Einklang mit der öffentlichen Meinung zu handeln, denn in der Politik (jedenfalls in den Demokratien) ist genau wie bei den Soldaten der Satz: »Die ganze Kompanie hat den falschen Tritt, nur der Gefreite Meier nicht« einfach grotesk. Dieser Zustand der Führungslosigkeit – dadurch entstanden, daß Regierungschef und öffentliche Meinung nicht in Übereinstimmung sind – ist fast schlimmer als eine falsche Politik, weil in solchen Zeiten jeder sich berufen fühlt, verwirrende Vorschläge zur Außenpolitik zu machen. Und was denn also in den letzten Wochen an widerspruchsvollen Thesen und neuen Forderungen zusammengeschwätzt wurde, auf Landesparteitagen und Konferenzen, ist wirklich erstaunlich.

Unsere Politik war es bisher: 1. nicht mit Moskau zu sprechen, 2. die Existenz der Pankower Regierung zu leugnen und 3. die Aufnahme diplomatischer Beziehungen mit den Oststaaten nicht in Erwägung zu ziehen. Fortan und auf die Dauer geht dies nicht. Man kann nicht *alle drei* Möglichkeiten grundsätzlich ablehnen, wenn man zugleich zugeben muß, daß der alte Weg uns der Wiedervereinigung keinen Schritt näher bringt. So stellt sich die Frage: Wo beginnt man mit einer Lockerung?
Der Bundestag hat am 7. April 1954 einstimmig beschlossen, die DDR nicht anzuerkennen. Und in der großen Debatte über die Sowjetzone am 30. Mai 1956 ist von allen Parteien der Entschluß, mit den sogenannten Regierungsvertretern der DDR keine Gespräche zu führen, von neuem bestätigt worden. Folglich bleibt von den beiden Hauptwegen nur der, mit *Moskau* zu reden und zu hören, was man dort zum Thema Wiedervereinigung zu sagen hat.
Was haben wir zu diesem Thema bisher aus Moskau gehört? In der letzten TASS-Erklärung, die zu der Chruschtschow-Mollet-Unterhaltung Stellung nahm, heißt es, die Sowjetunion befürworte nach wie vor die Wiedervereinigung Deutschlands als eines »friedliebenden, demokratischen Staates«. Wir wissen, daß für die sowjetische Terminologie nur Rußland, China und die Staaten des Ostblocks

»friedliebend und demokratisch« sind, nicht aber Länder wie England, Belgien, Holland. Diese neueste Äußerung erinnert also wieder bedenklich an die Rede Molotows vom 8. November 1955 in Genf, in der er erklärte, eine Wiedervereinigung sei nur möglich, wenn die »Errungenschaften« der Sowjetzone erhalten blieben. Weiter hieß es in jener TASS-Erklärung: »Die Regelung der deutschen Frage hängt *in allererster Linie* von der Bereitschaft der Bundesrepublik ab, mit der DDR Einigung zu erzielen.« Nach der TASS-Veröffentlichung hat noch einmal ein Sprecher des *Quai d'Orsay* das Wort ergriffen und folgendes gesagt: »Die Russen haben während des Moskaubesuches (von Mollet) unterstrichen, daß es gefährlich für sie sein würde, eine Wiedervereinigung Deutschlands zu akzeptieren, durch die Mitteldeutschland seine sozialen und wirtschaftlichen Errungenschaften verlieren würde. Das bedeutet, daß die Sowjetunion ein wiedervereinigtes, nach Westen orientiertes Deutschland und die Folgen fürchtet, die dieser Mißerfolg der kommunistischen Ideologie nicht nur für sie selbst, sondern für die Volksdemokratien haben könnte.« Genau dies ist des Pudels Kern! Moskau fürchtet nicht die Waffengewalt des Westens, aber es fürchtet den Geist des Widerstandes in der Zone. Darum: Wenn die Sowjets heute auf Gespräche der Bundesrepublik mit der DDR drängen, so nur, um der bei der Bevölkerung verhaßten Pankow-Regierung mehr Gewicht zu geben. *»Gespräche mit Pankow« sind also nicht mehr nur ein Blitzableiter für die westdeutschen Wünsche nach Wiedervereinigung, sondern sie liegen auch im aktiven Interesse Moskaus.* Man muß sich nur einmal vorstellen, Polen wäre geteilt und es gäbe eine amtierende polnische Regierung mit Mikolajczyk an der Spitze diesseits des Vorhanges – die würde den Sowjets gewiß mehr zu schaffen machen als wir!

Mit anderen Worten: Die DDR ist für die Sowjetunion eben nicht nur ein Vorteil, sondern auch eine Sorge. Darum sollten wir nicht mit Pankow verhandeln – denn das würde Ulbricht und Genossen eine unverdiente Rückendeckung geben –, wohl aber mit Moskau. Und je eher, je besser; denn solange Konrad Adenauer die Verhandlungen führt, besteht eine gewisse Gewähr, daß der Rapallo-Komplex der Alliierten nicht wieder zu neuem Leben erwacht.

Jetzt oder nie!

Noch in diesem Jahr muß Berlin Hauptstadt werden

Im Oktober 1956

Falls jemand die Geschichte »Für gewußt wo« noch nicht kennen sollte, sei sie hier noch einmal berichtet: Ein Reisender, der mit dem Auto durch Galizien fährt, bleibt mit einem Motordefekt in einer kleinen Ortschaft liegen. Ein herbeigerufener Handwerker schaut sich die Sache an, pustet, rüttelt und klopft dreimal mit dem Hammer, nach fünf Minuten läuft der Motor wieder – Preis: 20,37 Mark! Der erschrockene Reisende verlangt Spezifizierung dieser abnormen Rechnung. »Wieso, für dreimal mit dem Hammer klopfen, 20,37?« Darauf schreibt der Handwerker folgende Rechnung aus:

Arbeitslohn:	0,37 DM
Besonderes: »Für gewußt wo«	20,00 DM
zusammen:	20,37 DM

Die Geschichte ist sehr alt. Sie ist die Quintessenz aller menschlichen Weisheit – nämlich wirklich aller Weisheit und nicht nur des Wissens.

Auch für die Politik gilt sie. Denn jenem »gewußt wo« des Handwerkers entspricht in der Politik das »gewußt wann«. »Hochverrat«, sagt Talleyrand, »das ist eine Frage des Datums.« Auch der Erfolg einer Maßnahme hängt vom richtigen Zeitpunkt ab. Ob Zögern Feigheit ist oder Besonnenheit, ob Handeln Beherztheit ist oder Abenteuerei, hängt ausschließlich vom Zeitpunkt ab, von der richtigen Diagnose der Zeitumstände!

Wir alle spüren, daß in unserer Nachkriegsepoche eine gewisse Zäsur eingetreten ist. Bei uns hat sich vieles konsolidiert: Wirtschaftliches und Politisches, unser Gewicht ist größer geworden; draußen aber ist manches in Fluß gekommen, wovon sich noch vor Jahresfrist niemand etwas träumen ließ. Diagnose: Der Zeitpunkt ist gekommen, unser Provisorium einmal neu zu überdenken.

Das Provisorischste unseres bundesrepublikanischen Provisoriums ist die Hauptstadt Bonn, die vom Parlamentarischen Rat ausdrücklich als »provisorischer Sitz der Bundesrepublik« bestimmt wurde. Wir haben anläßlich der Tagung des Bundestags in Berlin in der vorigen Woche schon einmal gefragt: »Wie lange soll dieser provisorische Sitz noch beibehalten werden?« Und: »Worauf warten wir eigentlich?«

Inzwischen sind die Abgeordneten aus Berlin zurückgekehrt. Manche, die lange nicht in Berlin waren, meinten, es sei wie ein Symbol, daß die Ruine der Kaiser-Wilhelm-Gedächtnis-Kirche, noch vor kurzem das Zentrum eines riesigen Trümmerfeldes, jetzt im Schatten moderner Wolkenkratzer *als Rarität* in ihrem Trümmerzustand konserviert wird. Es gibt nur eine Meinung über Berlin: Dies ist nicht mehr die zerstörte, mitleiderregende Stadt, die einst Metropole war und jetzt zu provinziellem Dasein verdammt ist, nein, diese Stadt ist immer noch Weltstadt: groß, lebendig, geschichtserfüllt, mit internationalem Theater-Standard (auch ohne internationales Publikum), mit einer Bevölkerung, die aus der Getto-Mentalität der schweren zurückliegenden Jahre wieder zu der alten Sicherheit und Selbstverständlichkeit zurückgefunden hat; dies ist eine Stadt, in der die politischen Parteien keine Zeit mit nebensächlichen Streitigkeiten verlieren, sondern nur eine Aufgabe kennen, gemeinsam ihr Schicksal zu meistern.

Und schließlich – und das ist vielleicht das Wichtigste –: Diese Stadt sieht sich tagtäglich vor die brennenden Fragen der Zone gestellt. In Berlin ist man gezwungen, Antwort zu geben. Dort spürt man die Realität der geistigen Auseinandersetzung, die notwendig ist und die man im Westen über dem Vergnügen am wachsenden Wohlstand ganz vergißt.

Wie gut täte uns die ständige Konfrontation mit den Problemen unserer Landsleute in der Ostzone! *So gesehen, braucht Berlin nicht mehr uns, sondern jetzt brauchen wir Berlin.*

Jetzt wird es Zeit, auf der großen Bühne der echten Hauptstadt das einer Bewährung zu unterziehen, was im Glashaus der rheinischen Gartenstadt herangewachsen ist. Wenn dies jetzt nicht geschieht, dann wird der Entschluß immer schwerer. Denn darüber muß man sich klar sein, ein Entschluß wird es immer sein, und er wird um kein Gran leichter, wenn erst noch einmal neue Ministerien in Bonn gebaut sind. Und apropos »Zeitpunkt«: Vielleicht ist dies eine Sternstunde unserer Geschichte (innen- und außenpolitisch gesehen), vielleicht werden wir dem Ziel »Hauptstadt Berlin« nie wieder so nah kommen.

Der Hinweis auf den Sonderstatus von Berlin ist nicht triftig, befinden sich doch die sogenannten Ministerien von Pankow nicht in der Zone, sondern auch im Herzen von Berlin, Unter den Linden und in der Leipziger Straße. Natürlich kann der Entschluß nur in Übereinstimmung mit den Alliierten gefaßt werden, sie aber, die die Stadt Ernst Reuters in der schwersten Zeit aus eigener Initiative mit Hilfe der Luftbrücke am Leben erhielten, haben immer erklärt, Berlin werde eines Tages wieder die Hauptstadt Deutschlands sein. Warum nicht gleich? Die Gelegenheit ist günstig, worauf warten wir noch? Manche antworten auf diese Forderung einfach, die technischen Schwierigkeiten wären so groß, daß ein Umzug nicht möglich sei. Wie steht es damit? Westberlin hat 2,3 Millionen Einwohner, Bonn hatte 1949: 110 000, heute sind es 140 000. Selbst wenn es notwendig wäre, diese zusätzlichen 30 000 Menschen alle nach Berlin zu verlagern, dürfte dies in einer Zwei-Millionen-Stadt kein unüberwindliches Problem sein. Aber diese Notwendigkeit besteht gar nicht. Da ist zum Beispiel die Bundesanstalt für Angestelltenversicherung, die ihren Sitz in Berlin hat. Zu ihr gehören 3200 Beamte und Angestellte, das ist genau doppelt soviel wie die Ministerien Justiz, Vertriebene, Wohnungsbau, Arbeit, Gesamtdeutsches und ERP zusammen haben. Würde diese Behörde zurück nach Bonn (zum Beispiel in das Postministerium) verlegt, so wäre bereits Platz für sechs Ministerien geschaffen. Auch das Verteidigungsministerium, das ja wohl zweckmäßigerweise in Bonn bliebe, wäre sicherlich ein Anwärter auf einen der großen Neubauten.

Die Vorstellung, daß im Falle eines Umzuges nach Berlin alle Bonner Neubauten überflüssig seien, trifft ohnehin nicht zu. Vier Ministerien, nämlich: Wirtschaft, Arbeit, Wohnung, Inneres, sind in früheren Kasernen untergebracht (die ihrer alten Bestimmung wieder zugeführt werden könnten). Desgleichen das Finanzministerium, das allerdings um einen Neubau erweitert wurde. Das ERP-Ministerium residiert in Plittersdorf im Haus Carstanjen, das Gesamtdeutsche Ministerium in einem Etagenhaus. Neu gebaut wurden nur Postministerium, Auswärtiges Amt und teilweise das Bundeshaus.

Unsere Vorstellungen von einer Hauptstadt sind mittlerweile so provinziell geworden und so beschränkt wie die Bonner Raumverhältnisse. Man macht sich gar nicht mehr klar, daß es in einer Zwei-Millionen-Stadt kein Problem ist, etwa 7000 Beamte unterzubringen. Allein die Neubauten des Berliner Senats am Fehrbelliner Platz – die schon auf das Endziel zugeschnitten sind – könnten einen Teil der Bonner Behörden aufnehmen. Da ist ferner die Zoo-Randbebauung schon weit vorangeschritten, ein sechzehnstöckiger Wolkenkratzer am Bahnhof Zoo ist soeben fertig geworden, in der Budapester Straße hat man mit den Ausschachtungen für das zwölfstöckige Hilton-Hotel begonnen. Im Hansaviertel entstehen Wohnungen für 1200 Familien.

Ähnlich große Siedlungen werden in mehreren Außenbezirken gebaut. Im Diplomatenviertel am Tiergarten und in der Graf-Spee-Straße haben verschiedene Nationen schon wieder Generalkonsulate und Militärmissionen eingerichtet; die Italiener haben die alte Botschaft wieder zurechtgebaut. Auch an Repräsentationsbauten ist die alte Hauptstadt nicht ganz arm. Das Schloß Bellevue ist nur wenig kleiner als das Palais Schaumburg, und der Wiederaufbau des Charlottenburger Schlosses ist nahezu vollendet. Wir sind nicht mehr im Jahre 1948. Die Zeit stand nicht still, auch in Berlin nicht. Es war schwer, aus Bonn eine provisorische Hauptstadt zu machen. Es wird sehr viel leichter sein, in Berlin die endgültige Hauptstadt wieder einzurichten, denn dort gehört sie hin.

»Für gewußt wann« – nach dieser Devise werden die Politiker beurteilt, nicht nur von ihren Zeitgenossen, sondern auch von der Geschichte.

Baustopp für Bonn

Grünes Licht für Berlin

Im November 1956

Die uralte Geschichte vom Samariter, der dem, der unter die Mörder fiel, beistand, kann zwei verschiedenartige Kommentare herausfordern: die Freude darüber, daß es noch Samariter gibt, und die mit Abscheu getroffene Feststellung, daß Mörder unter uns leben. Beide Versionen sind richtig, aber für sich allein genommen, ist jede der beiden Feststellungen unvollständig. Zwar mag der eine zuerst die Figur des Samariters sehen, dem anderen zunächst die Tat des Mörders ins Auge fallen, aber wer mit der politischen Wirklichkeit zu tun hat, muß wissen, daß es nirgends in der Welt und zu keiner Zeit nur Samariter oder nur Mörder gab.

Dies muß man sich vor Augen halten, wenn man im Licht der fürchterlichen Ereignisse im Osten unsere eigene Situation überdenkt. Am 18. Oktober, gerade ehe die sowjetischen Kanonen ihre volksdemokratische Stimme in Ungarn erhoben, forderten wir an dieser Stelle, Berlin müsse wieder Sitz der Regierung werden. Uns schien, daß nach zehnjährigem

Wiedervereinigungsgeschwätz nun wirklich der Moment gekommen ist, die Beschwörungen zukünftigen Tuns einzustellen und sich auf das zu konzentrieren, was im Moment getan werden kann: mit der Verlagerung von Ministerien und Bundesorganen nach Berlin zu beginnen und den weiteren Ausbau von Bonn einzustellen. – In einer Art Stoßtruppunternehmen hat dann der CDU-Abgeordnete Bucerius der CDU/CSU-Fraktion am 26. Oktober den Antrag abgerungen, Berlin wieder zur Hauptstadt zu machen und dort sogleich mit dem Wiederaufbau eines Parlamentsgebäudes zu beginnen. In Berlin selbst brachten SPD, CDU und FDP gemeinsam am 30. Oktober den Dringlichkeitsantrag ein, die deutsche Hauptstadt Berlin zur Aufnahme von Bundesorganen auszubauen.

Inzwischen sind nun – vielleicht weil im außenpolitischen Bild die Mörder so sehr in den Vordergrund getreten sind – die zaghaften Geister wieder eingeschüchtert worden. »Die Bonner« hätten, wie es heißt, verhindern wollen, daß die Tagung des Kuratoriums »Unteilbares Deutschland« in der vergangenen Woche in Berlin stattfand – ein Versuch, der glücklicherweise scheiterte, während leider erfolgreich verhindert wurde, daß der Bundespräsident vor diesem Forum sprach. Als wäre der geplante Umzug nach Berlin eine Art »Ritt gen Ostland« und nicht der legitime Umzug aus der provisorischen Hauptstadt in die angestammte! So, als habe es sich bei jenem Antrag um den übermütigen Einfall von Kindern gehandelt, die der Hafer sticht und die erschreckt von ihrem Vorhaben ablassen, weil ein Erwachsener die Stirn runzelt.

Der Ausbau Bonns zur provisorischen Hauptstadt hat, auch wenn nur zwei Ministerien neu gebaut wurden, mehrere hundert Millionen verschlungen. Heute könnte man die Neu- und Umbauten für die 8000 Beamten und Angestellten der sechzehn Ministerien noch nutzbringend für diejenigen Institutionen, die nicht unbedingt mit umziehen müssen, verwerten; wenn aber jetzt für die 2500 Beamten und Angestellten des Verteidigungsministeriums ein Wolkenkratzer zum veranschlagten Preis von 55 Millionen DM gebaut werden soll, dann fängt die ganze Sache an, unsinnig zu werden. Berlin ist die Hauptstadt Deutschlands – Bonn ein Provisorium. Das Wesen des Provisoriums ist, daß man sich von vornherein darüber im klaren ist, daß es in absehbarer Zukunft sein Ende finden muß. Elf Jahre sind eine lange Frist für ein Provisorium. Nirgendwo steht geschrieben, daß es noch weiterdauern *muß*. Und ebenfalls steht nirgendwo geschrieben, daß der Sonderstatus von Berlin verletzt würde, wenn der Sitz der Bundesrepublik dorthin verlegt wird. Beweis:

Als die Regierung der DDR in Pankow, also in Ostberlin, etabliert wurde, hat keine der ehemaligen vier Besatzungsmächte Einspruch erhoben.
Der Ausschuß des Berliner Abgeordnetenhauses, der unter Führung von Präsident Brandt die Möglichkeiten prüfte, Berlin zur Aufnahme von Bundesbehörden auszubauen, hat am 26. November seinen Bericht erstattet, aus dem hervorgeht, daß die technischen Schwierigkeiten (Unterbringung) weit geringer sind, als man zunächst angenommen hatte. Es hat sich nämlich herausgestellt, daß Bonn heute über 150 000 Quadratmeter Bürofläche verfügt und daß Berlin 182 000 Quadratmeter Bürofläche sofort zur Verfügung stellen kann.
Die Festredner aller Parteien und Konfessionen pflegen bei jeder passenden Gelegenheit ein Bekenntnis zur deutschen Einheit abzulegen und Berlin als Vorposten der Freiheit zu preisen. Als Aufenthaltsort aber scheinen sie die Etappe vorzuziehen. Man sollte alle, die so eindringliche Reden halten, beim Wort nehmen und sie als Vorkämpfer für den Umzug nach Berlin in das Goldene Buch der Hauptstadt eintragen, um sie in bestimmten Abständen an ihre Bekenntnisse zu erinnern. Auch der Kanzler sprach im vorigen Jahr in Berlin eindrucksvoll von Berlin als dem Vorposten der freien Welt.
Ein Drittel der 9000 Studenten der Freien Universität

und ein Drittel der 6000 Studenten der Technischen Hochschule kommen aus der Zone. Noch sehr viel mehr würden kommen – denn weit hinaus ins Land reichen die Ausstrahlungen dieses Vorpostens, wenn, wie die Berliner hoffen, beide Akademien wirklich zu hauptstädtischen Universitäten ausgebaut würden.

Warum das Provisorium nicht noch länger dauern kann? Weil etwas geschehen muß, wenn dieses Deutschland nicht für immer ein Krüppel bleiben soll. Weil uns nichts als Geschenk in den Schoß fallen wird, morgen so wenig wie heute, weder die Wiedervereinigung noch der Umzug in die Hauptstadt. Die Wiedervereinigung hängt nicht von uns ab, der Umzug nach Berlin aber setzt *immer* einen Entschluß voraus, bedeutet immer Mühsal und Risiko. Je länger der Entschluß hinausgeschoben wird, desto größer wird das Beharrungsvermögen des Provisoriums, desto geringer die Hoffnung, beide Teile wieder aneinanderzufügen. Berlin ist die Klammer, die an der Nahtstelle beide Teile Deutschlands zusammenheftet, darum sollten wir uns alle die Forderungen des Kuratoriums »Unteilbares Deutschland« zu eigen machen. Sie lauten:

1. *Bundestag und Bundesrat mögen beschließen: Berlin ist die Hauptstadt Deutschlands.*

2. *Die Organe der Bundesrepublik, die Bundesministerien und sonstigen Institutionen des Bundes sind alsbald nach Berlin zu verlegen, soweit nicht aus zwingenden Gründen einzelne Bundesbehörden bis zur Wiedervereinigung noch in Bonn verbleiben müssen.*
3. *Bauten, die für oberste Bundesbehörden erforderlich werden, sind nur noch in Berlin durchzuführen.*

   Mit dem Wiederaufbau des alten Reichstagsgebäudes und der Errichtung eines neuen Parlamentsgebäudes in Berlin ist unverzüglich zu beginnen.

   Die Freie und die Technische Universität in Berlin sind zu hauptstädtischen Universitäten auszubauen.

Erst Friedensvertrag

Ein Weg, der zum ganzen Deutschland führen kann

Im März 1958

Daß die Sowjets, die sich lange gegen ein Außenministertreffen zur Vorbereitung der Gipfelkonferenz gewehrt haben, dieser Reihenfolge nun plötzlich doch unter der Voraussetzung zustimmen, daß bereits die Außenministerkonferenz zu einer sinnlosen Massenveranstaltung wird, verstärkt die Befürchtung, daß Moskau an einem ernsthaften Ost-West-Ausgleich gar nicht interessiert ist.

Sollte diese Befürchtung zutreffen, sollten also die Russen das Risiko einer Neuregelung für größer halten als die Chancen des *status quo*, dann sind natürlich alle weiteren Überlegungen und auch die vielen Pläne und Vorschläge, die wie Pilze aus dem Boden schießen, müßig. Solange dies jedoch nicht jenseits aller Zweifel bewiesen ist, bleibt nichts anderes übrig, als weiter zu versuchen, Moskau für einen Ausgleich zu gewinnen.

Wir befinden uns zur Zeit am Ende einer außenpolitischen Phase, in einem Moment, in dem sich die

Konturen des neuen Abschnitts noch nicht deutlich abzeichnen – daher die vielen Pläne. Fest steht jedoch bereits jetzt, daß wir die Hoffnung auf freie Wahlen zur Wiedervereinigung Deutschlands, die uns auf irgendeine wundersame Weise eines Tages beschert werden könnten, aufgeben müssen. Es ist wichtig einzusehen, daß dieser Traum ausgeträumt ist, weil aus einer solchen Verkennung der Wirklichkeit keine konstruktive Politik erwachsen kann, sondern allenfalls nur müßige Streitereien über die Vergangenheit.

Wenn diese Feststellung richtig ist, dann muß man einmal versuchen, den Rahmen abzutasten, innerhalb dessen in Zukunft deutsche Wiedervereinigungspolitik gemacht werden kann – und zwar unter dem Gesichtspunkt des a) international Möglichen und b) des national Wünschbaren.

Zu a) Wie muß ein Vorschlag aussehen, der nicht entweder dem Westen als Verrat oder dem Osten als Falle erscheint? Er muß offensichtlich die Befürchtungen des Westens respektieren, kein Trojanisches Pferd *in seine Mauern eingeschleppt zu bekommen, und er muß den Wunsch der Russen beherzigen,* nicht die Katze im Sack zu kaufen.

Zu b) ist doch wohl festzustellen, daß jene Vorschläge, die unter dem Titel disengagement *– also Aus-*

einanderrücken der Blöcke – oder auch Neutralisierung *gemacht werden, soweit sie den* militärischen *Bereich betreffen, durchaus erwägenswert sind und wirklich durchdiskutiert werden sollten, daß aber andererseits ein* disengagement *im* politischen *und* wirtschaftlichen *Bereich* indiskutabel *ist, weil es zu einer Isolierung Deutschlands führen würde. Wir dürfen den Weg nach Europa, den wir eingeschlagen haben, nicht wieder zurückgehen: Straßburg, Luxemburg, das alles sind nur Etappen, aber es sind wichtige Etappen, die nicht preisgegeben werden dürfen. Darüber aber muß man sich klar sein: Wenn einmal ein militärisches* disengagement *durchgeführt worden ist, dann treten zwangsläufig wirtschaftliche Interessen in den Vordergrund, und der ganze Druck verlagert sich in dieses Gebiet. Wahrscheinlich wird einerseits der alte sowjetische Traum vom Ruhrgebiet wieder wach und andererseits die Sorge, die mitteldeutsche Industriekapazität an den Westen zu verlieren, neu geboren.*

Was bedeutet jenes: »kein Trojanisches Pferd« und »keine Katze im Sack«?
Es bedeutet, daß beide Seiten gewisse Garantien über Zuschnitt und Verhalten Gesamtdeutschlands wünschen. Niemand bei uns und niemand in der DDR ist in der Lage, solche bindenden und glaub-

haften Zusagen zu geben, denn *das* Deutschland, das dies könnte, soll ja erst entstehen. Es kann aber nicht entstehen, weil West und Ost, die sich zwar jeder für sich damit abgefunden haben, daß keiner die ihm fehlende andere Hälfte Deutschlands dazugewinnen kann, beide Sorge haben, sie könnten im Zuge der Wiedervereinigung auch den Teil verlieren, den sie bisher »besaßen«. Notwendig wäre also eine gewisse Einschränkung der Handlungsfreiheit des zukünftigen Gesamtdeutschlands zugunsten der Alliierten des Zweiten Weltkriegs, damit die Wiedervereinigung überhaupt stattfinden kann. Mit anderen Worten: *Die Garantien müssen der Staatsbildung vorangehen.*

Offenbar hat Bundestagspräsident Gerstenmaier solche Überlegungen, die vor ihm bereits George Kennan angestellt hat, vor Augen gehabt, als er seinen Vorschlag machte, erst den Friedensvertrag abzuschließen. Denn nur in einem Friedensvertrag können Deutschland gewisse Beschränkungen seiner Souveränität (beispielsweise auf militärischem Gebiet) auferlegt werden, deren Existenz erst die Voraussetzung dafür bildet, daß es zu einer Wiedervereinigung kommen kann.

Der Friedensvertrag als erster und nicht als letzter Schritt hätte also nicht nur den Vorteil, die deutsche Frage, die die Russen vom Tisch gewischt haben, wieder daraufzulegen, sondern er würde, nach einem genau festzulegenden Verfahren, auch phasenweise so mit dem Prozeß der Wiedervereinigung verzahnt werden können, daß am Ende Friedensvertrag und Wiedervereinigung gleichzeitig vollendet sind – und sich überdies bedingen.

Konkret könnte das etwa so aussehen: Der Entwurf des Friedensvertrages wird von den ehemaligen Alliierten fertiggestellt, wobei gewiß die Bundesrepublik sich mit dem Westen, die DDR sich mit dem Osten beraten würde, beide aber nicht genötigt sind, miteinander zu reden. *Im Friedensvertrag wird – und das ist das Entscheidende – der Integrationsmodus bestimmt. Das heißt, es wird festgelegt, wie die Nationalversammlung, die dann schließlich den Vertrag ratifizieren muß, gewählt werden soll. Das Wahlgesetz, das die Voraussetzung für freie Wahlen schaffen, also alle Parteibeschränkungen in beiden Territorien aufheben muß, würde somit Teil des Friedensvertrages.*

Natürlich hat die Methode *Wiedervereinigung über den Friedensvertrag* auch Nachteile, denn jede Souveränitätsbeschränkung ist ein Opfer. Auch kommt damit die endgültige Regelung der östlichen Grenzfrage unausweichlich auf uns zu. Ein Kontroll- oder Interventionsrecht der ehemaligen Siegermächte ist jedoch wohl kaum zu befürchten, denn auch im österreichischen Staatsvertrag gibt es dergleichen nicht. Doch wird gewiß irgendein Organ geschaffen werden müssen, das in Streitfällen und bei Auslegungsfragen zuständig ist, und dessen Kompetenzen mögen sehr wohl für die zukünftige Regierung Gesamtdeutschlands lästig sein. Solchen Nachteilen aber stünde eine mindestens denkbare Methode gegenüber, wie man sich am eigenen Zopf aus dem Sumpf zu ziehen vermag.

Der Gerstenmaiersche Vorschlag erscheint insofern brauchbar, als er nichts präjudiziert und nicht wie der *Rapacki-Plan* etwas verschenkt, was man besser teuer verkaufen sollte. *Da überdies die beiden Verfahren, die Beschränkung der deutschen Handlungsfreiheit und die Wiedervereinigung des geteilten Deutschlands, so miteinander verzahnt sind, daß es keine Vorleistungen gibt, kann keiner betrogen werden.* Denn die Beschränkungen treten ja nur in Kraft, wenn eine gesamtdeutsche Nationalversammlung gebildet ist, und die Wiedervereinigung kann nur stattfinden, wenn der Friedensvertrag unterschrieben wird.

Man sollte ernsthaft diese Gedanken prüfen.

Die sechziger Jahre

UN an die Spree

Berlin als Hauptquartier der Vereinten Nationen?

Im März 1961

Gibt es eigentlich Probleme, die unlösbar sind? Oder kann man sich vorstellen, daß auch das vertrackteste Problem irgendwann einmal bewältigt werden wird, vielleicht sogar sich von selber löst?
Willy Brandt hat vor ein paar Tagen in einem Interview mit der Londoner *Times* gesagt: »Wenn es gelingen sollte, gewisse Probleme der Rüstungskontrolle oder Rüstungsbeschränkung zu lösen, dann wird es vielleicht auch möglich werden, gewisse politische Fragen aufzugreifen, die bisher fern jeder Lösung zu sein schienen.«
Sicherlich stehen wir heute an einer Zäsur: Moskau betrachtet voller Spannung und wohl mit manchen Erwartungen die neuen Männer in Washington. Und diese wiederum betrachten mit neuen Augen die alten Probleme. Dabei wird sich vielleicht herausstellen, daß die Akzente sich mancherwärts verschoben haben oder daß andernorts sich neue Möglichkeiten abzeichnen. Sicher ist, daß Kennedy und seine

Umgebung aus dem Schützengraben-Denken herausstreben. *Sie* graben sich gewiß nicht ein. Ihr Denken ist politisch und darum offensiv. Wenn man in diesem Zusammenhang einen so militärischen Ausdruck gebrauchen darf.
Jenes Wort des Berliner Regierenden Bürgermeisters fiel, als von der Wiedervereinigung die Rede war, aber vielleicht könnte man es eines Tages auch auf Berlin anwenden.
Jedesmal, wenn man diese Stadt wiedersieht, verschlägt es einem von neuem den Atem: welche Dimensionen! Was für ein Zuschnitt! »Ja, das ist wirklich eine Weltstadt«, wiederholte George Kennan mehrmals, als wir im vorigen Jahr, während der Kongreß für die Freiheit der Kultur tagte, durch Berlin wanderten.
Eine Weltstadt, die brachliegt, weil sie sozusagen ihrem nationalen Zweck entzogen ist. Aber muß sie denn darum brachliegen? Könnte sie nicht ebenso wichtigen, nämlich übernationalen Zwecken dienen? Könnte man Berlin nicht zur ersten wirklich internationalen Stadt der Welt machen – und auf diese Weise den UN einen angemessenen Sitz bieten?
Die Amerikaner werden vielleicht sagen: »Die UN, denen wir gerade ein neues, überaus großzügiges Haus mit allen modernen technischen Einrichtungen

gebaut haben, befindet sich in New York am geeigneten Platz. Es gibt keinen Grund, sie zu verlegen.«
Aber viele Vertreter der neuen Staaten denken nicht so. Die Delegationen der 16 afrikanischen Staaten, die im vorigen Jahr ihre Unabhängigkeit erhielten, haben trotz des Beistandes der US-Regierung die allergrößten Mühen, Häuser oder Wohnungen zu finden. Schwarze wohnen in New York eben in bestimmten Gegenden und haben, jedenfalls bisher, nicht dort gelebt, wo die weißen Botschafter sich ansiedelten. Hotels sind kein Ausweg, denn auch da gibt es Schwierigkeiten, genau wie bei vielen Restaurants und manchen Schulen, wo man die Neuankömmlinge nicht gerade begeistert willkommen heißt.

Darum denken viele Afrikaner und Asiaten sehnsüchtig an Europa, an ihre Studienzeit in Paris, in London, an Genf oder auch an Deutschland. Und unbeabsichtigt verleihen sie damit der gelegentlichen russischen Forderung, die UN aus dem Bannkreis der Amerikaner herauszulösen, zusätzliches Gewicht.

Ja, was würden die Russen zu dem Vorschlag, die UN nach Berlin zu verlegen, sagen? Nun, sie schrieben damals, in jener ultimativen Note vom 27. November 1958: »Die Sowjet-Regierung würde keine Einwände dagegen haben, daß die Vereinten Nationen auf die eine oder andere Weise daran beteiligt werden, den Status Westberlins als einer freien Stadt zu überwachen.« Damals, oder jedenfalls bald darauf, schlug der US-General Carl Spaatz, ehemals Stabschef der amerikanischen Luftstreitkräfte, vor, Berlin zum Hauptquartier der Vereinten Nationen zu machen und damit, wie er sich ausdrückte, *»ein Pulverfaß der Weltspannungen in ein Bollwerk des Friedens zu verwandeln«*.

Aber damals, in einem Moment äußersten sowjetischen Druckes auf Berlin, mußte dieser Vorschlag wie ein verzweifeltes Rückzugskommando wirken. Man konnte ihn daher nicht ernst nehmen. Heute dagegen sollte man von neuem darüber nachdenken. Heute stehen wir nicht unter Druck. Und heute weiß man, daß politische Sicherungen – nämlich 99 Nationen, deren Vertreter ständig nach Berlin ein- und ausreisen – ebensoviel, vielleicht mehr wert sind als der militärische Schutz durch 11000 alliierte Soldaten. Und ebensoviel wie eine Sicherheitsgarantie, die nur vor militärischen Angriffen schützt, nicht vor staatsrechtlichen Manipulationen.

»Den Status Westberlins als einer freien Stadt ...« hieß es in jener sowjetischen Note. Was damit gemeint war, wurde an der gleichen Stelle erläutert: »... derart geregelt wird, daß Westberlin zu einer unabhängigen politischen Einheit – einer freien

Stadt – gemacht wird, in deren Leben sich kein anderer Staat, auch nicht die beiden bestehenden deutschen Staaten einmischen.« Nun muß man hinzufügen, daß vom Status einer freien Stadt mit Fug und Recht doch wohl nur die Rede sein kann, wenn es sich um *ganz* Berlin handelt – denn eine halbe, eine sozusagen amputierte Stadt kann ja schließlich keine freie Stadt sein.

Zwar ist es schwer vorstellbar, daß die alte Reichshauptstadt herausgelöst werden könnte aus dem geschichtlichen Zusammenhang der Nation, für die sie ein so entscheidender Mittelpunkt war, aber dem tragischen Schicksal, Zentrum eines zweigeteilten Landes zu sein, würde auf diese Weise doch noch eine späte Sinngebung zuteil. Läge denn nicht ein Sinn darin, wenn die Stadt, durch deren Herz seit 15 Jahren jene Grenze geht, die zwei Welten voneinander scheidet, wenn diese Stadt zur Metropole *aller* Völker würde – der östlichen und der westlichen?

Wollte man Berlin zum Hauptquartier der UN machen, so gäbe es dafür zwei verschiedene Möglichkeiten. Entweder würde Berlin von der UN verwaltet – ähnlich wie Washington D. C. direkt vom Kongreß verwaltet wird –, dann müßten die Berliner auf das Recht zu wählen verzichten, und die UN müßte nach irgendeinem, sicher außerordentlich schwer zu

vereinbarendem Statut Bürgermeister und Magistrat bestimmen.
Oder die Stadt würde ähnlich (wenn auch nur sehr entfernt ähnlich) der Vatikan-Stadt ein eigener Staat, der sein Parlament und seine Regierung selber wählt, der exterritorialen UN Gastrecht gewährt und dafür unter Umständen bereit ist, gewisse staatsrechtliche Einschränkungen auf sich zu nehmen, beispielsweise keine eigene Polizei aufzustellen.
Nun, all dies sind Einzelheiten, die zu erörtern nicht unsere Sache ist. Hier sollte nur angeregt werden, die Idee überhaupt einmal zu prüfen. Denn soviel steht fest: Auch wir müssen wie jene in Washington alles von neuem überdenken und prüfen. Die Zeiten, in denen der gewann, der am starrsten am alten festhielt, sie sind vorbei.

Das gefährliche Jahr 1961

Warum der Westen eine Friedenskonferenz einberufen sollte

Im Juli 1961

Neulich sagte jemand: »Warum die Amerikaner sich eigentlich so über Chruschtschows Drohung mit dem Separatfrieden aufregen? Schließlich hat doch der gleiche Chruschtschow im November 1958 schon einmal mit großem Getöse dem Westen ein auf sechs Monate befristetes Berlin-Ultimatum gestellt, und dann passierte gar nichts, weil Washington, die NATO, die Bundesregierung und auch die Berliner sich nicht einschüchtern ließen.
Man muß eben nur eisern am *status quo* festhalten und glaubhaft machen – wie es die NATO damals im Dezember 1958 tat –, daß jede Verletzung der bestehenden Ordnung mit allen Mitteln geahndet wird.«
Ja, wenn Politik so einfach wäre: *Wer sich immer schön an die Gebote hält und nicht kleinmütig ist, der kommt in den Himmel* … Dann müßte es ein Vergnügen sein oder mindestens sehr befriedigend, Politik zum Beruf zu haben! Aber ist es so? Gilt jene

brave Faustregel wirklich und unter allen Umständen? Sie gilt nur unter zwei Voraussetzungen:

1. muß derjenige, der auf eine Drohung mit einer scharfen Gegendrohung reagiert, dem anderen überlegen oder jedenfalls nicht unterlegen sein.
2. muß man unterstellen können, daß derjenige, dem man solchermaßen begegnet, gewillt ist, im Einklang mit der allgemeinen Vernunft zu handeln.

Ich erinnere mich gut eines Gesprächs mit Henry Kissinger, dem amerikanischen Wehrexperten, der als erster die Zusammenhänge zwischen Außenpolitik und moderner Waffentechnik systematisch untersucht hat. Es war im Sommer 1959. Damals, als die Atmosphäre unter dem Eindruck des sowjetischen Berlin-Ultimatums noch leise vibrierte. Kissinger sagte: »Nein, ich habe im Moment keine Sorgen. Aber 1961, da beginnt eine kritische Zeit, denn da wird die Lücke in der amerikanischen Raketentechnik offenbar, die voraussichtlich erst 1963 geschlossen werden kann.«
So genau also lassen sich für die Eingeweihten die politischen Krisen an Hand eines waffentechnischen Kräftevergleichs voraussagen!
Wir befinden uns in der Mitte jenes von Kissinger gefürchteten Jahres 1961. Man muß also wohl fest-

stellen, daß die erste Voraussetzung eines Gleichgewichts zwischen den Machtblöcken oder gar einer amerikanischen Überlegenheit zur Zeit nicht gegeben ist. Es sprechen auch alle Anzeichen dafür, daß die zweite Voraussetzung ebenfalls nicht gewährleistet ist. Chruschtschow befindet sich nämlich offensichtlich in einem Zustand politischer Euphorie, die mit Vernunft nicht allzuviel zu tun hat.

Dies wiederum hat auch zwei Gründe: einmal das *Bewußtsein der eigenen Kraft* und der außerordentlichen Leistung auf dem Gebiet der Weltraumforschung und Raketentechnik; zum anderen die vermeintliche Erkenntnis, *der amerikanische Präsident* sei schwach – er, der nicht einmal vor seiner eigenen Tür in Kuba Ordnung zu schaffen vermochte und der in Laos drohend erklärte: »Bis hierhin und nicht weiter« und der dann, als die sowjetischen Waffenlieferungen und der kommunistische Vormarsch weitergingen, doch nichts tat.

Überdies scheint es, daß der persönliche Eindruck, den Chruschtschow von Kennedy in Wien gewonnen hat, auch nicht sonderlich ehrfurchtgebietend gewesen ist.

Kennedy ist sich ganz offensichtlich all dieser Punkte ohne jede Beschönigung bewußt, und gerade darum hält er eine scharfe, energische Reaktion zur Sicherung des Friedens für unerläßlich. Der militä-

rische Planungsstab unter Dean Acheson hat ein Programm ausgearbeitet, von dem Einzelheiten durchsickern, die einem den Atem verschlagen: Es heißt, eine Million Reservisten sollten in den USA eingezogen und mehrere amerikanische Divisionen nach Europa verlegt werden. De Gaulle hat sich zugleich bereit erklärt, der US-Luftwaffe wieder Flugplätze zur Verfügung zu stellen. Er selbst will ein oder zwei Divisionen von Algerien nach Deutschland beordern.
Der *Observer* berichtet aus Washington, daß der Berlin-Planungsstab einen gewaltsamen Durchbruch nach Westberlin ausarbeitet für den Fall, daß die Sowjets einen Separatfrieden abschließen und die DDR-Behörden den Zugang der Alliierten nach Westberlin behindern sollten. Da liest man, wie die Panzer rollen, da ist von Jäger-Begleitung die Rede und von Fallschirmtruppen. Mein Gott, wo sind die Zeiten hin, da wir glaubten, in unserer Lebenszeit werde auf deutschem Boden nie wieder von Generalstabsplänen die Rede sein!
Man muß tatsächlich die Berichte aus Washington, London und Paris lesen, um zu wissen, wie ernst die Situation ist. In der deutschen Öffentlichkeit, die doch in erster Linie betroffen ist, wird alle Aufmerksamkeit künstlich auf den Wahlkampf konzentriert. Bei uns interessiert man sich für Kindergeld, Steu-

ererleichterungen und das Ehescheidungsgesetz, aber nicht dafür, daß vielleicht demnächst Kraftproben am Eisernen Vorhang stattfinden werden.
Wenn man die Reden des Kanzlers hört, könnte man meinen, es gäbe nur einen Feind, und das sei die SPD. Keine Partei spricht von Opfern, Kompromissen, Konzessionen an die Realität – alle reden von Wohlstand, Heimatrecht und Frieden. Es wird ein unsanftes Erwachen geben nach dem 17. September, und die Morgengabe der neuen alten Regierung wird sehr anders aussehen, als die »Harmlosen und Schlafmützen«, von denen Eugen Gerstenmaier sprach, heute noch meinen.
Bundestagspräsident Gerstenmaier ist der einzige, der sich offenbar im klaren darüber ist, wo wir stehen, oder mindestens der einzige, der den Mut hat, dies auszusprechen. Er spürt, daß die militärischen Maßnahmen der Amerikaner, die die Sowjets daran hindern sollen, allzu leichtfertig Entschlüsse zu fassen, nur dann sinnvoll sind, wenn man dem Kreml gleichzeitig die Möglichkeit bietet, sein Gesicht zu wahren. Chruschtschow hat viermal in den letzten Wochen mit allem Nachdruck erklärt, daß er allein einen Friedensvertrag mit der DDR abschließen werde, falls ein allgemeiner Vertrag mit »den beiden deutschen Staaten« nicht zustande käme. Und diesmal ist wohl kein Zweifel: Er wird es tun. Ein solcher

Separatfrieden aber würde die Teilung Deutschlands besiegeln.

Darum hat Eugen Gerstenmaier in seiner großen Rede während der letzten Sitzung des Parlaments erklärt, daß wir einen Friedensvertrag ausarbeiten müßten, womit er dem immer dringender werdenden Wunsch der Alliierten nachkommt, die Deutschen möchten doch endlich einmal sich nicht nur auf die militärischen Garantien der anderen verlassen, sondern selber politische Ideen und Vorschläge unterbreiten. Er sagte, die Friedensverhandlungen müßten:

1. Klarheit schaffen über den militärischen und politischen Status Gesamtdeutschlands,
2. die Grenzfrage bereinigen,
3. dem ganzen deutschen Volk das Recht der Selbstbestimmung zuteil werden lassen.

Wie müßte, wie könnte ein solcher Friedensvertrag aussehen, der nicht die Teilung besiegelt und damit die Kriegsgefahr erhöht, sondern der in einem mehrere Phasen umfassenden Plan schließlich zur Selbstbestimmung und Wiedervereinigung der beiden Teile führt? Ein Vertrag, der es fertigbringen muß, dem Osten die Angst vor dem angeblichen bundesdeutschen Militarismus zu nehmen

und dem Westen die Sorge vor kommunistischer Infiltration?
Im Grunde läuft dies darauf hinaus, eine Möglichkeit zu finden, die Handlungsfreiheit des neu entstehenden Gesamtdeutschlands – für das ja heute noch niemand Erklärungen abgeben kann – einzuschränken. Und das ist nur in einem Friedensvertrag möglich. Denn nur dieser gibt die Handhabe, Gesamtdeutschland gewisse Beschränkungen seiner Souveränität aufzuerlegen, beispielsweise in seiner atomaren Bewaffnung.
Dieser Friedensvertrag, der einen Schlußstrich unter den Zweiten Weltkrieg setzen soll, muß gleichzeitig auch die fünfzehn Jahre, die seit Kriegsende vergangen sind, abschließen und den Zustand der Teilung, der ja in Potsdam nicht vorgesehen war, beseitigen. Im Vertrag muß also der Prozeß der Wiedervereinigung stufenweise festgelegt werden. Es sind also Bestimmungen darüber zu treffen, wie die gesamtdeutsche Nationalversammlung gewählt werden soll. Bestandteil des Vertrages muß ferner das Wahlgesetz sein, das die Voraussetzung für freie Wahlen schafft, also alle Parteibeschränkungen in beiden Territorien aufhebt, so daß das Parlament gewählt werden kann, das dann schließlich den Friedensvertrag ratifiziert.
Allerdings ist von der bittersten Pille, nämlich der

Grenzfrage, bisher noch gar nicht die Rede gewesen. Jener eingangs erwähnte Kritiker wird an dieser Stelle wahrscheinlich sagen: »Kommt nicht in Frage – Bundesbürger, werde hart!«
Ihm sei geantwortet: Man muß wissen, welcher Punkt auf unserer Wert- und Dringlichkeitsskala an oberster Stelle steht. Ist es Berlin und die Freiheit der 2,5 Millionen Bürger dieser Stadt, dann wird man Konzessionen auf anderen Gebieten machen müssen. Einfach, weil das Kräfteverhältnis es nicht anders zuläßt. Denn die Verhältnisse, die sind nicht so …

Des deutschen Michels Schlaf

Sind wir vorbereitet auf die Dinge,
die da kommen?

Im August 1961

Mit einem Unterton von Zweifel fragte kürzlich ein Amerikaner: »Nehmen die Deutschen in der Bundesrepublik wirklich Anteil an dem Schicksal der Berliner?« Was für eine Frage!

»Wieso meinen Sie ...«

»Nun, ich erlebte kürzlich, daß in einer großen Stadt Bayerns drei Wochen lang um Ferienplätze für Berliner Kinder geworben wurde. Erfolg: ein Platz! Meine Schlußfolgerung: Mit der Liebe zu den Brüdern kann es dann wohl nicht sehr weit her sein. Und die Flüchtlinge«, fuhr er fort, »wer außer den offiziellen Stellen kümmert sich schon um sie, ja wer beschäftigt sich auch nur in Gedanken mit ihrem Schicksal?«

Leider hat dieser kritische Beobachter recht. Bei uns werden die Probleme von den Behörden erledigt. Der Bürger kümmert sich nur um sein eigenes Schicksal und Wohlergehen. Und die offiziellen Stellen, die Behörden, die Regierung tun alles, um den Bundesbürger ja nicht aus seinem geruhsamen Traumparadies aufzuschrecken. Wer nicht für Atomwaffen in deutscher Hand ist, wird zum Vaterlandsverräter gestempelt – aber Luftschutzbunker werden nicht gebaut, denn das würde die Wähler beunruhigen.

Die Opposition ist keineswegs besser. Sie ist kein Korrektiv, sondern auch nur ein Lautverstärker: Genau wie die Regierung erschöpft sie ihre Tätigkeit darin, im Publikum Antennen aufzustellen und das, was ihr da an Wünschen und Hoffnungen zugetragen wird, als ihr Programm per Lautsprecher wieder auszustrahlen. Die eigentlichen Regenten dieses Landes sind heute die demoskopischen Institute – wenn sie warnen, dann zittern die scheinbar so mächtigen Parteivorstände. Und die Gewerkschaften, die größte geschlossene Macht außerhalb des Parteiensystems, sind auch nicht anders. Walter Dirks beklagt, daß sie keinerlei Ehrgeiz haben, die Zukunft sozialpolitisch zu gestalten, sondern daß es ihnen ausschließlich darum geht, die Gegenwart zu zementieren.

Niemand sage, das sei eben so in der Demokratie. Weder in England noch in der Schweiz, noch in den USA ist das so. Einen so kläglichen Gebrauch von der Demokratie machen nur wir. Auch in der Demokratie, nein, gerade in der Demokratie ist es die Aufgabe des Staatsmannes, den Bürger zu erziehen.

In den USA hat Präsident Kennedy in einer großen Rede gesagt: *»Ich bin mir der Tatsache wohl bewußt, daß viele amerikanische Familien die Last dieser Anforderungen tragen müssen. Für manche werden Studium und Karriere unterbrochen werden, man wird Ehemänner und Söhne abberufen, und die Einkommen werden in einigen Fällen geringer werden. Aber dies sind Lasten, die getragen werden müssen, wenn die Freiheit verteidigt werden soll ...«*

Man kann sich nicht erinnern, ähnliche Worte in der Bundesrepublik gehört zu haben, obgleich die Berlin-Frage doch in erster Linie uns angeht. Das Bonner Echo auf jene Rede John F. Kennedys war Dank an die Amerikaner für ihre Festigkeit und das erleichterte Gefühl, wenn »die« ordentlich auftrumpfen, dann sind wir aller Sorgen enthoben, dann wird schon nichts passieren. So als habe die Fiktion, es genüge, stark und entschlossen zu sein, um alle Veränderungen zu verhindern, nicht längst ihren fiktiven Charakter enthüllt; als wisse man noch immer nicht, daß die militärischen Maßnahmen des Westens nur die notwendige Begleitmusik für die kommenden politischen Verhandlungen sind.

Die Amerikaner, das ist ganz deutlich, richten sich auf Verhandlungen ein; mit den Vorbereitungen ist in diesen Tagen in Paris schon begonnen worden. Und die Russen desgleichen, denn wenn sie wirklich die Absicht hätten, es auf eine militärische Kraftprobe ankommen zu lassen, dann hätten sie dies ganz sicherlich nicht sechs Monate vorher angekündigt. Worum es bei den Verhandlungen gehen wird, ist auch ganz klar, nämlich um:

die Bestätigung der Oder-Neiße-Grenze,
die Anerkennung der DDR,
den Status von Berlin,
den Verzicht auf nukleare Bewaffnung
Deutschlands.

Vielleicht auch noch um einiges andere. Aber dies werden die Hauptpunkte sein, und niemand kann heute sagen, wie viele Konzessionen in jedem dieser Punkte gemacht werden müssen. Für viele wird es ein unsanftes Erwachen geben.
Man ist bei uns im allgemeinen schnell zur Hand mit dem Argument, über diese Dinge dürfe nicht gesprochen werden, jede öffentliche Diskussion, jedes laute Nachdenken schwäche unsere Position. Und das ist bis zu einem gewissen Grade auch richtig – aber doch nur im Hinblick auf die Regierung. Es wäre traurig, wenn Abgeordnete und politische Kommentatoren ebenfalls schweigen müßten, denn das würde

ja bedeuten, daß das Volk verdummt und seine Beteiligung nicht gewünscht wird. Wenn wir aber glauben, nur so den kalten Krieg durchstehen zu können, dann wär's doch besser, auf Nummer Sicher zu gehen und sich gleich der Diktatur zu verschreiben. Es ist traurig: Während die großen Schicksalsfragen unserer Geschichte entschieden werden, schläft das Volk wie einst die Jünger in Gethsemane. Damals, so wird uns überliefert, hieß es: *Der Geist ist willig, aber das Fleisch ist schwach.* Heute freilich müßte es heißen: *Das Fleisch ist mächtig, aber der Geist ist schwach.*

Sind wir wirklich unter den Trümmern des zusammenbrechenden Reiches übriggeblieben, um jetzt Bilanzen zu lesen und uns in einem Stück unserer Heimat – kann man das wirklich Heimat nennen? – häuslich einzurichten mit Stilmöbeln, Gartenzwergen und Volkswagen?

Sind wir wirklich ein so total geschichtsloses Volk geworden, daß keine Vision uns mehr aufzuschrecken vermag, auch nicht das Bild der verlorenen Ostgebiete und eines in zwei deutsche Staaten geteilten Landes? Zwei Staaten, die so wenig mehr miteinander zu tun haben wie Holland und Belgien, die auch einst eine Einheit waren? Wir, ein Volk, zu dem die Geschichte so deutlich gesprochen hat!

Da haben die Deutschen in der Mitte Europas stellvertretend für die ganze Generation ein Stück aufgeführt, in dem Urheidentum sich mit moderner Wissenschaft und Technik zu einer schaurigen Verbindung paarte. Da stellten sie ein Bild des Menschen auf die Bühne, das den zuschauenden Völkern kalte Schauer den Rücken hinunterjagte. Und als dann die Akteure selbst vom Hagel der Bomben zugedeckt wurden und in Strömen von Blut ertranken, als die Stille des Todes sich schließlich über Deutschland legte, da brachen die Sowjets von Osten herein und stillten ihre Gier und rafften an sich, was sie erreichen konnten.

Und die Nation wurde in zwei Teile geteilt, und der eine Teil wurde von den Siegern geknechtet und versklavt.

Und der andere Teil, dem gaben die Sieger die Devise auf den Weg: freie Bahn dem Tüchtigen. Und die Tüchtigen gelangten sehr weit auf ihrem Wege: Die Bankkonten schwollen an, die Konzentration in der Wirtschaft nahm zu, das Gesetz der großen Zahl beherrscht alles. Jedes Jahr wurden die Zahlen vom Vorjahr überboten: Die Wachstumsraten verdoppelten sich, die Zahl der Auslandsreisen verdreifachte sich, die Summe der Bücher auf der Frankfurter Messe vervierfachte sich, der Bierkonsum auf der Oktoberwiese verfünffachte sich …

Deutsche Geschichte der letzten 25 Jahre – niemand

mehr denkt an sie. Und jetzt, was kommt jetzt? Wie viele Leute gibt es im Lande, die diese Frage am Schlafen hindert? Ach, sie alle schlafen vorzüglich!

Quittung für den langen Schlaf

Die Politik des Nichtstuns kommt uns teuer zu stehen

Im August 1961

Diesen 13. August wird man so bald nicht vergessen. Auch wer an diesem Tage nicht in Berlin war, wird diesen Sonntag vor Augen behalten, denn im Fernsehen konnte man ja miterleben, wie die Panzer am Potsdamer Platz und am Brandenburger Tor auffuhren, die Kampfgruppen ausschwärmten, die Volkspolizei Betonpfeiler einrammte, Stacheldraht quer durch Berlin spannte und den Asphalt aufriß.

Ich weiß nicht, ob je zuvor eine Nation am Bildschirm zuschauen konnte, wie für einen Teil ihrer Bevölkerung das Kreuz zurechtgezimmert wurde. Für einen Teil oder vielleicht doch für alle? Es heißt immer, der Frieden sei unteilbar und die Freiheit – aber wahrscheinlich ist auch das Kreuz unteilbar. Die Leute haben es nur noch nicht gemerkt.

Der Regierende Bürgermeister von Berlin sagte in einer sehr bewegenden Sitzung des Abgeordnetenhauses: »Dies ist die Stunde der Bewährung für das ganze Volk.« Er hat recht, es geht uns alle an. Es ist nur ein Zufall, daß dieser Stacheldraht quer durch Berlin geht – im Grunde schneidet er dem deutschen Volk mitten durchs Herz.

Wenn's denn wirklich so schwer vorzustellen ist: Es könnte ja auch sein, daß Köln von Deutz auf diese Weise getrennt wäre, daß auf der einen Seite der Königsallee in Düsseldorf, des Mains in Frankfurt, der Alster in Hamburg, der Maximilianstraße in München Panzer und Maschinengewehre aufgefahren wären und kein Bürger lebend die andere Seite erreichte. Wirklich: Berlin ist kein isolierter Fall, Berlin geht uns alle an. Wenn wir hier versagen, dann geschieht es uns recht, wenn auch wir uns eines Tages innerhalb und nicht mehr außerhalb jenes KZs befinden, das an diesem 13. August mit Stacheldraht seine letzten Ausgänge verbarrikadiert hat.

Besonders verwunderlich allerdings wäre dies gewiß nicht. Die Politik der letzten Wochen und Monate ist schlechterdings unverständlich. Zunächst war doch die Antwort auf Chruschtschows Drohungen mit dem Separatfrieden: »Verhandlungen kommen nicht in Frage.« Dann hielt Kennedy jene glänzende Rede, in der er ganz deutlich machte, worauf es ankommt, nämlich darauf, zweigleisig zu fahren: vermehrt zu rüsten und gleichzeitig zu verhandeln. Es folgte die Pariser Außenministerkonferenz, die diese Richtlinien im Detail ausarbeiten wollte.

Ihr Ergebnis: ein Katalog militärischer und wirtschaftspolitischer Maßnahmen und nebenbei gewisse Andeutungen, wenn Chruschtschow schön brav sei und sich ganz gesittet benehme, werde man vielleicht einmal – noch könne man nicht sagen, wann – mit ihm reden. Ob dieses angesichts der Kennedy-Rede und ihrer Richtlinien wirklich kuriose Ergebnis durch Bonner und Pariser Wünsche beeinflußt wurde oder ob es, wie die Dementis aus beiden Städten behaupten, dem Wunsch aller vier Teilnehmer entsprach, ist schwer festzustellen.
Verwunderlich freilich wäre es nicht, wenn sich das Gerücht bestätigte, Washington und London hätten einen festen Termin nennen wollen, doch hätten de Gaulle und Adenauer sich widersetzt. Das Weltbild jener beiden alten Herren, das vom 19. Jahrhundert geprägt wurde, mag ihnen die Vorstellung eingeben, es sei ihr erstgeborenes und angestammtes Recht, zu bestimmen, wann Gespräche mit dem mächtigen Emporkömmling stattfinden: natürlich nur als Belohnung, nicht unter Druck! De Gaulle hielt es ja auch jahrelang für unter seiner Würde, mit Bourguiba oder dem FLN zu verhandeln.
Komisch ist allerdings – doch dies nur nebenbei: Wenn wir gerade mal nicht unter Druck stehen (wie zum Beispiel damals, als die ZEIT vorschlug, ganz Berlin zum Sitz der UN zu machen), wird auch nicht

verhandelt, »weil ja gar keine Veranlassung dazu besteht«.

Die Außenminister waren also übereingekommen, »äußerste Entschlossenheit« zu zeigen. Chruschtschow will keinen Krieg, so hieß es, und wenn wir ihm klarmachen, daß wir vor nichts zurückscheuen, dann wird er es nicht wagen, irgendwelche Verletzungen zu begehen. Das ist eine Politik, die unter bestimmten Umständen, und folgerichtig vertreten, durchaus Sinn haben kann. Sie wird aber gänzlich unsinnig, wenn schon zwei Tage später Kennedy, Rusk und auch Adenauer, jeder vor seinem entsprechenden Publikum, munter darüber plaudern, daß man sich demnächst mit dem Sowjetchef zu Verhandlungen zusammensetzen werde. Was übrigens die in Paris kundgetane Bereitschaft zu militärischen Maßnahmen anbetrifft, so sagte Bundeskanzler Adenauer in Kiel: *»Es ist müßig, zur Zeit von einer Verlängerung der Wehrpflicht und von einer Einberufung von Reservisten in der Bundesrepublik zu sprechen.«*

Also weder das eine noch das andere? Für beide Alternativen bringt man keinerlei Konsequenz auf: Die Kriegsdrohung, von vielen, nicht zuletzt von Strauß als Allheilmittel gepriesen, ist einfach eine unglaubwürdige Abschreckung und darum nichts wert. (Zumal man nie wirklich eine Politik der Stärke getrieben hat.) Und Verhandlungsangebote, die genau darum um so wichtiger wären, sind nur dann etwas wert, wenn sie präzis mit Terminangaben ausgesprochen werden. Wäre auf der Pariser Außenministerkonferenz oder auch vorher ein fester Terminkalender beschlossen worden, dann hätte Chruschtschow jetzt wahrscheinlich nicht das Risiko auf sich genommen, den Viermächtestatus von Berlin mit brutaler Gewalt einseitig zu brechen. (Daß in der Zwischenzeit sicherlich noch einmal 60000 Menschen die Flucht ergriffen hätten, wäre ihm unter solchen Umständen wahrscheinlich auch egal gewesen.)

Aber so? So hat Chruschtschow sich entschlossen, das Risiko zu laufen und das Kernstück aus dem Separatfriedensvertrag vorwegzunehmen. Und siehe da, außer wortreichen Protesten und gewissen wirtschaftlichen Drohungen passierte nichts. »Ja, wenn ich gewußt hätte, daß das so leicht ist ...«, mag er heute denken.

Man fragt sich wirklich, wozu eigentlich die vielen westlichen Beratungen – bei denen, wie zuletzt in Paris, weit über hundert Sachverständige zusammenkamen –, wozu sie eigentlich dienten, wenn nicht dazu, einen Katalog *automatischer* Reaktionen auf sowjetische Verletzungen aufzustellen. Seit Monaten hat Chruschtschow angekündigt, daß er den

Viermächtestatus außer Kraft setzen werde, und jetzt, nachdem er es getan hat, fangen die westlichen Alliierten an zu beraten, wie man diesen Rechtsbruch beantworten soll. Offenbar sind sie ganz verloren, wenn der Gegner nicht alles genauso macht, wie sie sich das vorgestellt haben. Wenn er mit Punkt drei beginnt statt mit Punkt eins, dann ergreift sie vollständige Ratlosigkeit.

Was da am 13. August in Berlin geschehen ist, das ist ein Markstein in der Nachkriegsgeschichte – so wie es 1948 der Fenstersturz in Prag war oder der Auszug der Sowjets aus der Kommandantur. Etwas Entscheidendes hat sich geändert. Jetzt beginnt eine neue Phase. Wir sind dem Abgrund ein gut Stück nähergerückt.

Und was tun wir? Antwort: gar nichts! Und was sagen wir? Ein Sprecher des Auswärtigen Amtes sagte am Tage danach, die Vorgänge in Berlin seien so ungeheuerlich, daß es genüge, das Ausland darüber zu *informieren*. Die NATO fand, die Impulse für ihre Haltung müsse von den drei westlichen Großmächten ausgehen, und in Washington versuchte man, sich darauf »herauszureden«, daß die sowjetzonalen Schritte ja nicht den freien Zugang von Westdeutschland nach Westberlin betreffen, für den allein sie aufzukommen hätten.

Die Alliierten müssen jetzt ihre Beschlüsse fassen –

und wir? Wir sollten sofort diesen gespenstischen Wahlkampf einstellen: Die Parteien müssen jetzt gemeinsam nachdenken und sich nicht gegenseitig bekämpfen. Zwei Minuten Arbeitsruhe ist nicht genug. Protestmärsche der Gewerkschaften müßten in Hamburg, im Ruhrgebiet, in der Pfalz stattfinden, Demonstrationen der Bevölkerung, Unterschriftensammlungen in der Arbeiterschaft. Warum fährt Minister Lemmer nicht nach Moskau? Diese an sich natürliche Reaktion für den zuständigen Minister liegt so außerhalb des bei uns Üblichen, daß sie ganz abwegig erscheint.

Warum wird die UN nicht angerufen? Selten noch gab es einen Fall, der so geeignet war für dieses Gremium wie die Schande des Ulbricht-Staates. Ist nicht das simpelste, das letzte aller Menschenrechte das Recht auf ungehinderte Flucht? Gewiß, man kann gegen jeden dieser Schritte einwenden, daß er einen siegestrunkenen Diktator nicht entscheidend beeindrucken werde. Aber das Schlimmste, was ein Staatsmann in einer solchen Situation tun kann, ist doch, nichts zu tun, denn das kommt einer Bankrotterklärung gleich.

Ist es wirklich so leicht bei uns, das Recht und die Menschlichkeit aus den Angeln zu heben, ohne daß etwas passiert? Ist das heute noch so einfach, wie es schon einmal war?

Schach dem Kanzler

Warum Konrad Adenauer einem Jüngeren Platz machen muß

Im September 1961

Noch nie lag die Verantwortung der Stimmabgabe so schwer auf den Bürgern der Bundesrepublik wie bei dieser Wahl zum Vierten Bundestag. Nie zuvor konnte man so viele Leute seufzen hören: »Wenn ich nur wüßte, was das Richtige ist!« Nie zuvor waren so viele Wähler bis zum letzten Augenblick – manche bis zum Moment, da sie das Wahllokal betraten – unschlüssig, in welchen Kreis sie ihr Kreuz einzeichnen sollten. Warum?

Es gibt zwei Gründe dafür. Erstens hatte die Berlin-Krise, die für die meisten ganz überraschend den Horizont verdunkelt, viele Bürger plötzlich und recht unsanft aus wohligen Träumen geschreckt. Zweitens – und dieser Punkt steht mit dem ersten in unmittelbarer Verbindung – erhob sich für viele nun beängstigend deutlich die Frage: »Ist der 85jährige Bundeskanzler nicht zu alt, um den Anforderungen, die jetzt in der neuen Phase auf uns zukommen, gerecht zu werden?«

Diese Überlegungen haben deutlich ihre Spuren in den Wahlresultaten hinterlassen. Der Rückgang der CDU und das starke Anschwellen der FDP deuten darauf hin, daß viele Wähler, die Konrad Adenauer nicht noch einmal mit der Regierungsführung beauftragen wollten, die sich andererseits aber auch nicht für die SPD entschließen mochten, die FDP gewählt haben. Sie wählten also die potentielle Koalitionspartnerin der CDU/CSU und gaben ihre Stimme sozusagen einer CDU ohne Adenauer. So gesehen ist die Überlegung gewiß nicht abwegig, daß die CDU ziemlich unschwer die absolute Mehrheit hätte erreichen können, wenn der Bundeskanzler am Vorabend der Wahl erklärt hätte, er habe den beschwerlichen Wahlkampf noch einmal auf sich genommen, wolle aber nun die Regierungsverantwortung in jüngere Hände legen.

Spontane Reaktionen und Gesten sind jedoch Konrad Adenauer ganz fremd. Wer am 13. August, dem Tag, an dem die Ostberliner bei lebendigem Leibe in ihrem KZ eingemauert wurden, nicht die natürliche Reaktion verspürte, sofort dorthin zu eilen, um den Schwergetroffenen nahe zu sein, wer in einem solchen Moment die Devise ausgab: *»Berlin nicht hochzuspielen, weil das dem parteipolitischen Gegner Brandt zugute kommen könnte«*, der hat bewiesen, daß ihm jede unmittelbar menschliche Aktion fremd ist. Es gibt aber im Leben der Völker genau wie in den Beziehungen einzelner Menschen zueinander Momente, in denen nur der volle spontane Einsatz zählt und jede taktische Überlegung belanglos wird, ja abstoßend wirkt.

Taktische Manöver und kleine Listen, das waren immer Pfeile in des großen Mannes Köcher. Und das Volk, das für den Mangel an echten Gesten noch stets einen untrüglichen Sinn hatte, das notierte still und mit unerbittlicher Präzision, obgleich es angeblich so vergeßlich ist.

Im Juni 1959, nach den Manipulationen um das Amt des Bundespräsidenten, schrieben wir: »Wer wird in Zukunft noch das Wort eines demokratischen Regierungschefs ernst nehmen können, der erst das Grundgesetz ändern wollte, um die Amtszeit des Bundespräsidenten für zwei Jahre zu verlängern, der dann seinen Vizekanzler auf diesem Posten kaltzustellen trachtete, der am 7. April seinen Beschluß verkündete, selber Bundespräsident werden zu wollen (wegen der Kontinuität ...), schließlich aber (nur zwei Monate später!) erklärte, daß er wegen der gleichen Kontinuität Bundeskanzler bleiben müsse?«

Wir erinnerten damals an das Bismarck-Wort: *Die geschichtliche Logik ist noch genauer als die preußische Oberrechnungskammer.* Diese geschichtliche Logik hat sich am 17. September 1961 zu Wort gemeldet.

Niemand wird die großen Verdienste Adenauers vergessen. Sie sind für alle Zeiten in das Buch der Geschichte eingetragen. Mit seinem Namen ist die deutsch-französische Aussöhnung unlösbar verknüpft; er war es, der entscheidend mithalf, die Grundlage für Europa zu schaffen. Er war auch derjenige, der Vertrauen für die Deutschen erwarb in einer Welt, die uns gegenüber nur noch Mißtrauen kannte. Das Petersberger Abkommen, die Deutschlandverträge, die Einbeziehung der Bundesrepublik in das westliche Sicherheitssystem – das sind die Phasen vom Demontagestopp bis zur Akzeptierung der Bundesrepublik als vollgültigem Partner der freien Welt, die unauflöslich mit dem Namen Konrad Adenauer verbunden sind.

Und dieses ganze Werk begann er mit über Siebzig! Als Adenauer im Nachkriegsdeutschland zu wirken begann, war er an Jahren bereits älter als Bismarck bei seiner Entlassung. *Pferdmenges*, der gleichaltrige Freund Adenauers, hat mir einmal erzählt, er erinnere sich genau, wie er als Gymnasiast an dem Tag der Beisetzung des alten Kaisers schulfrei hatte. Konrad Adenauer hat den Tod dreier Kaiser (Wilhelm I., Friedrich III., Wilhelm II.) erlebt und über vierzig Jahre Republik. Daß einem Menschen so viel

Spannkraft und eine so lange Wirkungszeit gegeben war, ist ein großes Wunder. Aber Wunder pflegen nicht darin zu bestehen, daß sie fortzeugend neue Wunder gebären. Es wäre bedauerlich, wenn der Kanzler mit eigener Hand das Bild zerstörte, das er in das Buch der Geschichte eingezeichnet hat. Die letzten Monate lassen befürchten, dies könne geschehen, wenn er weiter amtiert.

»Jetzt beginnt eine neue Phase. Wir sind dem Abgrund ein gut Stück nähergerückt«, so empfanden viele nach dem 13. August. Eine neue Phase, in der *Chruschtschow* jene Politik exekutiert, die Dulles vorschwebte, als er noch die Politik der Stärke als der Weisheit letzten Schluß pries. Der Kanzler aber möchte im Grunde noch immer nach dem Konzept seines Freundes Dulles, das längst von der anderen Seite gestohlen worden ist, Politik machen. Eine aus der Luft gegriffene Behauptung? Nein, den Beweis für diese These hat Adenauer selbst geliefert, als er zusammen mit de Gaulle Anfang August in Paris die anderen westlichen Partner daran hinderte (anstatt sie zu ermutigen), den Russen ein festes Datum für Verhandlungen vorzuschlagen. Hätte man damals auf der Außenministerkonferenz den 20. September oder irgendein Datum nach dem Wahlsonntag für vorbereitende Ost-Gespräche genannt, Chruschtschow hätte es nicht riskiert, eine Woche später den Viermächtestatus Berlins einseitig und gewaltsam zu brechen. Anders formuliert: Der 13. August hätte nicht stattzufinden brauchen. Aber die Diskrepanz zwischen der Politik, die wir machen, und der Stärke, die wir haben, ist mit der Zeit immer größer geworden, ohne daß der Regierungschef und sein Außenminister dies bemerkten.

Doch ist es müßig, heute Spekulationen darüber anzustellen, was gewesen wäre, wenn … Mag sein, daß die Deutschland-Partie, ganz gleichgültig, wie sie gespielt worden wäre, in einer Zwickmühle enden mußte. Es soll hier nicht behauptet werden, es hätte eine Methode gegeben, die geradewegs zu Sicherheit, Freiheit und Wiedervereinigung geführt hätte. Hier soll nur ganz schlicht festgestellt werden, daß die Grundfrage, die der Staatsmann sich stellen mußte – »Arbeitet die Zeit für den Westen oder für den Osten?« –, falsch beantwortet worden ist.

Wäre sie richtig beantwortet worden, so hätte man die Politik mit dem sich verändernden Kräfteverhältnis modifiziert. Schließlich ist die erste russische Wasserstoffbombe schon im August 1953 explodiert; und bereits seit fünf Jahren gibt es Raketen, die von Monat zu Monat weiterentwickelt werden. Als Chruschtschow und Bulganin im April 1956 zum Staatsbesuch in England waren, protzte Chruschtschow mit einer geheimnisvollen neuen Erfindung. *»Bald wird es ferngelenkte H-Bomben geben«,* verkündete er damals den staunenden Engländern.

H-Bomben, Raketen, Sputniks – aber Konrad Adenauer macht noch immer die gleiche Politik, die vor all diesen Erfindungen festgelegt wurde. Man ist versucht, an Münchhausens lederne Reithosen zu denken: »Neue Waffen (Raketen) kommen, alte Regierungen (polnische Oktober-Revolution) gehen, aber Bonner Doktrinen bleiben bestehen.«

Unsere Außenpolitik des »Als ob« läuft seit vielen Jahren fest einzementiert auf zwei Schienen: der Hallstein-Doktrin und dem Grundsatz, nicht verhandeln, denn das wäre *appeasement.* Die Einsicht, daß *»Politik zu machen«* bedeutet, die Lage und ihre Möglichkeiten immer wieder von neuem zu überdenken, ist längst vergessen. Einer der bekannten Wirtschaftsführer der Bundesrepublik sagte mir neulich: »Wenn meine Konkurrenten – große in- oder ausländische Unternehmen – die Entwicklung meiner Firma bedrohen, dann setze ich mich mit ihnen an den Verhandlungstisch und versuche, ein leidliches Arrangement auszuhandeln oder mindestens das Schlimmste zu verhindern. Wenn ich in meinem Bereich die gleiche Politik gemacht hätte wie der Bundeskanzler auf höchster Ebene, wäre ich längst gescheitert.«

Unsere Außenpolitik ist bar jeder Phantasie. Jede neue Idee, und zwar nicht nur die Vorschläge des Gegners (die dieser machte, solange er noch schwach war), sondern auch die der Freunde (Dulles' Agenten-Theorie) sowie die im eigenen Hause ergrübelten, verfiel jeweils der Inquisition. An die Stelle des Prüfens, Abwägens, Räsonierens ist der Glaube an Doktrinen getreten. Der Gradmesser für die Brauchbarkeit eines Beamten ist nicht dessen Fähigkeit, ein Problem auszuloten und in seine Komponenten zu zerlegen, sondern dessen Bereitschaft, Glaubenssätze zu akzeptieren. Eigenes Nachdenken ist ein Mißtrauensbeweis. Widerspruch ist Abfall. Darum ist auch bei uns »Abweichung« der schwerste Vorwurf, der erhoben werden kann, und nicht etwa der, falsche Entscheidungen getroffen oder schlechte Personalpolitik gemacht zu haben.

In der Innenpolitik ist es übrigens nicht viel anders. Wie schwer traf Eugen Gerstenmaier der Bannstrahl, als er 1958 auf dem Kieler Parteitag ein Referat hielt, das die geistigen Grundlagen der Partei mit ihrem derzeitigen Standort konfrontierte! Und noch einmal das gleiche im Juni 1961, als der Parlamentspräsident die Einmütigkeit des Bundestages angesichts der kritischen Entwicklung in Berlin zum Ausdruck brachte, ohne auf den Wahlkampf Rücksicht zu nehmen, der nach Adenauers Meinung die Betonung des Trennenden verlangte.

Nein, da jetzt eine neue Phase beginnt, brauchen wir eine jüngere Führung, die in der Lage ist, die deutsche Situation noch einmal frisch zu durchdenken. Natürlich nun nicht umgekehrt unter dem Aspekt einer Politik der Schwäche und des *appeasement* und gewiß nicht im Alleingang, sondern genau wie bisher in engster Zuammenarbeit mit den atlantischen Mächten, die ja immer eigene Ideen von uns verlangt haben; wozu gehören muß, daß wir die Existenz unserer östlichen Nachbarn, der Polen, erstmalig seit 1945 zur Kenntnis nehmen. Zwar wurde der Eiserne Vorhang *physisch* vom Osten geschaffen, aber *geistig* doch eben von uns verdichtet – vielmehr von einem Kanzler, dem der Osten ganz fremd ist. Und das darf nicht so bleiben.

Es gibt in der CDU eine Reihe jüngerer Kräfte, die wissen, welche Stunde die Uhr zeigt und was das Gebot der Stunde ist. Sie wissen, daß die Politik des »Als ob« (als ob wir stark wären … als ob wir Opfer brächten …) vorbei ist. Sie meinen, daß der Neubeginn mit einem 85jährigen Kanzler nicht möglich ist. Darum fordern sie mit großen Teilen der Wählerschaft und mit vielen im öffentlichen Leben: Adenauer möge sich zur Ruhe setzen.

Blick nach vorn

Washingtons neues Selbstvertrauen

Im Juni 1962

Als Konrad Adenauer 1955 in Moskau eher versonnen als fragend sagte: »Wie wohl die Welt in hundert Jahren aussehen wird?«, da stieß Chruschtschow sofort zu. Wie aus der Pistole geschossen kam seine Antwort: *»Wir können Ihnen das genau sagen, denn Marx hat es uns genau beschrieben.«* Wir Korrespondenten, die den Bundeskanzler begleiteten, lachten zwar über diese Bemerkung, aber gleichzeitig war uns doch ein wenig gruselig zumute: Welch ungeheure Stärke, wenn ein System so sicher sein kann, im Einklang mit der Geschichte zu leben!

Genau dieses Gefühl besorgten Gruselns war es, das in den ersten Jahren nach dem Kriege viele Europäer, vor allem Deutsche, nach Australien, nach Südamerika oder Nordamerika auswandern ließ. Ihnen war es in der unmittelbaren Nachbarschaft der Kommunisten, die eben erst die Grenzen ihres Machtbereichs tausend Kilometer nach Westen vorgeschoben hatten, zu ungemütlich. *»In 24 Stunden rollen die bis zum Atlantik durch«* – das war eine vom

Krieg geprägte Vorstellung, die bis in die fünfziger Jahre hinein viele Deutsche bedrückte.
Auch in den Vereinigten Staaten lief damals das Wort um vom *nibbling away*, vom »Abknabbern«. Ganz Osteuropa war nach und nach verspeist worden, China, Nordkorea, Nordvietnam folgten – der Kommunismus hatte sich allmählich und unaufhaltsam weitergefressen. *Eindämmen* hieß darum das Stichwort in den USA, wenigstens eindämmen. Auf mehr konnte man nicht hoffen. Als Eisenhower 1952 die Regierung übernahm, war zwar viel die Rede von *Rollback* und *Liberation*, von Zurückrollen und Befreien – aber das waren militärische, nicht politische Vorstellungen, die sich sehr bald in den Dunst auflösten, dem sie entsprungen waren. Was zurückblieb, war ein Gefühl der Führungslosigkeit und des Preisgegebenseins.
Heute ist von diesem Gefühl nichts mehr zu spüren. Ich war zuletzt vor fünfzehn Monaten in Washington, und ich war jetzt verblüfft über die Veränderungen, die sich im vergangenen Jahr vollzogen haben; verblüfft über das hohe Maß an Vertrauen in die eigene Kraft und über den Wandel von einer rein defensiven Geisteshaltung zu offensivem politischem Denken. Für den »Mann auf der Straße« war dieser Wandel bewußt oder unbewußt mit dem Raumflug von Oberst Glenn verknüpft, der den

schrecklichen Verdacht, Amerika sei heimlich von den Russen überrundet worden, so sichtbar widerlegte. Für das politische Washington aber hat von den vielen Politikern, Diplomaten und Kommentatoren, die ich sprach, niemand die Gründe für jenen Wandel so überzeugend analysiert wie Professor Walt Rostow, der Leiter des Planungsstabes im *State Department*. An ihn, einen ungewöhnlich eindrucksvollen, liebenswürdigen Mann von hohem politischem Geistesflug, der sich mit der langfristigen und mittelfristigen Planung der amerikanischen Außenpolitik beschäftigt, richtete ich die Frage: »Arbeitet die Geschichte eigentlich *für* uns oder *gegen* uns? Sind wir im Einklang mit der Geschichte oder die anderen?«
Rostow ist der Meinung, daß die Entwicklung der letzten Jahre für den Westen gearbeitet hat. Seine Gründe:

1. Auf der ganzen Welt setzt sich die Anschauung vom Lebensstandard als dem Barometer politischen Erfolges immer mehr durch; dies beschwört für die Kommunisten mit ihrem unzulänglichen Landwirtschaftssystem besondere Probleme herauf.
2. Es hat sich gezeigt, welch außerordentliche Vitalität dem demokratischen Kapitalismus des We-

stens mit seinen großen Wachstumsraten und der Integration der europäischen Staaten innewohnt.

3. Die Hoffnungen der Russen, die unterentwickelten Völker zu betören, scheinen sich nicht zu erfüllen. Auf diesen Punkt legt Rostow begreiflicherweise besonderes Gewicht, denn es war ja der Plan der Sowjets, die westliche Welt auf lange Sicht sozusagen von den Flanken her zu isolieren. Die Vorstellung, China werde für die neuen Staaten gewissermaßen das Modell sein, an dem demonstriert werden könne, was der Kommunismus für die unterentwickelten Gebiete zu leisten vermag, ist schwer enttäuscht worden, meint der Planungschef. Er fügte hinzu, das gleiche gelte hinsichtlich Kubas für Lateinamerika. Und noch etwas, so glaubt er, arbeite für den Westen: der Wunsch all der unterentwickelten Völker, unabhängig zu bleiben, was im Rahmen der westlichen Anschauungen keinerlei Schwierigkeiten bereite, für die Kommunisten aber fast unüberwindbare Probleme aufwerfe.
4. Die schleichende Krise innerhalb des Ostblocks zeigt, wie schwierig es für den Kommunismus ist, mit den divergierenden nationalen Interessen der Mitgliedstaaten fertig zu werden. Vielleicht wird man einmal, so sagt Rostow, auf die Mitte des zwanzigsten Jahrhunderts als auf die Phase zu-

rückblicken, in der die kommunistische Heilsbotschaft ihre angebliche Unfehlbarkeit einbüßte und in der sich herausstellte, daß das von ihr verkündete Wirtschaftssystem mit den Forderungen und Möglichkeiten unseres Jahrhunderts nicht fertig zu werden imstande war.

Würde der Bundeskanzler Walt Rostow fragen, wie wohl die Welt in hundert Jahren aussehen mag, so würde der Planer des *State Department* wahrscheinlich antworten: »Niemand kann sagen, wie sich unsere komplizierte Gesellschaft entwickeln wird. Aber eins steht fest – den heutigen Kommunismus wird es dann nicht mehr geben, denn seine Vorstellungen vom Menschen und von der modernen Industriegesellschaft sind schon heute total veraltet.« Ähnlich würde wohl auch Walter Lippmann antworten. Der einflußreiche Kommentator, der einmal im Jahr eine Stunde lang im Fernsehen zu grundsätzlichen Fragen interviewt wird, trug dem amerikanischen TV-Publikum vor ein paar Tagen die Meinung vor, die Waage habe sich zugunsten des Westens geneigt.

Was Professor Rostow betrifft, so knüpfte er schließlich an seine Betrachtungen die Hoffnung, die von ihm geschilderte Entwicklung werde die Bereitschaft der Russen wecken, die Abrüstung endlich ernst zu nehmen. Diese Hoffnung wird nun allerdings weder vom *Pentagon* noch von Charles Bohlen geteilt. »Wenn die Russen sich schwach fühlen oder glauben, andere hielten sie für schwach, dann werden sie gewöhnlich extra hart«, meint der Rußlandexperte des *State Department.*

Auch die Militärs aber sind beeindruckt von dem, was auf ihrem Gebiet geleistet worden ist. Der Verteidigungshaushalt wurde um fünfzehn Prozent erhöht, die Flotte um siebzig Schiffe vermehrt, die taktische Luftwaffe um fast ein Dutzend Geschwader. In der Tat haben wir allzu rasch vergessen, welch große zusätzliche finanzielle Opfer und Leistungen die Amerikaner nach der Rede Kennedys vom 25. Juli 1961 auf sich genommen haben. Damals wurden 155000 Reservisten und Angehörige der *National Guard* eingezogen – so manches Studium wurde unterbrochen, viele Familienväter einberufen, Geschäfte gingen bankrott, Farmen wurden verkauft. Noch ist keiner dieser 155000 Männer wieder ins Zivilleben zurückgekehrt. Wer denkt in Deutschland daran? Niemand.

Es ist in den letzten Wochen viel über das deutsch-amerikanische Verhältnis geredet und gerätselt worden. Man braucht die Reibereien weder aufzubauschen noch zu bagatellisieren. Es genügt vollkommen, sich der menschlichen und finanziellen Opfer

Amerikas zu erinnern. Auch sollte man sich noch einmal vor Augen führen, welche Entschlossenheit dazu gehörte, nach dem 13. August eine Panzereinheit durch die Zone nach Berlin rollen zu lassen, ein Entschluß, der – darüber sind sich hier alle Verantwortlichen klar – zum dritten Weltkrieg hätte führen können. Es genügt also, sich dieses Hintergrunds zu erinnern, um zu verstehen, warum unser vordergründiges Gejammer den Amerikanern allmählich auf die Nerven fällt.

»Ihr benehmt euch wie eine Frau, die einen immer wieder von neuem fragt: ›Liebst du mich auch wirklich?‹«, meinte James Reston von der *New York Times*. Und im *State Department* hieß es bitter: »Was eigentlich berechtigt die Deutschen dazu, unsere Vertrauenswürdigkeit immer wieder in Zweifel zu ziehen? Kann man so miteinander umgehen? Muß das nicht auf die Dauer jede Partnerschaft kaputtmachen?«

Vielleicht ist es menschlich, daß man das, was man hat, für selbstverständlich und nicht erwähnenswert hält. Dennoch sollten wir uns gelegentlich (am besten immer dann, wenn wir gerade fragen wollten: »Liebt ihr uns auch wirklich?«) daran erinnern, daß wir nicht mehr mit dem Gefühl schlafen zu gehen brauchen, »in 24 Stunden rollen die bis zum Atlantik durch«. Und das ist sehr viel.

Zwang zur Ostpolitik

Der Kuba-Erfolg Amerikas kommt uns nicht automatisch zugute

Im Januar 1963

Etwa die Hälfte der heute in der Bundesrepublik lebenden Deutschen wurde zwischen 1928 und heute geboren. Die Ältesten von ihnen waren also zwanzig Jahre alt, als 1948 deutlich wurde, daß die Kriegsallianz zwischen den Westmächten und der Sowjetunion zerbrochen war und einer tödlichen Rivalität zwischen Ost und West Platz gemacht hatte. Die Hälfte unserer heutigen Bevölkerung kennt mithin die Welt nicht anders als gespalten.

Nun ist die Welt natürlich nie eine Einheit in Harmonie gewesen, und Politik war, solange man denken kann und solange Geschichte geschrieben wird, immer Machtkampf. Aber es war ein Kampf zwischen dynastischen Geschlechtern, zwischen völkischen oder religiösen Gruppen oder zwischen nationalen Staaten. Ein Kampf, dessen *ultima ratio* der Krieg war.

Das grundsätzlich Neue der heutigen Situation ist, daß der Kampf um Herrschafts*formen* geht – um gesellschaftliche Strukturfragen geht: kollektivistische oder individualistische Organisation; und um wirtschaftliche Strukturfragen: zentrale Planwirtschaft oder liberale Marktwirtschaft. Die politische Dynamik richtet sich also nicht mehr auf nationale, sondern auf ideologische Probleme. Und ebenfalls ein Novum ist es, daß der Krieg im Zeitalter des Gleichgewichts der Schrecken nicht mehr die *ultima ratio* darstellt, er nicht mehr ein Mittel zur Durchsetzung einer bestimmten Politik oder zur Lösung von Konflikten ist.

Was folgt daraus? Daraus folgt, daß es in diesem Ringen um Herrschaftsformen keinen Sieger und Besiegten geben kann und man daher miteinander koexistieren muß. Karl Kraus freilich wußte schon in der »prae-ideologischen« Phase, daß es in modernen Kriegen weder Sieger noch Besiegte gibt. Er schrieb einmal nach dem Ersten Weltkrieg: »Krieg ist zuerst Hoffnung, daß es einem bessergehen wird, hierauf die Erwartung, daß es dem anderen schlechter gehen wird, dann die Genugtuung, daß es dem anderen auch nicht bessergeht, und hernach die Überraschung, daß es beiden schlechter geht.«

Nun ist die Koexistenz in dieser gespaltenen Welt gewiß nicht mit reibungslosem Zusammenleben gleichzusetzen: Die Rivalität wird bleiben. Und zwar sowohl in der Rüstungspolitik, weil ja die

Abschreckung *à jour* gehalten werden muß, wie auch auf wirtschaftlichem Gebiet. Vor allem auf wirtschaftlichem Gebiet, denn dorthin wird sich der eigentliche Kampf um die Beherrschung der Welt verlagern. Es wird um Wachstumsraten und Investitionsquoten, um Kapazitäten und Exportziffern gehen und letzten Endes um den Lebensstandard.
Denn der Lebensstandard ist der Angelpunkt, um den sich heute überall alles dreht, die Wirtschaft und auch die Politik. Hunderte von Millionen Menschen in Asien, Afrika, Lateinamerika, die Generationen lang geduldig das Los der Hungernden und Benachteiligten religiös-fatalistisch oder politisch-passiv, in jedem Falle aber wortlos ertrugen, sind heute zum Bewußtsein des Lebensstandards erwacht und stellen ihre Forderungen.
Sie stellen ihre Forderungen an beide Systeme. Der Westen wird nie wieder in jenen Zustand zurückfallen können, den man Ausbeutung nannte, er wird – unabhängig vom Marktmechanismus – das, was man Vollbeschäftigung nennt, aufrechterhalten müssen, weil ja Massenarbeitslosigkeit politisch den Ruin des Systems bedeuten würde. Und der Osten muß ohne KZ und mit einem Minimum an Terror auskommen, einfach weil die Bevölkerung ein gewisses Maß an Liberalisierung und einen gewissen Lebensstandard verlangt. Die ganze Entstalinisie-

rung ist ja doch nichts anderes als die Antwort auf jenes Verlangen. Die Sowjetregierung will sich von den stalinistischen Methoden distanzieren, sie versucht, sie als Entartung abzustempeln, um auf diese Weise das kommunistische System als solches zu retten.

Die Tatsache, daß der Lebensstandard das Ziel aller Wünsche ist – in Ost, West und bei den Neutralen –, übt eine doppelte Wirkung aus. Einmal stimuliert sie die Rivalität zwischen den beiden Systemen, zum anderen aber zwingt sie zur Koexistenz. Sosehr man auch oft die beherrschende Bedeutung, die dem Lebensstandard heute eingeräumt wird, unter geistigen Aspekten bedauern mag, sosehr ist sie im Hinblick auf die politische Situation zu begrüßen. Eben weil sie beiden rivalisierenden Herrschaftsformen Grenzen setzt, die nicht überschritten werden dürfen, ohne daß das eigene Regime gefährdet wird, und weil der Wunsch, besser zu leben, immer noch sinnvoller ist oder mindestens weniger gefährlich als die Sucht nach nationalem Ruhm.

Nun erhebt sich natürlich die Frage, welches der beiden Systeme für den Wettkampf besser gerüstet ist – das östliche oder das westliche. Solange das sowjetische Regime die Akkumulation des Kapitals und den Aufbau seiner Industrie unter Terror betreiben konnte (das heißt: dem Arbeiter nur einen sehr geringen Anteil seiner Leistung zu vergüten brauchte), hat es Außergewöhnliches zu leisten vermocht. Noch nie ist in so kurzer Zeit so viel geschaffen worden. Ob aber jetzt die Ausweitung der industriellen Kapazität im gleichen Tempo fortgesetzt werden kann, erscheint mehr als zweifelhaft. Mindestens solange die Sowjetunion gleichzeitig die Last der immer kostspieliger werdenden Rüstung tragen muß, dürfte es ihr kaum gelingen, die Investitionsrate in der gleichen Proportion aufrechtzuerhalten. Und da das Kolchos-System mit dem individuellen Bauerntum und dem privatwirtschaftlichen Großbetrieb ohnehin nicht konkurrieren kann, sieht es im Augenblick so aus, als würde bei gleichbleibender Rüstungsanstrengung der Westen auf lange Sicht im Vorteil sein. Sehr anders allerdings würde die Bilanz wohl aussehen, wenn die totale Abrüstung ausbräche.

Wenn die Voraussetzungen dieser Betrachtung stimmen, wenn der Machtkampf um Herrschaftsformen und Gesellschaftssysteme geht, wenn ferner der Krieg als Mittel zur Durchsetzung einer bestimmten Politik ausscheidet, wenn daher Koexistenz die einzige Realität ist und wenn überdies der Kristallisationspunkt aller Interessen innerhalb der gespaltenen Welt der *Lebensstandard* ist, dann kann der Westen dieses neue Jahr verhältnismäßig zuversichtlich beginnen. Die Frage ist nur, ob diese Feststellung auch für Deutschland zutrifft. Für die USA, für England und alle Länder des europäischen Festlandes ist dies alles, was sie wünschen: kein Krieg, keine Expansion des Kommunismus, keine wirtschaftliche Überflügelung durch ihn.

Wir teilen dieses Interesse, aber wir Deutschen haben noch andere Sorgen: die Unmenschlichkeit des Systems zwischen Elbe und Oder und hinter der Mauer in Berlin. Und diese Sorge nimmt uns keiner ab, auch unsere Allianzpartner nicht, die ja am 13. August 1961 sehr deutlich demonstriert haben, daß sie für die Deutschen in Ostberlin und in der Zone nicht verantwortlich sind. Wir haben also eigene Sorgen und darum auch eigene Aufgaben. Es wird in Zukunft nicht genügen, sich darauf zu verlassen, daß die Allianz und der Große Bruder jenseits des Atlantiks die Wacht an der Elbe stellen und wir neben der Aufgabe, fest mit den Partnern zusammenzustehen, keine eigene Initiative zu entfalten brauchen. Für die abgelaufene Phase des kalten Krieges mag diese Faustregel noch vertretbar gewesen sein; für die neubeginnende Ära rivalisierender Koexistenz genügt sie nicht mehr.

Wir, das Volk an der Nahtstelle, die nun zur endgültigen Demarkationslinie zwischen den Interessensphären zu vernarben droht, stehen heute vor der

Aufgabe, die Kontakte über diese Trennungslinie herüber und hinüber sicherzustellen. Und das kann nur geschehen, wenn wir nicht ausschließlich nach Westen blicken, sondern wenn wir im Rahmen der allgemeinen Koexistenz eine aktive Ost-Politik betreiben.

Das Argument, die Hallstein-Doktrin habe sich doch bisher als so nützlich erwiesen, daß es unverantwortlich wäre, sie preiszugeben, ist gar kein Argument, sondern eine Doktrin. Denn noch nie hat sich, was in einer bestimmten politischen Phase erfolgreich war, als das für alle Zeiten Richtige erwiesen.

Augenblicklich wird in Warschau über ein langfristiges Handelsabkommen verhandelt. Das ist erfreulich, aber für sich allein noch nicht genug. Rege menschliche und kulturelle Kontakte müssen folgen, und das ist nur möglich, wenn die Beziehungen normalisiert und Botschafter ausgetauscht werden.

Unsere Regierung meint offenbar, wir brauchten weiter nichts zu tun, als abzuwarten. Sie argumentiert, hätten wir im vorigen Jahr Konzessionen gemacht, würden wir das jetzt – nach Kuba – sicherlich bedauern. Sie meint offenbar, die Situation werde sich weiterhin zugunsten des Westens bessern, und denkt: *Warum also im letzten Akt Eintrittsgeld bezahlen?* Aber das ist eine Politik, die von falschen Voraussetzungen ausgeht, denn – und darüber sollten wir uns zu Beginn dieses neuen Jahres ganz klar sein – die Erfolge der Amerikaner in Kuba kommen uns keineswegs automatisch zugute.

Fiasko der deutschen Außenpolitik

Englands Aufnahme in die EWG gescheitert

Im Februar 1963

Es gibt Tage in der Geschichte, die erst nachträglich zu »Daten« werden, zu Meilensteinen im Ablauf der Jahre, die jedermann ein Begriff geworden sind: der 30. Januar (1933), der 17. Juni (1953), der 13. August (1961). Merkwürdigerweise sind es immer »schwarze« Tage, die allmählich in das Bewußtsein des Volkes eingehen. Wir werden nun dieser Sammlung ein neues Datum zufügen können, den 29. Januar (1963).

Der Tag, an dem die Franzosen die Verhandlungen über die Aufnahme Englands in Brüssel scheitern ließen, ist – darüber sollte man sich nicht täuschen – ein schwarzer Tag. Ein pechschwarzer Tag, der in Zukunft gleichwertig neben den anderen Schrekkensdaten genannt werden wird. Aus zwei Gründen: Erstens ist die Arbeit vieler Jahre, die Arbeit am Einigungswerk Europas brutal gestoppt, vielleicht zerschlagen worden; und dies in einem Moment, in dem die Integration des Westens über die Desintegration des Ostens zu triumphieren schien. Zwar mag man einwenden, der Abbau der Zölle und Handelshemmnisse im Bereich der sechs Nationen werde doch planmäßig weitergehen, aber das ist ganz unwichtig, das ist bürokratische Routine. Das, worauf es wirklich ankommt, die Impulse der Gemeinschaft, die ganze Dynamik dessen, was man Harmonisierung nennt, also die Angleichung im Bereich von Steuern, Energie, Verkehr, dies alles wird zum Erliegen kommen. Zu stark, ja übermächtig sind Ärger, Argwohn und Mißtrauen vor allem der vier »Kleinen« geworden, die den Zusammenschluß der beiden »Großen« fürchten. Aber auch die deutsche Industrie, die eine Erweiterung der Gemeinschaft erstrebte, wird nun jeden Elan einbüßen. Sie weiß überdies sehr wohl: Wenn jetzt die ohnehin ein wenig gefährdete englische Wirtschaft leiden, wenn das Pfund schwach werden sollte, dann treffen die Rückwirkungen alle, auch die EWG.

Zweitens ist mitten in das 20. Jahrhundert wieder der Virus nationaler Großmannssucht längst vergangener Epochen eingeschleppt worden. Europa schickte sich gerade an, zu einer Interessengemeinschaft zusammenzuwachsen, und nun beginnt wieder das alte Dreiecksspiel aus der Mottenkiste zwischen England, Frankreich und Deutschland: Wenn zwei sich eng zusammenschließen, dann geschieht das mit einer ganz ausgesprochenen Spitze gegen den Dritten. Und dieser Dritte wird nun automatisch ganz eng an die Seite der USA gedrückt, so daß schließlich der Westen in die angloamerikanische Partnerschaft, das Lager der Achse Bonn–Paris und einige mißgestimmte kleinere europäische Nationen zerfällt.

Mein Gott, da sind zwei Weltkriege über Europa hinweggegangen und haben die alten Vorstellungen und Spielregeln *ad absurdum* geführt, da wurden mit Hilfe Amerikas die Überreste wieder gesammelt und zu einem neuen Muster gefügt, und nun kommen zwei alte Herren und wollen wieder nach der vorgestrigen Methode das alte Spiel weiterspielen! Und dabei glauben sie noch, besonders weitschauend und fortschrittlich zu sein. Es ist fast wie in einer griechischen Tragödie: Konrad Adenauer meint das Werk der deutsch-französischen Aussöhnung durch den Pariser Vertrag zu krönen und bemerkt gar nicht, daß er gleichzeitig die Voraussetzungen der europäischen Einigung unterminiert. Es geht ihm so wie den Generalen, die immer den letzten – und nicht den möglichen neuen – Krieg vorbereiten: Er ist bemüht, Hindernisse, die gar keine mehr sind, wegzuräumen, aber ohne es zu bemerken, türmt er andernorts das Gerümpel zu neuen unübersteigbaren Barrieren auf.

Dreizehn Jahre lang hat er gegen alle Opposition mit

großer Geduld und Konsequenz die Bundesrepublik ins Lager des Westens gesteuert und dort vertäut, ohne Rücksicht auf die Wiedervereinigung, die, wie manche meinen, für eine Neutralisierung Deutschlands zu haben gewesen wäre. So setzte er die westliche Gemeinschaft vor die Wiedervereinigung, und nun opfert er diese Gemeinschaft um der Freundschaft willen, die ihn mit General de Gaulle verbindet. Er bemerkt dabei gar nicht, daß nur dieser, nicht das französische Volk, jenes Opfer verlangt, denn das französische Volk hegt keine Rachegefühle gegen England.

Fatale Fronten

Eine amerikanische und eine französische Partei

Im April 1963

Es gibt zur Zeit zwei verschiedene Gesellschaftsspiele in der Bundesrepublik. Bei dem einen können alle mitmachen, Erwachsene und Kinder. Es heißt: »Wir suchen einen neuen Kanzler.« Bei dem andern treten die Spieler in Fronten gegeneinander an: die eine Gruppe für de Gaulle und gegen Amerika, die andere für Amerika und gegen de Gaulle.

Das zweite Spiel ist gefährlich, weil die Spieler (den Soldaten im Manöver gleich) sich so sehr mit ihren Rollen identifizieren, daß es gewöhnlich nicht lange dauert, bis auf beiden Seiten äußerste Verbitterung herrscht. Gefährlich aber ist dieses Spiel nicht nur für die jeweiligen Teilnehmer, sondern vor allem für den Staat und die Gesellschaft. Denn in einem Lande, dessen Bevölkerung in Katholiken und Protestanten gespalten ist, in Föderalisten und Zentralisten, in Einheimische und Flüchtlinge (die, wenn sie inzwischen auch längst eingegliedert sind, doch als Zugereiste betrachtet werden und sich selbst als solche empfinden), in einem Lande, das geteilt ist und keine Hauptstadt mehr besitzt – in einem solchen Lande ist es einfach lebensgefährlich, wenn sich neben all jenen Spaltungen nun auch noch eine französische und eine amerikanische Partei bilden.

Wie eigentlich ist es zu dieser Situation gekommen? War nicht der Zustand nach einem verlorenen Kriege, zur Abwechslung einmal mit einer der beiden großen Siegermächte alliiert zu sein, außerordentlich befriedigend? Zur Abwechslung – wenn man bedenkt, daß wir uns bisher noch stets mit den Besiegten in einer Koalition befanden. Und war nicht bisher von Berlin bis Bonn das Gefühl, militärisch wie wirtschaftlich allein durch die enge Bindung an die Vereinigten Staaten gesichert zu sein, ganz stark und ganz selbstverständlich?

Es gab Jahre, in denen bei uns alles unterlassen wurde, was »die Amerikaner« hätte ärgern können, und in denen wir ihnen jeden Wunsch von den Augen ablasen. Damals konnte niemand etwas werden, von dem es hieß, er sei *persona non grata* bei den »Amis«. Und das stärkste Argument, mit dem man jede Kontroverse beenden konnte, lautete: »Das würde uns eine ganz schlechte Presse in Amerika einbringen.«

Es ist schwer zu sagen, wann genau diese Phase endete. Jedenfalls erst nach Dulles' Tod im Jahr

1959. Die enge persönliche Freundschaft zwischen Adenauer und Dulles hat wahrscheinlich eine größere Rolle gespielt, als der normale Bürger sich träumen läßt, der gewöhnlich gar nicht auf den Gedanken kommt, daß auch unter Staatsmännern neben Interessen und Machtpositionen Sympathien und Antipathien zählen, daß auch in den scheinbar so objektivierten, kühlen Beziehungen der Politiker untereinander Zuneigung und Bewunderung, Mißtrauen und Aversion sehr bestimmende Faktoren sein können. Ganz sicher spielen heute die positiven Gefühle Konrad Adenauers für Charles de Gaulle und die Übereinstimmung der beiden in vielen Urteilen und manchem Vorurteil wiederum eine verhältnismäßig große Rolle.
Den Boden allerdings für eine gewisse Renationalisierung und die damit Hand in Hand gehende Emanzipation von den Rockschößen der USA (eine Entwicklung, die für alle europäischen Staaten typisch ist), diesen Boden bereitete doch wohl der wirtschaftliche Aufschwung dieser Länder vor. Aber auch – dies sei nicht vergessen – die nicht sonderlich taktvolle Art der Amerikaner, mit ihren Alliierten umzugehen, hat in dieser Richtung gewirkt.
Daß sich in der Bundesrepublik so verhältnismäßig schnell eine »französische« Partei zu bilden beginnt, liegt daran, daß verschiedene, keineswegs homoge-

ne Gruppen im Begriff sind, durch vage Hoffnungen vereint, zueinander zu finden:

1. die »Gesamtdeutschen«, die eine Wiedervereinigung um jeden Preis wollen;
2. die unbekehrten Disengagement-Anhänger, die Entspannung um jeden Preis wollen;
3. die Nationalbewußten, die sich nach dem Nationalen sehnen und die jede Souveränitätseinbuße als Schmach empfinden.

Diejenigen, die zur ersten Gruppe gehören, müßten sich eigentlich klar darüber sein, daß Frankreich mit und ohne de Gaulle kein sonderliches Interesse an einer Wiedervereinigung von 75 Millionen Deutschen haben kann. Vor allem nicht in einem Kontinentaleuropa, von dem die Angelsachsen (die das natürliche Gegengewicht wären) künstlich ferngehalten werden.

Die Disengagement-Anhänger müßten sich eigentlich sagen, daß die Sowjets kein Interesse an einem Disengagement haben können, bei dem die Amerikaner, die ihnen eine gewisse Garantie für die Erhaltung des Friedens bieten, eliminiert werden und eine Achse Paris–Bonn die Gefahr von Atombomben in deutscher Hand erhöht.

Die Nationalbewußten schließlich reichen von der

älteren Generation der Konservativen, für die die Nation von jeher das eigentliche Ordnungsprinzip war, bis hin zu den Nationalisten mit der unbewältigten Vergangenheit, sie werden heute durch einen gewissen Antiamerikanismus (»Haben wir diese Überfremdung nötig?«) zusammengeführt. Sie aber müßten wissen, daß sie die ersten wären, die mit dem ebenfalls nationalbewußten de Gaulle in Kollision und Rivalität geraten würden.

Was ist es, was diese drei Gruppen so fasziniert, daß sie gegen alle Logik auf de Gaulles Konzeption setzen? Es sind die Betonung des Nationalen und der Wunsch nach Wiedervereinigung. Die Betreffenden sagen sich, der Versuch, die Bundesrepublik immer stärker in den Westen zu integrieren, führe zwangsläufig immer weiter fort von dem Endziel der Wiedervereinigung; de Gaulle habe offenbar eine Alternativkonzeption, und wenn uns diese auch des Schutzes der Amerikaner beraubt, so wüßten wir schließlich alle, daß der große Krieg gar nicht stattfindet; und obwohl wir ein gewisses Risiko eingingen, stecke doch in de Gaulles Konzeption, den Rückzug der Amerikaner, also das große *Disengagement*, vorzubereiten, die einzige Chance, das geteilte Deutschland wiederzuvereinigen.

Bleiben wir einen Moment beim Thema *Disengagement*, für das wir an dieser Stelle 1957/58 gelegentlich plädiert haben. Damals gab es auch amerikanische Stimmen – George Kennan beispielsweise –, die für Verhandlungen zwischen Washington und Moskau auf dieser Grundlage eintraten mit dem Ziel, durch das Zurückziehen der militärischen Kräfte den Raum der Freiheit nach Osten zu vergrößern. Mag sein, daß de Gaulle heute jene amerikanische Politik machen möchte. Mag sein, daß er eine solche Konzeption hat – die Mittel aber, sie durchzuführen, hat er nicht. Im Gegenteil, er ist auf dem besten Wege, die einzigen, die eines Tages solche Maßnahmen vorschlagen, verhandeln und garantieren könnten, aus der hierfür erforderlichen Schlüsselposition zu vertreiben. Es ist aber zweierlei, ob Washington oder Paris ein Disengagement vorschlagen.

Die Leute, die glauben, Disengagement oder Neutralisierung, gleichgültig auf welche Weise bewerkstelligt, führe automatisch zur Wiedervereinigung, kommen mir vor wie jener Träumer, der wohl wußte, daß zwischen einem Rotweinfleck auf dem Tischtuch und dem Salz, welches darauf zu streuen als Therapie empfohlen wird, ein gewisser Zusammenhang besteht, der darum auf das Salz, das er verschüttet hatte, Rotwein goß.

Alle jene Vorstellungen, man könne die Amerikaner in der Auseinandersetzung mit der Sowjetunion entbehren, ja sie seien dabei sogar eher hinderlich, weil

die Europäer es selbst viel besser machten, wenn sie sich nur auf ihre nationale Eigenständigkeit besännen und ihre eigene Abschreckung hätten, entsprechen einfach nicht der Wirklichkeit. Es gibt nun einmal nur zwei Machtzentren in der Welt. Eine »dritte Kraft« gibt es nicht. Jene Dritten haben zwar auch Kraft, die, wenn sie zur amerikanischen *addiert* wird, durchaus respektabel ist, aber *subtrahiert* und isoliert kann sie niemandem imponieren.
Wen die Sorgen um die Wiedervereinigung nicht schlafen lassen, der wird immer wieder ausschauen, nach neuen Ansatzpunkten, nach möglichen Konzeptionen und Plänen. Und nur wenn es diese Unermüdlichen gibt, werden wir vielleicht eines Tages dem Ziel doch ein wenig näher kommen. Eines Tages ... aber einstweilen gibt es schon deshalb keine Möglichkeit, weil vom Osten in letzter Zeit mehrfach erklärt wurde, daß man dort die Wiedervereinigung nicht mehr wolle, es sei denn, sie finde unter der roten Fahne statt.
Müssen wir aber warten, wahrscheinlich lange warten, dann dürfen wir in der Zwischenzeit nicht schwächer werden. Es wäre unverantwortlich, wenn wir uns aus dem *Grand Design* der Amerikaner und deren sicherem Schutz lösten, um der großen Vision eines noch zu entwerfenden *Grand Design* von General de Gaulle nachzuirren.

Sehen, was ist

Friedensstrategie zwingt zum Abschied von Fiktionen

Im August 1963

Seit Bestehen der Bundesrepublik – also seit 14 Jahren – gab es für Bonn zwei außenpolitische Grundthesen: nach Westen Aktivität und Integration, nach Osten Passivität und Abschirmung. Unsere Haltung war mithin durch zwei Begriffe gekennzeichnet: Pro-Atlantizismus und Anti-Kommunismus.

Dieses Koordinatensystem stimmte genau überein mit dem des Westens, vor allem mit dem Amerikas. Und so garantierte denn diese Kongruenz eine ziemlich reibungslose Zusammenarbeit mit den Allianzpartnern. Am besten funktionierte sie zu der Zeit, da *Foster Dulles* Außenminister der USA war. *Kennedys* Weltbild ist anders. Aber er hat erst lange Zeit beobachtet, geprüft und Erfahrungen gesammelt, ehe er sich entschloß, aus dieser Tatsache Konsequenzen zu ziehen und eine neue Politik zu formulieren.

Fürst Bülow schreibt in seinen *Denkwürdigkeiten:* »Ich habe ihn (Bismarck) auch sagen hören, in der

Politik wäre Weitsichtigkeit gefährlicher und ein größerer Fehler als Kurzsichtigkeit. Worauf es ankomme, sei, Menschen und Dinge realpolitisch zu nehmen. Der geniale Ferdinand Lassalle hat das Wort geprägt: *›Sehen, was ist.‹* Alle wirklichen Staatsmänner, Cavour und Disraeli, Thiers und Franz Deák, waren mit Bismarck darin einig, daß es politisch darauf ankomme zu sehen, was ist.« Soweit Bernhard von Bülow.

Auch Kennedy hat zuerst einmal gesehen, was ist. Und nun seit kurzem zeichnet sich in Washington ein *neues* Koordinatensystem ab. Zwar ist die atlantische Partnerschaft, also die hier als Atlantizismus bezeichnete Anschauung weiterhin das eine Ziel der amerikanischen Außenpolitik, aber der schiere Antikommunismus macht allmählich einer modifizierten Auffassung Platz. Vielleicht könnte man diese am ehesten als Anti-Antikommunismus bezeichnen. In seiner großen wegweisenden Rede in der Georgetown-Universität in Washington sagte Kennedy im Juni: *»Laßt uns unsere Einstellung zum kalten Krieg überprüfen. Wir müssen mit der Welt fertig werden, so wie sie ist, und nicht mit einer, wie sie vielleicht geworden wäre, wenn die letzten achtzehn Jahre anders verlaufen wären.«*

Seine Überprüfung der heutigen Welt und der Erfahrungen, die wir mit dem kalten Krieg gemacht haben, hat den amerikanischen Präsidenten zu der Erkenntnis geführt, daß man mit Antikommunismus als Grundkonzeption und einziger Verhaltensweise dem anderen Teil der Welt gegenüber nicht weiterkommt. *»Wir müssen unsere Angelegenheiten so führen, daß es für die Kommunisten interessant wird, sich auf einen echten Frieden einzulassen«,* so sagte er damals in Georgetown. Und der erste Schritt auf dem Wege dieser neuen »Friedensstrategie« ist jetzt das Atomtest-Abkommen von Moskau.

Angesichts dieser Entwicklung haben sich in Bonn zwei Gruppen gebildet. Die eine kann sich von dem alten, zur vertrauten Gewohnheit gewordenen Schema des kalten Krieges nicht trennen. Sie glaubt, daß die Kapitulation, die allein die Erfüllung ihrer Wünsche in der Deutschlandfrage, also die Wiedervereinigung, bringen könne, am Ende des kalten Krieges stehen werde – und nur am Ende des kalten Krieges stehen werde. Jede Entspannung, jede Verständigung über »Nichtangriff«, die einer Abgrenzung der Interessensphären gleichkommt, werde, so meint sie, die Teilung verewigen.

Sie glaubt, daß jede Form von »Verdünnung« oder gar *Disengagement* tödlich sei, weil die Sowjetunion automatisch in jedes entstehende Vakuum einsickere, denn nach ihrer Meinung geht es den Russen an erster Stelle immer noch um die Ausbreitung der

Weltrevolution, sie glaubt dies, obgleich doch der Streit mit Peking gerade gezeigt hat, daß die Sowjets immer mehr verbürgerlichten, wohlstandspolitischen Versuchungen ausgesetzt sind und die machtpolitischen Ambitionen einer nationalen Großmacht entwickelt haben.

Zu der Gruppe, die so denkt, gehören Konrad Adenauer, Brentano, Strauß, Krone. Zu denen, die anders denken, gehört im Kabinett wahrscheinlich nur Außenminister Schröder. Er weiß, daß die Kapitulation, die dem Kalten-Krieg-Schema zugeordnet ist, immer eine Utopie war, daß wir uns in all den Jahren, in denen wir dieser Vision nachjagten, nur um so weiter von der Wiedervereinigung entfernt haben. Und er hat verstanden, daß, wenn dies geschehen konnte, obgleich die ganze Allianz jahrelang dieses Prinzip verfolgte, die Bundesrepublik allein damit ganz gewiß nicht weiterkommt. Darum versuchte er zu verhindern, daß Bonn sich den Ruf des »ewigen Störenfrieds« zuzieht, und darum tritt er dafür ein, gemeinsam mit Amerika und England der Friedensstrategie Kennedys zu folgen. Und das heißt eben, den Kommunismus langsam zu transformieren und die Hoffnung aufzugeben, man könne ihn besiegen oder beseitigen.

Wir werden alle noch viele Enttäuschungen überleben müssen, denn erstens wird man sich auf die

Dauer von manchen Vorstellungen trennen müssen, die man bisher für unwandelbare Axiome hielt. Was alles dazu gehören wird, läßt sich heute noch nicht mit Bestimmtheit sagen. Der Sprecher des belgischen Senats, Paul Struye, schrieb dieser Tage in der konservativen Zeitung *La libre Belgique*, die Bundesrepublik werde die Einheit Deutschlands nicht herbeiführen, indem sie weiterhin die Augen vor den – wenn auch unangenehmen – Realitäten verschließe. »Dadurch, daß man ein Territorium weiterhin ›sowjetische Besatzungszone‹ nennt, das seit fünfzehn Jahren als Staat organisiert ist und unter dem Schutz des mächtigen sowjetischen Imperiums steht, bringt man die Wiedervereinigung auch nicht einen Zoll näher.« Und Senator Struye fügt hinzu: »Man dient auch den Interessen der unterdrückten Bevölkerung Ostdeutschlands nicht damit, daß man Abkommen zu unterzeichnen ablehnt, die den Beginn einer Entspannung kennzeichnen.«
Zweitens bedeutet die Einstellung des kalten Krieges natürlich zunächst lediglich die Verständigung darüber, daß es unter keinen Umständen zum großen Krieg kommen darf. Mehr bedeutet es nicht. Die ideologische Rivalität wird weitergehen und die militärische auch, bis vielleicht eines Tages bindende Absprachen über Abrüstungsmaßnahmen zwischen Ost und West getroffen sein werden.

Schließlich wird auch die Verständigung im Zeichen der Friedensstrategie keineswegs einfacher sein, als sie es bisher war. Chruschtschow hat bei dem Empfang nach der Unterzeichnung des Versuchsstopps gesagt: »Kein Vertrag und kein Übereinkommen zwischen Staaten kann die radikalen Widersprüche verdecken, die zwischen den beiden miteinander koexistierenden Sozialsystemen bestehen. Aber wir, die Sowjetmenschen, treten dafür ein, daß die Fragen des inneren politischen und sozialen Systems nicht durch den Staat und auch nicht zwischen den Staaten geordnet werden, sondern ganz allein durch die Bevölkerung jedes Landes ohne Einmischung von außen.« Chruschtschow, der hierbei wahrscheinlich nur an Kuba dachte, wäre sicherlich sehr verblüfft, wenn wir, unter Bezugnahme auf diese Feststellung, die Selbstbestimmung für die DDR forderten.

Manche unserer Vorstellungen, beispielsweise die zum Begriff des *status quo*, sind aber genauso doppelgleisig. Die »Welt« gab neulich über eine Pressekonferenz von Staatssekretär Hase folgenden Bericht: *»Wenn eine solche Vereinbarung den Status der Zone aufbessert, ist sie für die Bundesregierung unannehmbar,* sagte der Staatssekretär. Auf eine weitere Frage machte er deutlich, daß eine Fixierung des jetzigen Status quo von Bonn abgelehnt wird, daß es also bei einer Nicht-Angriffs-Vereinbarung darauf ankommt, daß es nicht bei dem jetzigen *status quo* bleibt.«

Das heißt doch offenbar, daß der Begriff *status quo* nicht, wie man annehmen sollte, einen bestimmten, für alle mit der gleichen Elle nachzumessenden Zustand kennzeichnet, sondern daß der *status quo* dann, wenn von unseren Gegnern die Rede ist, den Plafond, also einen Maximalzustand, bezeichnet, aber dann, wenn es sich um uns selbst handelt, die untere Grenze, also das Existenzminimum.

Wir haben so viele Fakten zu Fiktionen und Fiktionen zu Fakten umgemünzt, daß die Forderung *»Sehen, was ist«* für uns schwerer zu erfüllen ist als für irgend jemand anderen.

Das Dogma der CDU

Vom Unsinn des Kapitulations-Glaubens

Im März 1964

Wenn es in den letzten zehn Jahren irgendein Ereignis gegeben hat, das als gesamtdeutsche Begegnung bezeichnet werden kann – also als ein Ereignis, auf das wir mit brennender Sorge warten –, so war es die Massenwanderung von 1,2 Millionen Westberlinern nach Ostberlin während der Weihnachtstage. Denn dort trafen sich ja nicht nur die Berliner von diesseits und jenseits der Mauer, auch aus dem ganzen Gebiet der DDR waren Deutsche in die alte Hauptstadt geströmt, um Freunde und Verwandte aus Westberlin zu begrüßen. Welch ein Ereignis – sowohl menschlich wie politisch gesehen!

Da wurde plötzlich die Mauer, die in ihrer totalen Undurchdringlichkeit ein Sinnbild des Schreckens darstellt, vor aller Augen porös; da ließ die SED es zu, daß ihre Bürger ohne jede Kontrolle dem massierten Ansturm westlicher Ideen ausgesetzt wurden, da sah man sich drüben genötigt, angesichts dieser »Wohlstandsinvasion« das Gerücht auszustreuen, die vielen Autos, die sich nach Ostberlin hineinwälzten, seien alle nur Leihwagen …

Und dennoch hat man bei uns Angst, jenes Experiment zu wiederholen. Die große, starke Bundesrepublik fürchtet sich vor 260 Postbeamten, die sich ja gar nicht als Hoheitsträger, sondern nur als Briefträger betätigt haben, indem sie die Anträge in Westberlin aufnahmen und sie dann nach Ostberlin brachten, wo der eigentliche Hoheitsakt, das Stempeln, vorgenommen wurde.

Irgendwelche Inselbewohner – Ceylonesen oder Sansibarer – hätten, so heißt es, die Existenz jener Postbeamten zum Vorwand dafür genommen, Beziehungen zu Ostberlin aufzunehmen, nach dem Motto: Wenn die Bundesrepublik die Realität jenes Staates, dem die Postbeamten dienen, anerkennt, warum dürfen wir das dann nicht? Und weil dem, der einen Vorwand braucht, jedes Argument recht ist, bedienen sich nun wiederum die Gegner des Passierscheinverfahrens jener Insulaner, um die Postbeamten aus Westberlin herauszuhalten. Dabei hat Minister Mende mit Recht darauf hingewiesen, daß die Insulaner, wenn man ihnen dieses Argument nicht bietet, andere, im Grunde viel zugkräftigere haben. Zur Zeit, so sagte er, reise eine Delegation aus der DDR in Indien herum und mache nicht ohne Erfolg darauf aufmerksam, daß ihre 18 Millionen

Einwohner genauso eine Realität seien wie jene 750 Millionen Chinesen, die General de Gaulle soeben anerkannte.

Man muß staunen, wieviel Phantasie aufgewandt wird, um Gründe gegen das Passierscheinverfahren aufzubieten. Die erstaunlichste Begründung stammt von Franz Amrehn, dem Chef der CDU in Berlin. Er sagte: *»Im gleichen Maße, in dem versucht wird, durch kleine Regelungen erträgliche Verhältnisse in Berlin zu schaffen, geht der Wille verloren, sich für die Lösung der großen Fragen der deutschen Politik noch kräftig einzusetzen.«* Da fühlt man sich wirklich an die »Bild«-Zeitung erinnert, die einmal schrieb: »Mit jeder Brecht-Premiere geht ein Stück von der inneren Abwehrbereitschaft verloren.«

Wie man sich die Lösung der großen Fragen der deutschen Politik, von der Amrehn sprach, vorstellen müsse, hat der CSU-Abgeordnete Freiherr von Guttenberg in der vorigen Woche im »Krokodil« zu Baden-Baden auseinandergesetzt. Die Bundesrepublik dürfe sich vor allem nicht der Entspannungspolitik hingeben, so wie eine »gewisse Presse« sie propagiere, das sei »lebensgefährlich«. Er sagte: »Eine Entspannung kann nur die Folge sowjetischer Konzessionen sein. *Wir* lehnen es ab, zur Erreichung einer Entspannung Zugeständnisse zu machen.«

Sein Rezept: Bundesrepublik, bleibe hart! »Wir wollen im kalten Krieg den Sieg erringen.«
Die Politik derjenigen, die so argumentieren, ist am Begriff der Kapitulation – die nicht stattfinden wird – orientiert. Und so fasziniert sind sie von ihrer Theorie, daß sie es gar nicht bemerken, wenn sich andere, in ihrem Weltbild nicht vorgesehene Möglichkeiten, Veränderungen, Entwicklungen ergeben. Sie lassen sie ungenutzt verstreichen, obgleich jene Vorgänge, geschickt ausgenutzt, als Nebenprodukt so manches liefern könnten, was direkt nicht zu erreichen ist.
Lebten sie in der Wirklichkeit und wären nicht in ihre Vorstellungen versponnen, so müßten sie zugeben, daß die großen, weltbewegenden Veränderungen, die im östlichen Lager vor sich gegangen sind, weniger auf die Einwirkung der westlichen Politik zurückzuführen sind, als vielmehr eigener Gesetzlichkeit entstammen. Dies gilt jedenfalls für die drei großen D: für Destalinisierung, Dezentralisierung und Desintegration.
Jene Kapitulationsanbeter aber glauben nur an die Erfolge, die ihr Dogma hervorbringt. So wie ein Spieler, der ein System erfunden hat, auch dann noch an dieses glaubt, wenn er selbst alles verloren und der andere, der ohne System spielt, alles gewonnen hat.

Wir sind hypnotisiert von der Theorie, vom Dogma, vom Wort. Das Wort ist für uns viel wirklichkeitsnäher als Umstände, Entwicklungen, Erfolg und andere Realitäten. Wir halfen, das große Ereignis der gesamtdeutschen Begegnung herbeizuführen, aber dann wurde uns alles verleidet, weil die DDR nach Art der Leute, die im Dunkeln pfeifen, sich hinterher in Triumphtiraden erging.

Oder: Wie oft hört man das Argument, mit dem Osten, mit Moskau zu verhandeln habe gar keinen Zweck: »Die verfolgen ja noch immer das gleiche Ziel.« Natürlich gaukeln vor ihren Augen immer die gleiche Ziele, aber niemand kann doch leugnen, daß, ungeachtet dieser Tatsache, alle jene tiefgreifenden Veränderungen eingetreten sind, die in Wahrheit die Kommunisten ihrem Ziel immer mehr entrückt haben. Bei uns aber zählen Realitäten eben weniger als das Wort. Darum übersieht man die Veränderungen und die Möglichkeiten, die sich bieten, und blickt fasziniert auf die Worte des kommunistischen Glaubensbekenntnisses.

Nun ist es natürlich nicht so, daß alle Bedenken gegen das Passierscheinabkommen unberechtigt wären. Daß die Postbeamten als Dauerlösung – als östliche Präsenz in Permanenz – höchst unerwünscht sind, darin stimmen der Senat von Berlin und die Regierung in Bonn vollständig überein. Beide wissen, daß man weder den Amerikanern, die sich sehr weitgehend engagiert haben (weiter, als es vielleicht manchen unter ihnen lieb ist), einen Vorwand liefern darf, das Engagement zu lockern, noch dritten Mächten ein Argument für die Anerkennung der DDR an die Hand geben sollte, das überzeugender ist als die Anwesenheit jener Postbeamten. Aber die Meinung, wo die Grenze zwischen diesen Grundsätzen und dem Wunsch weiterzukommen verläuft, darüber ist man sich nicht ganz einig. Übrigens nicht nur zwischen Bonn und Berlin, auch innerhalb der drei Parteien, ja, auch in der Regierung selbst sind die Auffassungen geteilt. Der Bundeskanzler, der erst für eine Fortsetzung des Passierscheinverfahrens war, soll später umgefallen sein, als die Mehrheit des Kabinetts gegen eine Wiederholung war.

Gegen dieses Passierscheinabkommen, dem zu Weihnachten alle zugestimmt hatten: die Parteien, die Alliierten, die Regierung in Bonn und der Senat in Berlin, wird jetzt angeführt, daß man, wenn nicht damals so überstürzt gehandelt worden wäre, bessere Bedingungen hätte erzielen können. Eigentlich sollten die fast zweimonatigen Verhandlungen, die soeben abgebrochen wurden und in denen auch nicht ein Zentimeter Boden gewonnen werden konnte, diese These als nicht besonders stichhaltig entschleiert haben.

Der zweite Einwand, der nicht einmal eine These, sondern ausschließlich eine Spekulation ist, meint, man könnte durch listiges Abwarten günstigere Bedingungen bekommen. Wieso eigentlich? Wir wissen nicht einmal, woher die Bereitschaft zu Weihnachten kam. War es Druck von Moskau? Druck aus der eigenen Bevölkerung? Oder war es nur eine zufällige Sternstunde Berlins, die dann optimal genutzt wurde? Woher nehmen wir die Zuversicht, daß die DDR mit Sicherheit darauf bestehen wird, die selbsterrichtete Mauer noch weiter und zu Bedingungen, die immer ungünstiger sein sollen, durchlöchern zu lassen?

Der Regierende Bürgermeister hat vorgeschlagen, die verantwortlichen Männer der Bonner Regierung, des Berliner Senats und der drei Parteien sollten einen Ausschuß bilden, der sich über die Grundhaltung der künftigen Verhandlungen klar wird. Ärgerlich antwortete die CDU, sie habe ein Konzept und brauche daher nicht erst eines zu entwerfen. Wieso aber, so möchte man fragen, ist in diesem Konzept zu Ostern falsch, was zu Weihnachten richtig war? Wenn man diesen Widerspruch bedenkt, dann ist es doch wohl das einzig Vernünftige, eine gemeinsame Haltung gemeinsam festzulegen. Damit sollte die nächste Phase beginnen.

So wie die Dinge sich entwickelt haben, sind nun

einmal zwischen Bonn und Berlin Spannungen entstanden. Die CDU befürchtet, Willy Brandt, der soeben zum Parteiführer der SPD gewählt wurde, werde es schwierig finden, die parteipolitischen Gesichtspunkte seiner Bonner Tätigkeit und die überparteilichen seines Berliner Amtes auseinanderzuhalten.

Die SPD argwöhnt, die überwältigende Zustimmung, welche die Bevölkerung laut Umfrage des Berliner Senats zu dem weihnachtlichen Passierscheinabkommen zum Ausdruck brachte (in Berlin 89 Prozent dafür, in der Bundesrepublik 79 Prozent – wobei 52 Prozent das Verdienst daran Brandt und nur 35 Prozent Erhard zuschrieben), die SPD also argwöhnt, diese Reaktion des Publikums habe den Neid der CDU heraufbeschworen.

Brandts Vorschlag ist so einleuchtend, daß man fast sagen möchte, wer ihn ablehnt, ist kein Freund Berlins. Denn: Sollten wir ohne einen solchen Koordinierungsausschuß in den Wahlkampf gehen, dann gnade Gott Berlin! Dann nämlich wird Berlin auf dem Altar der Parteipolitik geschlachtet werden. Dann werden wir selbst das herbeiführen, was den Kommunisten nie gelungen ist: das Ende der alten deutschen Hauptstadt.

Das Ende der Nachkriegs-Ära

Gefahren, aber auch Chancen: Assoziierung der Osteuropäer?

Im April 1964

Wenn man die Reden liest, die besorgte Europäer in Frankfurt beim Europakongreß oder bei den Tagungen in Brüssel hielten, dann könnte man meinen, die Regierungen, die es beim Zurechtzimmern der europäischen Institutionen so schwer haben, seien weit hinter ihren Völkern und hinter der Wirklichkeit zurück.

Ein englischer Bekannter schrieb mir kürzlich: *»Ich habe jetzt eine deutsche Köchin, ein italienisches Mädchen, und im Kuhstall arbeiten nur noch Spanier.«* Wohlgemerkt, es war ein Engländer, der dies schrieb, ein Bewohner jener Insel, für die angeblich so ganz andere Gesetze gelten als für den Kontinent. Und ein Schweizer berichtet von einer Fabrik bei Basel, »die fast ausschließlich von Türken betrieben wird«. Vor dem Krieg konnte man die Fremden, die in Basel lebten, zählen.

Wenn die Europäische Gemeinschaft also allein durch enge Verflechtung ihrer Bewohner zustande käme, wären wir schon ganz schön weit auf diesem Wege. Aber leider reicht das nicht aus.

Um Europa zu einer Einheit werden zu lassen, bedarf es fester staatsrechtlicher Strukturen und Institutionen. Seit Jahren wird an ihnen gearbeitet, viele entscheidende Schritte wurden getan, aber nun, in der Mitte der sechziger Jahre, sieht es plötzlich so aus, als löse sich das bereits Geschaffene wieder auf, als sei die Arbeit von Jahren umsonst. Allenthalben beginnen die Ordnungen der Nachkriegszeit zu zerbröckeln. Wie kommt das?

Die Nachkriegswelt, in der wir uns – so unwirtlich sie war – einigermaßen häuslich eingerichtet haben, geht zurück auf die Konferenzen von Teheran und Jalta, die Europa in eine östliche und eine westliche Einflußsphäre zerteilt hatten. Die heute Dreißigjährigen kennen die Welt nicht anders.

Die Marksteine, die den Weg kennzeichnen, den der Westen ging, heißen: *Truman-Doktrin, Marshall-Plan, Atlantik-Pakt, Schuman-Plan, EWG.* Ziel dieser Zusammenschlüsse war es erstens, das zerstörte, darniederliegende Europa wirtschaftlich wieder lebensfähig zu machen, und zweitens, es vor der drohenden Expansion und Aggression des Kommunismus zu schützen.

In dem Maße, in dem dieser Zweck erreicht wurde, also wirtschaftliche Sicherheit und Blüte wieder in den europäischen Ländern einzogen, machte sich jener Zusammenschluß sozusagen selber überflüssig. Und als dann die Ereignisse in Kuba den Beweis lieferten, daß das nukleare Gleichgewicht eine Art *Pax atomica* garantiert, wich die Angst vor dem Osten immer mehr, und die Desintegration begann. Nicht, daß die Bündnisse wirklich überflüssig geworden wären, aber je schwächer die wirtschaftlichen und militärischen Sorgen wurden, desto geringer war auch die Bereitschaft, für diese Allianz Opfer zu bringen, also nationale Egoismen hintanzusetzen oder Abstriche an der Souveränität zuzulassen.

Heute ist es ganz deutlich, daß die Ordnungen der Nachkriegszeit zu zerfallen beginnen. Kennedy hatte dies schon sehr früh bemerkt. Schon seine Rede in Philadelphia im August 1962, mit der er das *Grand Design* propagierte, trug dieser Situation Rechnung. Damals bot er den selbstbewußt gewordenen Europäern die Partnerschaft an Stelle des Satelliten-Verhältnisses an. Aber der weltpolitische und weltstrategische Wandel der letzten achtzehn Monate war so rasant, daß die Ereignisse über dieses Konzept hinwegzugehen scheinen.

Da ist die NATO, die kein gemeinsames strategisches Konzept mehr hat, ja, die bei ihrer letzten Pariser Tagung im Dezember 1963 nicht einmal mehr wagte, über strategische Fragen zu diskutieren – aus Sorge, die Verteidigungsgemeinschaft könne dabei ganz und gar zerbrechen. Denn ein Konzept wie das des Generals Galley – des französischen Experten –, der jede aggressive Bewegung des Gegners mit atomaren Waffen beantworten will, ist diametral entgegengesetzt der amerikanischen Auffassung, die die Schwelle zwischen den konventionellen Waffen, mit denen zunächst allein gekämpft werden soll, und dem Einsatz der nuklearen Waffen möglichst nachdrücklich anheben will.

Noch deutlicher zeigt sich das Problem an dem wirtschaftlichen Zusammenschluß, an der EWG. Der Sinn der EWG, die ja nicht nur eine Zollunion sein, sondern eine kühne, dem 20. Jahrhundert angemessene Ordnung schaffen sollte, der Sinn der EWG war ja, durch die Preisgabe nationaler Souveränitäten aus sechs Staaten eine Union zu machen, die dann den Kern für ein größeres Europa abgeben sollte.

Die Vorstellung dabei war, daß auf die wirtschaftliche Integration eine politische folgen sollte. Zunächst hatte man wohl sogar gemeint, wenn die wirtschaftliche Verschmelzung weit genug getrieben würde, werde sich daraus automatisch eine politische Integration ergeben. Den Glauben an solch einen Automatismus hat man inzwischen verloren,

wie Bundeskanzler Erhard bei der Europatagung in Frankfurt zugab. Der Möglichkeit aber, die politische Integration im Direkt-Anlauf zu erreichen, hat General de Gaulle einen Riegel vorgeschoben.
De Gaulle hat immer von Europa als der Dritten Kraft geträumt. Einer Kraft, die wohl keinem der beiden Großen ganz ebenbürtig wäre, die aber zwischen Washington und Moskau so eine Art Zünglein an der Waage sein könnte – etwa so, wie sich die FDP ihre Rolle zwischen CDU und SPD vorstellt. Nun ist jedem autoritären Regime die Vorstellung einer gewissen wirtschaftlichen Autarkie eigen, und so entspricht denn auch de Gaulles Konzept für Europa nicht dem der übrigen Partner. Eifersüchtig wacht er darüber, daß der Agrarmarkt der Sechser-Gemeinschaft autark sei; wahrscheinlich geschieht dies gar nicht um der französischen Bauern willen, sondern vielmehr seinem großen politischen Konzept, der Dritten Kraft, zuliebe. Der General will Kontinentaleuropa zusammenschließen, während die anderen fünf Partner sich Europa möglichst groß, liberal und weltoffen wünschen.
Wenn es zutrifft, daß die Nachkriegsordnung sich aufzulösen beginnt, so erhebt sich die Frage – die einstweilen noch niemand präzis beantworten kann –, wie wohl das Modell der neuen Ära aussehen wird. Vorläufig kann man nur sagen, welche Kräfte

miteinander im Streit liegen: der Nationalismus der selbstbewußten Europäer, verstärkt durch den Nationalismus der jungen Staaten in aller Welt, und dagegen der Trend zu großen Zusammenschlüssen, die schon allein durch die Gesetze der modernen Industriegesellschaft in Wirtschaft und Verteidigung vorgezeichnet werden. Also zentrifugale Kräfte ringen mit zentripetalen – der Wunsch, selbständig zu sein und Herr seines eigenen Geschicks, mit der Sehnsucht, durch Zusammenschluß mehr Sicherheit und Gewicht zu erlangen.

Man wird vielleicht sagen, jegliches Infragestellen der NATO und der EWG sei geradezu sträflich. Aber es handelt sich hier nicht um subjektive Urteile oder gar Wünsche, sondern um die äußerst betrübliche Feststellung dessen, was ist. Und ganz offensichtlich ist doch Tatsache, daß erstens die politische Integration nicht zu haben ist und daß zweitens weder wirtschaftliche noch militärische Integration auf die Dauer ohne politische möglich sind. Welche Regierung kann sich von Technokraten oder Fachministern, die durch kein gewähltes Parlament kontrolliert werden, auf die Dauer ihre Politik vorschreiben lassen? Denn daß alle Außenpolitik zugleich auch Wirtschafts- und Verteidigungspolitik ist, daran zweifelt doch wohl niemand.

Ich glaube, die Vorstellung, die wir von unserer Welt

haben, ist durch die Wirklichkeit bereits überholt. Wir sind im Grunde schon eine Phase weiter, als die meisten meinen. Es mag schmerzlich sein zu sehen, wie jene scheinbar so festgefügten Ordnungen der Nachkriegsjahre sich lockern, aber die Desintegration der Bündnisse bringt nicht nur Nachteile, sondern auch neue Möglichkeiten. Was könnte sich und was hat sich schon geändert?
Die größte Veränderung der Weltsituation brachte die Erkenntnis, daß der große Krieg nicht stattfindet. Wir wissen noch nicht, ob die Folge davon sein wird, daß es, wenn es keinen Krieg gibt, auch keinen Frieden geben wird. Dies mag durchaus sein, weil der ideologische Kampf ja auch dann weitergeht, wenn er unter keinen Umständen mehr militärisch entschieden werden kann. Aber dennoch wird man wohl den Zustand, in dem wir künftig leben werden, als den der »Entspannung« bezeichnen können.
In einer solchen entspannten Welt müssen die militärischen Rüstungen weiterbestehen, weil – das ist das Paradoxe – sonst die Entspannung unmöglich wird. Sie sind also sozusagen die fixe Größe, während die wirtschaftlichen Zusammenschlüsse sehr viel variabler gestaltet werden können. Darum sollte man überlegen, ob man nicht beginnen könnte, unter dem Schirm der militärischen Allianz die Kluft, die die östliche und die westliche Welt voneinander

trennt, wenigstens an einigen Stellen zu überbrücken.
Wenn das alte Ziel, ein integriertes Westeuropa mit der USA in Partnerschaft zu vereinigen, nicht möglich ist (weil die Integration nicht möglich ist), dann sollte man sich überlegen, ob es nicht ein lohnendes Ziel wäre, den Versuch zu machen, die osteuropäischen Staaten, die doch genausogut zu Europa gehören wie die nordischen Staaten, wieder mit Europa zu verknüpfen. Das aber kann nur auf dem Wege wirtschaftlicher Verflechtung geschehen. Der EWG sind afrikanische Staaten assoziiert worden; warum sollte es nicht möglich sein, Vorkehrungen zu treffen, die die Assoziierung der Osteuropäer ermöglichen? Damit wäre vielleicht ein erster Schritt zur allmählichen Überwindung der Teilung unserer Welt getan.
Das aber ist schließlich die große Aufgabe, die vor uns liegt. Es ist eine Aufgabe, die an unser politisches Vermögen sehr große Anforderungen stellt. Und zwar deshalb, weil die Maßnahmen, die nötig sind, um die bisherigen Allianzen zusammenzuhalten, rivalisieren mit denen, die notwendig sind, um die Entspannung zwischen Ost und West herbeizuführen.

Versöhnung: ja
Verzicht: nein

Die Oder-Neiße-Gebiete: ein innen- und außenpolitisches Problem

Im September 1964

In der Bundesrepublik wird man den Tag der Heimat am 13. September feiern – mit Ministerreden und Grußbotschaften aus aller Welt. Zum Pfingsttreffen der Sudetendeutschen in Nürnberg im Mai 1964 hat sogar Senator Humphrey eine solche Grußbotschaft geschickt. Auch jetzt werden wieder Reden gehalten und Grußbotschaften geschickt werden. Und es wird auch wieder Ärger geben. Denn das, was bei diesen Gelegenheiten in den Äther und in die Presse rund um die Welt eingeht, gibt eigentlich immer Anlaß zu Ärger, entweder weil der Redner Seebohm heißt oder auch nur weil die östlichen Nachbarn Heimweh mit Revisionismus verwechseln – was natürlich ein wenig auch an ihrem eigenen schlechten Gewissen liegt.

Wieso werden eigentlich die Vertriebenenverbände von Bundeskanzler, Ministern und Parteiführern so behandelt, als handele es sich um fremde Großmächte, die bei Laune gehalten werden müssen? Wäre es nicht viel besser, die Flüchtlingsvereinigungen würden als das behandelt, was sie im Grunde – jedenfalls von dem Gros der Flüchtlinge her gesehen – doch sind, nämlich als Heimatvereine, die persönliche Kontakte und alte Traditionen pflegen möchten, die Nachrichten aus dem Verwandten- und Bekanntenkreise austauschen, gemeinsam Advent feiern und heimatliche Lieder singen wollen?

Zweifellos wäre das viel besser, aber die Parteien, und zwar ausnahmslos alle Parteien, schielen seit Jahren begehrlich auf dieses, wie sie meinen, ergiebige Wahlstimmen-Reservoir, vor dem sie ihre rituellen Verbeugungen üben.

Begonnen damit hat Konrad Adenauer, als er 1953 nach der Wahl zum zweiten Bundestag den Führer des Gesamtdeutschen Blocks, Waldemar Kraft, ins Kabinett nahm und auf diese Weise die Partei, die eher zur SPD tendierte, auf seine Seite brachte. Erinnern wir uns: Im Januar 1950 hatte Kraft in Rendsburg den BHE, den *Bund der Heimatvertriebenen und Entrechteten*, gegründet. Sechs Monate später, im Juli, war dieser Bund mit 23 Prozent aller Stimmen bereits die zweitstärkste Partei in Schleswig-Holstein und sein Gründer zum Finanzminister und stellvertretenden Ministerpräsidenten in Kiel geworden. Es folgte noch im gleichen Jahr der Durchbruch in Hessen und Bayern. Innerhalb von drei Jahren hatte der BHE, der sich in *Gesamtdeutscher Block* umgetauft hatte, 78 Abgeordnete in sechs Länderparlamenten und acht Minister in vier Länderregierungen. Und zwar koalierte er je nach Gegebenheiten in Kiel mit der CDU, in Hannover mit der SPD, in Hessen mit der FDP.

Es mag also verständlich gewesen sein, daß damals die drei klassischen Parteien sich allerlei Erfolg von ihrem Werben um die Flüchtlinge versprachen. Aber allmählich stellte sich dann heraus, daß nur die Funktionäre politische Ambitionen hatten und es den Flüchtlingen selbst vor allem um Heimatzusammenkünfte ging – heute spielt der Gesamtdeutsche Block als Partei überhaupt keine Rolle mehr. Haben nun damit die Landsmannschaften endlich ihren politischen Nimbus verloren? Könnten die Politiker sie jetzt sich selbst überlassen?

Es scheint, daß der Moment dafür verpaßt ist. Man könnte sogar im Gegenteil meinen, daß es heute, da allenthalben ehrgeizige Leute wieder kleine Trommeln aus verstaubten Kisten hervorziehen, besonders wichtig ist, sich um die Flüchtlingsverbände zu kümmern. Heute, da sich wieder mancherwärts kleine Zentren nationalistischer Gernegroße bilden, die die »Erniedrigten und Beleidigten« zusammentrommeln möchten (die »Deutsche National- und Soldatenzeitung« hat im vorigen Jahr die »Schlesische

Rundschau« und den »Sudetendeutschen« aufgekauft), muß man helfen, die maßvollen, geduldigen, vernünftigen Kräfte und Funktionäre innerhalb des Bundes der Vertriebenen zu schützen und zu stärken und Radikale zu beschwichtigen. Eine Voraussetzung dafür scheint mir zu sein, daß man das Thema der Grenze ruhen läßt. Alle die wohlmeinenden Befürworter, die die Notwendigkeit eines offiziell ausgesprochenen Verzichts auf die Gebiete östlich der Oder-Neiße vertreten, schaden nur der Sache, der sie nutzen wollen. Sie tragen nicht zur Verständigung bei, sondern liefern den Radikalen nur Stoff zum Agitieren.

Die Flüchtlingsverbände haben in der *Charta der Vertriebenen* im Jahre 1950 in Stuttgart erklärt, daß sie erstens auf Rache verzichten und daß sie zweitens an der Schaffung eines geeinten Europas, in dem die Völker ohne Furcht und Zwang leben können, mitarbeiten wollen.

Der Bundestag und die Bundesregierung haben sich feierlich zu diesem Gewaltverzicht verpflichtet, und was vielleicht noch wichtiger ist als alle Erklärungen: Es gibt keinen Vertriebenen – auch unter den radikalsten Vertretern nicht –, der zur Rückgewinnung jener Gebiete Gewalt anzuwenden bereit ist. Sie alle sind gewillt – da man ja den heutigen Zustand nur mit Gewalt ändern kann –, sich mit dem

bestehenden Zustand abzufinden, aber sie sind nicht bereit zu verzichten.
Dies ist eine Einstellung, die jedem östlichen Menschen von der Elbe bis zum Schwarzen Meer im Grunde selbstverständlich ist. Polen, Ungarn, Rumänen und Ostdeutsche haben seit Jahrhunderten so gedacht. Die Russen sprechen heute noch von dem heiligen russischen Boden, obgleich sie sonst mit Heiligkeit nicht viel im Sinn haben.
Man kann sich mit Verlusten *abfinden*, auf Vermögenswerte kann man auch *verzichten*, aber niemand, der aus dem Osten stammt, wird auf Land verzichten. Man kann sich mit dessen Verlust abfinden, man kann den Menschen zumuten, ein Leben lang darum zu trauern, ohne je auch nur einen Stein aufzuheben gegen den, der die Heimat raubte, aber man kann ihnen nicht auch noch zumuten, diesen Verzicht auszusprechen. Das wäre so, als verlangte man von ihnen, ihre Toten zu verraten.
Wer für die Anerkennung der Oder-Neiße-Linie eintritt, begründet dies im allgemeinen entweder mit politischen oder moralischen Argumenten. Das politische Argument heißt, wir könnten doch vielleicht die Wiedervereinigung damit erkaufen, daß wir auf die Gebiete jenseits der Oder-Neiße verzichten. Aber wer so denkt, verwechselt die Kontrahenten: Die Wiedervereinigung können wir nur von Moskau

bekommen, jene Gebiete aber würden wir Warschau schenken. Eine solche Schenkung wäre übrigens gar nicht so sehr im Sinne der Sowjets, die ja die Polen gerade deshalb an sich gebunden wissen, weil diese eine Rückendeckung für die den Deutschen abgenommenen Gebiete brauchen. Darum lautet ein anderer Vorschlag, man solle doch versuchen, die Polen von den Sowjets zu lösen, indem man den gewünschten Territorialverzicht abgibt. Wer darauf spekuliert, vergißt aber, daß es für die polnische Regierung Selbstmord bedeuten würde, sich ganz von Moskau zu lösen, denn wenn das geschähe, würde in dem Ringen zwischen Staat und Kirche die Regierung auf lange Sicht doch wohl den kürzeren ziehen. Das moralische Argument lautet entweder, wir haben den von Hitler begonnenen Krieg verloren und müssen nun eben dafür zahlen. Dazu wäre zu bemerken, daß vor allem die Flüchtlinge bereits bezahlt haben. Oder es lautet, die Polen haben durch den von uns entfachten Krieg ihre Gebiete ostwärts der Curzon-Linie an die Sowjetunion verloren und mußten darum im Westen entsprechend entschädigt werden. Dies ist richtig, es ist nur zu bedenken, daß die Polen jene Gebiete 1921 mit Waffengewalt von Rußland losgerissen hatten, obwohl dort nur ein Viertel der Bevölkerung polnischer Nationalität war. Die 1945 an die Sowjetunion abgetretenen Gebiete haben denn auch nur 1,7 Millionen Polen verlassen, um sich im heutigen Polen anzusiedeln, während eine halbe Million Ukrainer und Weißruthenen in umgekehrter Richtung nach Osten in die Sowjetunion einwanderten.

Wir haben einen Gewaltverzicht ausgesprochen. Kein Pole, der heute in Ostpreußen, Pommern oder Schlesien lebt – und fast die Hälfte von ihnen ist ja dort schon geboren, empfindet daher das Land als seine Heimat –, braucht Sorge zu haben, die Deutschen würden eines Tages versuchen, ihn mit Gewalt von Haus und Hof zu vertreiben. Wir haben unser Wort verpfändet, keine Gewalt anzuwenden. Die Polen trauten dem Gewaltverzicht nicht und verlangten deshalb einen Territorialverzicht von uns? Ja, aber wenn sie uns den Gewaltverzicht nicht glauben, warum sollten sie uns dann den Territorialverzicht glauben? Wie kann ein Pole überhaupt glauben, daß man auf 700 Jahre Geschichte einfach verzichtet?

In diesem Dilemma kann vielleicht nur eines helfen: eine alliierte Garantie des Gewaltverzichts. Es ist wichtig, daß unsere östlichen Nachbarn ohne Sorge an Deutschland denken können, daß sie wieder ein gewisses Vertrauen zu fassen vermögen. Unsere eigenen Versicherungen scheinen nicht geglaubt zu werden, wie auch die Reaktionen in Prag zeigen, das

immer neue Versicherungen verlangt. Schließlich sagte doch Bundeskanzler Erhard: »Ich erkläre ausdrücklich und eindeutig, das Münchener Abkommen vom Jahre 1938 ist von Hitler zerrissen worden. Die Bundesregierung erhebt gegenüber der Tschechoslowakei keinerlei territoriale Forderungen und distanziert sich ausdrücklich von Erklärungen, die zu einer anderen Deutung geführt haben.«
Wenn denn den Versicherungen der Bundesrepublik kein Glauben geschenkt wird, dann sollte man den Gedanken einer westlichen Garantie des Gewaltverzichtes der Bundesrepublik doch einmal ernsthaft erwägen.

Schicksal in eigener Hand

Deutschlands Zukunft müssen wir selber planen

Im November 1964

In *Washington* wird jetzt, nachdem Präsident Lyndon B. Johnson mit großer Mehrheit für die nächsten vier Jahre ins Weiße Haus gewählt wurde, die weltpolitische Lage neu überdacht. In Chequers saß soeben der neue englische Premierminister mit seinen engsten Beratern zusammen und legte letzte Hand an das Konzept seiner Außen- und Verteidigungspolitik. In *Moskau* berät ein neues Führungsgremium darüber, wie mit einem Minimum an Risiko ein Maximum an außenpolitischen Erfolgen sichergestellt werden kann. Und in dem ganzen Bereich zwischen uns und der Sowjetunion wird in allen Hauptstädten – in Warschau, Prag, Budapest, Bukarest und Sofia – überlegt, worauf man wohl schlimmstenfalls gefaßt sein müsse und auf was man bestenfalls wird hoffen können.

Überall also wird in diesen Tagen analysiert, diskutiert, beraten, geplant. Ob man auch in Bonn die Zeiten neu überdenkt? Anlaß dazu wäre wohl gegeben. Die Jahre, da der kalte Krieg ein präzis und klar abgegrenztes Muster für alle abgab: für den Umgang von West mit Ost, von West mit West und Ost mit Ost, diese Jahre sind vorbei. Die Welt ist differenzierter geworden, die Gefahren vielfältiger – aber damit zugleich doch vielleicht auch die Möglichkeiten.

In dem Maße, in dem die Erinnerung an historische Traditionen in Osteuropa wieder zu neuem Leben erwacht, erhält der Wunsch, politisch und wirtschaftlich wieder ein gewisses Maß an Selbständigkeit zu erlangen, ausgesprochen nationale Vorzeichen. Was bedeutet dies für uns? Gewiß nicht, daß die Bereitschaft, die deutsche Wiedervereinigung zuzulassen, dort wächst – darum wird es Zeit, daß wir selbst die deutsche Frage energisch in die Hand nehmen.

Bisher war unsere Ostpolitik am Begriff des kalten Krieges orientiert. Unser politisches Konzept stellte daher eher Forderungen an die Standfestigkeit unserer moralischen Überzeugungen als an unsere politische Phantasie. Solch schematisches Verhalten reicht heute nicht mehr aus. Auch können wir nicht mehr darauf bauen, daß die deutsche Frage sich einst von selbst lösen wird, sofern wir nur immer schön brav und treu das tun, was unsere Verbündeten wollen – oder jeweils all das blockieren, was jene Ver-

bündeten vorhaben, wenn es unseren Interessen nicht dient.
Nein, dies alles reicht nicht mehr aus. Wir dürfen uns nicht länger darauf beschränken, die anderen planen zu lassen, um dann entweder Beifall zu spenden oder ein Veto einzulegen. Wir müssen selber einen Plan vorlegen, sonst laufen wir Gefahr, von den anderen überfahren zu werden. Nicht, weil jene auf uns keine Rücksicht zu nehmen bereit wären, sondern einfach, weil sie andere Sorgen im Kopf haben, weil allmählich die Nachkriegsepoche ihrem Ende entgegengeht und weil es 20 Jahre nach 1945 Zeit wird, eigene Ideen zu entwickeln. Ideen, die so sind, daß unsere westlichen Verbündeten sie mit Fug und Recht übernehmen können, und die so sind, daß sie den östlichen Nachbarn auch keinen Schrecken einjagen.
Nun ist es keineswegs so, daß Bonn da gar nichts vorzuweisen hätte. Die ersten Schritte sind getan. Wir haben Handelsmissionen in Warschau, Budapest und Bukarest errichtet. Der deutsche Vertreter für Sofia ist vor kurzem ernannt worden, die Verhandlungen mit Prag sind angelaufen. Die Bundesrepublik weigert sich, der Sowjetunion langfristige Kredite zu gewähren, aber wir haben den Osteuropäern Kredite bis zu fünf Jahren über eine viertel Milliarde DM eingeräumt. Bonn differenziert also in

seiner Ostpolitik, und das ist gut so: Handel und Wandel mit den Osteuropäern, aber Zurückhaltung gegenüber der Sowjetunion und Nichtanerkennung der DDR, was den Versuch nicht ausschließt, mit einer Politik »der kleinen Schritte« das Los der Bevölkerung drüben zu erleichtern.

Wichtig ist es jetzt nur, diese Beziehungen entscheidend zu verstärken: gemeinsame, also partnerschaftliche Unternehmungen zwischen unserer Industrie und den Ländern Osteuropas zu fördern, mehr Gastarbeiter aus dem Osten bei uns aufzunehmen und diesen Ländern bei ihrem angestrengten Bemühen zu helfen, der wirtschaftlichen Schwierigkeiten Herr zu werden. Und zwar auch dann, wenn dies zunächst Opfer von uns fordert, wenn die EWG-Partner meutern und irgendwelche Interessenverbände protestieren. Dies ist für die Zukunft viel wichtiger als die Steigerung des Umsatzes innerhalb der EWG – jedenfalls dann, wenn wir die Wiedervereinigung als das wichtigste Ziel unserer Politik ansehen.

Wir haben bisher feststellen können, daß jede wirtschaftliche Hilfe an die osteuropäischen Staaten mit dazu beigetragen hat, deren Emanzipierung von Moskau zu fördern. Wirtschaftliche Hilfe hat also nicht, wie die Pessimisten meinten, der Stärkung des kommunistischen Blocks gedient. Wo eigenständige Nationen vom sowjetischen Kommunismus unter-

jocht wurden, ist die Befreiung von dieser Bevormundung das eigentliche nationale Ziel geworden. Einen einzigen »Staat« gibt es im kommunistischen Bereich, auf den diese Regel nicht zutrifft: die DDR. Für die DDR ist die nationale Frage die eigentliche Crux, mehr noch, ein tödliches Problem. Allein für sie bedeutet Emanzipierung von Moskau nicht Stärkung, sondern Schwächung der eigenen Regierung. Denn in der DDR muß alles nationale Denken auf die Wiedervereinigung mit der Bundesrepublik hinauslaufen. Dies ist der Grund, warum die DDR der letzte Eisberg im Tauwetter sein muß, warum sie noch stalinistisch sein wird, wenn niemand sonst mehr weiß, was das eigentlich ist.
Und dies ist wiederum der Grund, warum wir das Problem der Wiedervereinigung nicht direkt angehen können, sondern nur indirekt. Wir müssen warten, bis die DDR als Anachronismus von den sich immer mehr liberalisierenden sozialistischen Staaten zur Verwandlung gezwungen wird. Freilich werden wir diesen Staaten dann etwas bieten müssen, um ihr Interesse mit dem unseren zu koordinieren, und das könnte nach Lage der Dinge nur die Anerkennung der Ostgrenze sein. Das wäre übrigens der Moment, in dem dann alle diejenigen mit leeren Händen dastehen, die sich heute danach drängen, die Oder-Neiße-Grenze anzuerkennen.

Noch einmal: Die Wiedervereinigung kommt nicht von selbst und auch nicht dadurch, daß wir aus lauter Vorsicht gar nichts tun. An der Schwelle des Jahres 1965 ist es notwendig, eine eigene Konzeption zu entwickeln und dann auch danach zu handeln.

Doktrin als Dogma?

Das Hallstein-Rezept: nützlich gegen Nasser, verfehlt gegenüber Osteuropa

Im Februar 1965

Die Hallstein-Doktrin heißt nicht wie die Guillotine nach ihrem Erfinder. Sie ist zwar nach dem damaligen Staatssekretär Professor Walter Hallstein benannt, aber er war nicht ihr Urheber. Trüge sie den Namen ihres wirklichen Inspirators, des damaligen Außenministers von Brentano, so könnte man heute mit Recht von ihr sagen, daß sie ihren Erfinder überdauert hat – und dies kann man wahrlich nicht von allen außenpolitischen Thesen behaupten.

Der Tag, an dem die Hallstein-Doktrin formuliert wurde, war der 9. Dezember 1955. Anlaß zu dieser Aktion war folgendes: Im September 1955 war Konrad Adenauer nach Moskau gereist, um über die Aufnahme diplomatischer Beziehungen mit der Sowjetunion zu verhandeln. Tagelang hatte damals die deutsche Delegation darum gerungen, den Russen gegen den von ihnen gewünschten Austausch von Botschaftern gewisse Zugeständnisse in der Wiedervereinigung abzuhandeln und die Rückkehr von rund 10 000 Kriegsgefangenen zu erreichen. Nur das zweite Ziel wurde erreicht.

Bleich, abgespannt und von tiefster Sorge erfüllt, ein unvergeßlicher Eindruck, so wirkte Bundeskanzler Adenauer, als er am Morgen der Abreise im Hotel *Sowjetskaja* in Moskau auf einer Pressekonferenz das Resultat der Verhandlungen erläuterte. Seine Sorge: Zum erstenmal würden nun in einer Hauptstadt der Welt zwei deutsche Botschafter nebeneinander amtieren, also deutlich sichtbar zwei deutsche Staaten vertreten sein. Mußte dies nicht die Neigung der Neutralen verstärken, die DDR anzuerkennen? Würde nicht vielleicht die Vereinbarung von Moskau zum willkommenen Präzedenzfall werden für alle diejenigen, die seit langem bereit waren, die Zwei-Staaten-These zu akzeptieren?

Sehr bald kamen Gerüchte, die diese Sorge als vollauf berechtigt erscheinen ließen. Daraufhin wurde auf den 8./9. Dezember eine Botschafterkonferenz nach Bonn einberufen, in deren Verlauf Außenminister von Brentano feststellte, daß die Bundesregierung die diplomatischen Beziehungen zu allen Staaten abbrechen werde, die in Zukunft die Regierung der Sowjetzone anerkennten; Bonn sähe dies als einen »unfreundlichen Akt« an.

Einige Monate später stellte Brentano fest, diese Haltung beruhe nicht auf juristischer Haarspalterei, sondern: »Die Anerkennung der DDR bedeutet die völkerrechtliche Anerkennung der Teilung Deutschlands in zwei Staaten. Die Wiedervereinigung ist dann nicht mehr«, so sagte er, »die Beseitigung einer vorübergehenden Störung im Organismus unseres gesamtdeutschen Staates, sie verwandelt sich dann vielmehr in die unendlich viel schwierigere Aufgabe, zwei verschiedene deutsche Staaten zu vereinigen.« Und er fügte hinzu: »Die Geschichte der deutschen Einigung im 19. Jahrhundert beweist, was das bedeuten kann.«

Mit der Vorstellung, hier handele es sich um Haarspalterei und juristischen Formalismus, hängt wohl die Tatsache zusammen, daß die Kritiker dieser These sie sogleich als »Hallstein-Doktrin« zu persiflieren suchten, als Ausgeburt also des berühmten legalistisch präzisen Hirns des amtierenden Staatssekretärs.

Das alles ist nun zehn Jahre her. In dieser Zeit sind die Vor- und Nachteile der Hallstein-Doktrin sehr deutlich geworden. Die Vorteile faßt jenes Brentano-Zitat prägnant zusammen. Den Hauptnachteil haben wir oft angeprangert. Es war nämlich die Hallstein-Doktrin, die Bonn jahrelang daran gehindert hat, eine aktive – nein: überhaupt eine Osteuropa-Politik zu treiben.

Inzwischen ist vornehmlich dank de Gaulle ein Zustand eingetreten, in dem jener Hauptnachteil in den Hintergrund gerückt ist – einfach deshalb, weil sich die Erkenntnis Bahn brach, daß man ein Maximum an wirtschaftlichen und kulturellen Kontakten mit einem Minimum an politischer Anerkennung vereinen kann. Die Folge davon: Die Vorteile treten jetzt stärker ins Licht. Es war in der Tat die Hallstein-Doktrin, die bisher verhindert hat, daß die *De-facto*-Spaltung Deutschlands völkerrechtlich sanktioniert wurde. Und das ist gewiß nicht wenig.

Ein zweiter Nachteil freilich ist geblieben und wird zur Zeit sehr deutlich von Ägypten demonstriert: Die Hallstein-Doktrin öffnet allen Arten der Erpressung Tür und Tor. Sie bietet einerseits den Staaten der sogenannten dritten Welt einen idealen Hebel, um von Bonn immer wieder wirtschaftliche Vorteile zu erlangen, andererseits gibt sie dem Osten die Möglichkeit, den Neutralen Auflagen zu erteilen (»Wenn du, Kairo, von uns eine Milliarde bekommst, dann hast du gefälligst Ulbricht einzuladen«).

Vor eben dieser Situation stehen wir derzeit. Es gibt nun zwei Möglichkeiten, auf sie zu reagieren. Einmal könnte man nichts tun und dies damit begründen, irgendwann werde die Hallstein-Doktrin sich ja ohnehin überleben. Darum solle man doch endlich diesen Hebel permanenter Erpressungen demontieren. Was wäre die Folge? Mit höchster Wahrscheinlichkeit würden die dreizehn arabischen Staaten, gefolgt von einer Anzahl afrikanischer Länder, die DDR anerkennen; diese gewönne damit die ihr bisher immer vorenthaltene, mit allem Raffinement immer wieder erstrebte völkerrechtliche Anerkennung. Und wie schwer es ist, zwei voll anerkannte Staaten auch nur zu einer Föderation zusammenzuschließen, das beweisen seit Jahren gerade die arabischen Staaten, die es ungeachtet ihrer panarabischen Träume und ihrer Beschwörungen arabischer Brüderlichkeit zu keiner Wiedervereinigung bringen.

Zum anderen können wir die Hallstein-Doktrin anwenden, und zwar in der Weise, wie es Professor Grewe, damals Leiter der politischen Abteilung des Auswärtigen Amtes, am Tage nach der Botschafterkonferenz im Dezember 1955 in einem Interview mit dem *Bulletin* formulierte, nämlich »mit gestuften Maßnahmen ..., die noch vor dem Abbruch der politischen Beziehungen liegen«. Erst für den Fall der Aufnahme diplomatischer Beziehungen mit der DDR, so hieß es damals, soll die Bundesrepublik ihrerseits mit dem Abbruch der diplomatischen Beziehungen reagieren.

Auf den derzeitigen Fall übertragen bedeutet dies: Wenn Ulbricht in Kairo tatsächlich als Staatsoberhaupt empfangen wird, dann müssen »gestufte

Maßnahmen« eingeleitet werden, und zwar vor allem wirtschaftliche Sanktionen. Ägypten hat den Löwenanteil der gesamten deutschen Kapitalhilfe erhalten, die die Bundesrepublik den arabischen Staaten gewährte. Wenn man alle Hilfen zusammenrechnet, so hat Ägypten rund 760 Millionen DM von uns bekommen. Davon entfallen 480 Millionen DM auf private Abschlüsse, die durch Hermes oder die Girozentralen gedeckt sind und die nicht storniert werden können. Der Rest hingegen, also die Kapitalhilfen aus öffentlichen Mitteln, könnte – soweit noch nicht abgerufen – ab sofort einbehalten werden. Ferner könnten und müßten die erheblichen Zusagen, die Ägypten für den zweiten Fünfjahresplan gemacht worden sind, umgehend zurückgezogen werden.

Präsident Nasser, der ungeachtet der generösen Kapitalhilfen unsere Interessen sozusagen gezielt verletzt, kann nicht verlangen, daß wir auf ihn noch weiterhin Rücksicht nehmen. Darum wäre jetzt auch der Moment gekommen, die längst fälligen diplomatischen Beziehungen mit Israel aufzunehmen.

Das stillschweigende Einverständnis, das zwischen uns und Nasser bestand, lief doch darauf hinaus, daß Bonn im Nahen Osten und Kairo an der Elbe keine Veränderungen vornehmen. Nun, da er im Begriff ist, dieses ungeschriebene Übereinkommen zu ver-

letzen, darf er sich über eine entsprechende Reaktion von uns nicht wundern.
Allerdings dürfen wir dabei das Interesse der übrigen arabischen Staaten nicht außer acht lassen. Niemand wird sich darüber wundern, daß sie sich Sorge machen angesichts der Existenz eines geheimen deutsch-israelischen Waffenlieferungsabkommens, das offenbar Konrad Adenauer im Jahre 1960 mit Ben Gurion in New York abgeschlossen hat. Der Bundestag, dem dieses Abkommen vorenthalten wurde und der weder die Lieferungen noch den hierfür erforderlichen Etatposten gebilligt hat, sollte verlangen, daß es sofort für ungültig erklärt wird und alle Lieferungen gestoppt werden.
Nasser hat sich zu einem sehr schwerwiegenden Schritt entschlossen. Wir haben diese Intervention immer befürchtet. Nun, da sie unausweichlich auf uns zukommt, sollten wir versuchen, diese unfreiwillige Zäsur zu einer allgemeinen Neuüberprüfung zu benutzen. Wenn man denn schon am Bereinigen ist, dann sollte man sich ungeachtet des Wahljahres auch dazu entschließen, die längst fällige Differenzierung der Hallstein-Doktrin vorzunehmen: also die osteuropäischen Staaten, die ja die DDR unter Moskaus Herrschaft lange vor 1955 anerkannt haben, von der Anwendung der Hallstein-Doktrin auszuschließen. Mit anderen Worten, man sollte daran-

gehen, in den osteuropäischen Hauptstädten Botschaften einzurichten.

Zur Beruhigung derjenigen, die befürchten, dies sei das Ende der Hallstein-Doktrin: Nicht die juristische These, sondern die Angst vor wirtschaftlichen Repressalien hat bisher die dritten Länder davon abgehalten, die DDR anzuerkennen. Diese Abschreckung aber wäre nach ökonomischen Sanktionen gegen Kairo zum erstenmal wieder glaubhaft.

Bonn ohne Mut

Rückzieher nun auch in der Ostpolitik?

Im September 1966

Da war nun also ein leibhaftiger Minister der Bundesregierung in Rumänien, der erste, der seit Kriegsende in ein osteuropäisches Land vordrang. Seine Reise war eine wohlüberlegte, ganz außerordentliche Maßnahme, die dem höchst bedeutsamen Anlaß entsprach: Weichenstellung für die Aufnahme diplomatischer Beziehungen mit Bukarest. Minister Schmücker wurde auf das herzlichste empfangen, nicht nur vom Handelsminister und vom Außenminister, sondern auch vom Ministerpräsidenten und, was niemand erwartet hatte, von Rumäniens starkem Mann, dem KP-Generalsekretär Ceauçescu.

Während die Erneuerung des Handelsvertrages und eines Kulturabkommens mit Moskau in diesem Jahr scheiterte, während ein Abkommen über die Errichtung von Handelsmissionen mit Prag seit Jahren nicht zustande kommt, während die Beziehungen zu Polen immer frostiger werden, zeichnet sich ab, daß Rumänien bereit ist, diplomatische Beziehungen ohne besondere Bedingungen aufzunehmen. Diplomatische Beziehungen, die Budapest mit einem Blick auf die in Ungarn noch immer stationierten russischen Divisionen ohne die Genehmigung Moskaus nur schwer eingehen könnte; die Prag nur bereit ist zu etablieren, wenn Bonn das Münchner Abkommen annulliert; und Warschau nur dann, wenn Oder und Neiße als Grenze anerkannt, auf Nuklearbeteiligung endgültig verzichtet und die Existenz eines zweiten deutschen Staates ausdrücklich bestätigt wird.

Man sollte meinen, daß Bonn alles daransetzen werde, die Bukarester Gelegenheit am Schopf zu ergreifen, und daß natürlich vor jener spektakulären Ministerreise alle Konsequenzen bis ins letzte durchdacht worden sind. Aber davon ist offenbar keine Rede. Aufs äußerste verblüfft, liest man die Feststellung des außenpolitischen Sprechers der CDU/CSU-Fraktion, Majonica, es gebe noch »eine Reihe von Fragen«, die geklärt werden müßten, ehe Bonn und Bukarest Botschafter austauschen könnten. Man dürfe nichts übereilen, heißt es in Bonn. Aber hatten wir nicht mehr als zehn Jahre Zeit, über diese Fragen nachzudenken?

Wenn das Kabinett Erhard, das bis an den Hals in der Patsche sitzt, es tatsächlich dahin kommen lassen sollte, daß die Aufnahme diplomatischer Beziehungen mit Bukarest so lange hinausgezögert wird, bis

der vereinte Druck aller anderen sozialistischen Länder unter Führung des großen Bruders in Moskau die Rumänen nötigt, von ihrem Plan abzulassen, dann hätte die Bundesregierung wirklich ihren letzten Kredit verspielt. Hat sie denn noch immer nicht gemerkt, was sie mit ihrer chronischen Entschlußlosigkeit und ihren fortzeugend neue Skrupel gebärenden juristischen Bedenken schon alles verpaßt und verpatzt hat? Es gibt Beweise für diesen Vorwurf:
Im November 1958 erfanden die Sowjets, die bis dahin nichts gegen die Einbeziehung Westberlins in die Verträge der Bundesrepublik mit anderen Staaten gehabt hatten, die Dreistaatentheorie. Damit war der Stein des Anstoßes geschaffen, an dem die Verträge mit den Oststaaten gewöhnlich hängenbleiben, weil die Bundesrepublik sich daraufhin gezwungen sah, allergrößten Wert auf die 1952 von den Alliierten formulierte Berlin-Klausel zu legen. Beim ersten deutsch-sowjetischen Handelsvertrag im Frühjahr 1958 hatte Mikojan noch keinerlei Einwendung gegen die Einbeziehung Westberlins geltend gemacht. Zwei Jahre später, beim zweitenmal, lehnte er dies kategorisch ab. Die Zeit hat also nicht für uns gearbeitet.
Ferner: Wladyslaw Tykocinski, der langjährige Chef der polnischen Militärmission in Westberlin, der sich im Mai 1965 nach Westen absetzte, berichtete

kürzlich, die polnischen Diplomaten seien Ende 1958 zum erstenmal angewiesen worden, die Frage diplomatischer Beziehungen zwischen Warschau und Bonn mit der Vorbedingung zu koppeln, Bonn müsse die Westgrenze Polens anerkennen. Also wieder ein Stück Verschlechterung durch Nichthandeln und Verschleppen, denn offenbar wäre man ja vor 1958 ohne diese ausdrückliche Anerkennung ausgekommen.

Soll das nun etwa noch einmal praktiziert werden? Soll es immer so weiter gehen?

Man darf doch nicht vergessen, daß nicht nur wir eine Reihe Fragen bedenken müssen: die Hallstein-Doktrin, die Berlin-Klausel, das Bonner Alleinvertretungsrecht. Auch die Osteuropäer, die unter Moskaus und Ostberlins Druck stehen, müssen Rücksicht nehmen. 1964 sagte man in Prag: »Hätten wir uns im Jahr zuvor, als Rumänien und Ungarn Handelsmissionen mit Bonn austauschten, sofort angeschlossen, dann wäre es gegangen, aber jetzt starrt der ganze Osten mit erhobenem Zeigefinger auf uns, jetzt schaffen wir es nicht mehr.« Und dabei ist es dann bis heute geblieben.

Der erhobene Zeigefinger drückte – und drückt noch immer – die Mahnung aus: Vorsicht vor den Deutschen! Der Appell an die Angst vor der Bundesrepublik ist der einzig unbestritten gebliebene Integrationsfaktor des östlichen Lagers und das einzig glaubhafte Argument für Moskaus Forderung nach Solidarität. Wenn wir die DDR bei ihren sozialistischen Allianzpartnern ausstechen wollen, dann genügt es wirklich nicht, daß wir hochmütig auf Distanz halten.

Noch einmal: Es gibt verpaßte Gelegenheiten, und es gibt Kreuzungen und Weichen, zu denen man nie wieder zurückkehren wird. Rumänien ist aus mancherlei Gründen viel undoktrinärer als alle seine Nachbarn. Wenn wir jetzt die Rumänen enttäuschen, die die Schrittmacher sein könnten, dann werden wir auf absehbare Zeit alle Hoffnung auf Fortschritte preisgeben müssen. Dann können wir die Ostpolitik getrost den Touristen überlassen, die bisher ohnehin für die Auflockerung mehr getan haben als unsere Regierung.

Bilanz des ersten Jahres

Hat sich die Große Koalition gelohnt?

Im Dezember 1967

Wer Anfang des Monats in der Fernsehsendung »Ein Jahr Große Koalition« den Kanzler und den Außenminister vom November 1967 mit ihrem Konterfei vom November 1966 vergleichen konnte, war betroffen. Was für ein Wandel: damals beide strahlend, zuversichtlich, siegesgewiß, heute beide überarbeitet, müde, glanzlos. Das Regieren ist ein hartes, zermürbendes Geschäft.

Hat sich dieses Jahr gelohnt? Hat die Große Koalition sich bewährt? Hat die Verbindung von Christdemokraten und Sozialdemokraten die Hoffnungen erfüllt, die sich an diese *ultima ratio* knüpften?

Rein optisch fällt zunächst auf, daß der Zusammenschluß der beiden großen Parteien zur Bildung extremer Gruppen geführt hat, denen das schwarz-rote Bündnis nicht geheuer ist: Rechts wächst die NPD heran, links ordnen sich die Unzufriedenen in der DFU und in der Demokratischen Linken. Freilich ist die Frage ungeklärt, ob diese Entwicklung nicht in jedem Falle und ganz unabhängig von der Großen

Koalition eingetreten wäre. Sie war längst in Gang gesetzt worden durch die allmähliche Umwandlung der beiden großen Parteien in entideologisierte Volksparteien, denn den meisten Bürgern ist die Partei heute ja nicht mehr politische Heimat; aber auf beiden Flügeln gibt es eben einige, denen diese Art, Politik ohne Weltanschauung zu betreiben, schnöde und seelenlos erscheint.
Die Bilanz also des ersten Jahres der schwarz-roten Koalition? Vor einem Jahr, am Ende der Erhard-Ära, stand in dieser Zeitung, die Regierung werde bald nicht mehr in der Lage sein, die Gehälter ihrer Beamten zu zahlen; damals stellte Minister Heck fest, daß der Haushalt bis zum Jahr 1970 jährlich ein Minus von acht Milliarden aufweisen werde, und die verschiedenen Institute sagten für den Winter 1966/67 etwa 700 000 Arbeitslose voraus. Heute ist der Haushalt ausgeglichen, die Zahl der Arbeitslosen ist auf 360 000 gesunken, die Krise überstanden, die Konjunktur im Aufschwung, die Börse während der letzten zehn Monate um fast 40 Prozent gestiegen. Das ist für das erste Jahr ein sehr respektables Ergebnis. Aber wie steht es mit den versprochenen Reformen?

❖ *Das Gesetz für wirtschaftliche Stabilisierung* ist verabschiedet worden. Es gibt dem Wirtschaftsminister die nötigen Instrumente, mit denen er im Boom die Konjunktur bremsen, in der Krise sie anheizen kann. Er verfügt also jetzt über ein modernes Instrumentarium zur Globalsteuerung der Wirtschaft.

❖ *Die Finanzplanung* hat eine vernünftige Grundlage erhalten. Bis 1971 ist der Etat ausgeglichen, und dennoch werden die Investitionen beispielsweise für die Forschung im Bereich des Wissenschaftsministeriums jedes Jahr um 16 Prozent erhöht werden. Vor allem aber ist mit der mittelfristigen Finanzplanung und der damit möglich gewordenen Zielprojektion endlich eine diesem Jahrhundert gemäße Finanzplanung möglich geworden.

❖ *Die Finanzverfassungsreform* ist über Vorgespräche zwischen Bund und Ländern und einige Gutachten nicht hinausgekommen.

❖ *Die Kohle-Sanierung* ist zum erstenmal von einer Regierung konsequent angepackt worden. Der Wirtschaftsminister hat es fertiggebracht, allerlei unvernünftige Vorschläge abzuwehren, sich dem Druck der Interessenten zu entziehen und mit seinem Kohleanpassungsgesetz eine passable Grundlage für die Gesundung des Ruhrgebiets zu schaffen.

❖ *Der Verkehrsplan* von Minister Leber zeigt zum erstenmal den Mut, alle Faktoren in einem Globalplan darzustellen und sie ungeachtet der Proteste vieler Interessenten zu koordinieren.

- ❖ *Die Notstandsgesetze*, die seit zehn Jahren diskutiert wurden (oder sich vielmehr als nichtdiskutierte Gesetze heimlich in die Schubladen verkrochen hatten), sind endlich öffentlich verhandelt worden, wobei ihnen die meisten Giftzähne gezogen werden konnten.
- ❖ *Die Wahlrechtsreform* wurde vertagt – aber wer kann schon zu diesem Thema so eindeutig Stellung beziehen, daß er genau wüßte, eine solche Reform werde das Wahlrecht gerechter und politisch zweckmäßiger machen?
- ❖ *Die Sozialreformen* sind, wie schon so oft zuvor, vom Tisch auf die lange Bank geschoben worden. Um dieses schwierigste aller Probleme hat man sich bisher gedrückt.

Dies ist eine Bilanz der ersten zwölf Monate, die sich im ganzen sehen lassen kann. In der Großen Koalition ist in der Tat der Bewegungsspielraum für wirtschaftliche und innere Reformen viel größer geworden. Für das Gebiet der Außenpolitik trifft dies leider nicht zu.

Im außenpolitischen Bereich ist der Spielraum nicht größer geworden, weil jede Maßnahme sehr rasch auf die Barrieren weltpolitischer Realitäten stößt, die von fremden Interessen aufgerichtet werden. Die Sowjetunion kann nicht dulden, daß irgendein Mitglied des sozialistischen Lagers isoliert oder neutralisiert wird, weil ein solcher Vorgang Kettenreaktionen auslösen und damit die kommunistische Position schwächen würde. Da also die Kohäsion im östlichen Lager zwangsläufig, und zwar proportional zur Ausbreitung der Entspannung, abnehmen würde, muß Moskau versuchen, eine solche Politik zu verhindern. Dies ist der Grund, warum die Reaktion auf die Entspannungspolitik der Bonner Koalition von Ostberlin bis Moskau bisher ausschließlich negativ war.

Hat denn – so fragen sich auch bei uns viele – die Große Koalition die Entspannung nun wirklich ernsthaft auf ihre Fahnen geschrieben? Oder trifft der östliche Vorwurf zu, nur das Etikett sei neu, die Politik aber immer noch die alte?

Die Regierungserklärung, mit der die Große Koalition im Dezember 1966 antrat, hat zum erstenmal auf Vokabeln wie freie Wahlen, Selbstbestimmung, Grenzen von 1937 verzichtet. Ihre Devise lautete: »Wir wollen entkrampfen und nicht verhärten, Gräben überwinden und nicht vertiefen …« Den östlichen Nachbarn bot der Kanzler Gewaltverzichtserklärungen an: Die Regierung war bereit, »die Problematik der deutschen Teilung« in diesen Gewaltverzicht einzubeziehen. Im Januar erklärte Außenminister Brandt in Straßburg: »Wir streben ein geregeltes Nebeneinander in Deutschland an, das geeignet sein kann, weitergehende Lösungen in der Deutschlandfrage vorzubereiten.« Bonn führte ferner Verhandlungen mit Prag und Budapest über die Aufnahme voller diplomatischer Beziehungen. Moskau aber veranlaßte die osteuropäischen Regierungen, nicht mit Bonn weiterzuverhandeln, sondern mit Ostberlin bilaterale Verträge abzuschließen. So wurde die Normalisierung mit Prag und Budapest verhindert.

Im Februar empfahl der Bundeswirtschaftsminister den westdeutschen Unternehmern, an der Leipziger Messe teilzunehmen (das hatte es bisher noch nie gegeben), und kündigte Erleichterungen der Kreditfinanzierungen längerfristiger Anlagegeschäfte im Interzonenhandel an. Im März reduzierten der Bundeskanzler und der Außenminister den Alleinvertretungsanspruch auf ein moralisches Prinzip und entkleideten ihn damit ausdrücklich der juristischen Qualität. Und später in Bukarest erklärte Brandt: »Jede Entspannungspolitik muß von den Realitäten in Europa ausgehen, und das schließt auch die beiden auf deutschem Boden entstandenen Ordnungen ein.«

Im April ergriff der Bundeskanzler die Initiative und

machte Ostberlin ein Sechzehn-Punkte-Angebot, in dem er Möglichkeiten zur praktischen Erleichterung des Zusammenlebens darstellte. Die Erklärung schloß mit dem Satz: »Die Bundesregierung ist bereit, alles zu tun, um die Spaltung Europas und Deutschlands auf dem Wege der Verständigung zu beenden.«

Ein Briefwechsel, der sich zwischen Kiesinger und Stoph entwickelte (nach anderthalb Jahrzehnten die ersten Briefe aus Ostberlin, die in Bonn angenommen, gelesen und beantwortet wurden), endete damit, daß Kiesinger sich bereit erklärte, den Staatssekretär des Bundeskanzleramtes jederzeit zu Gesprächen mit einem Ostberliner Beauftragten zu entsenden. Wobei nicht ausgeschlossen ist, daß auch Kanzler Kiesinger und Ministerpräsident Stoph sich treffen. Dieser Brief vom 28. September ist bis heute nicht beantwortet worden.

An die Sowjetunion selbst richtete Bonn – durch Botschafter Zarapkin übermittelt – im Juli einen Vierzehn-Punkte-Vorschlag, der alle schwebenden Fragen vom Gewaltverzicht über den Kulturvertrag bis zum Handelsabkommen zusammenfaßte und dem der Passus angefügt war, die Bundesregierung sei auch bereit, über jeden anderen Punkt zu sprechen, der der sowjetischen Regierung wichtig erscheine. Erst im Oktober kam eine Resonanz: Wenigstens ein Punkt scheint Moskau zu interessieren, der Gewaltverzicht.

Ich glaube, es ist nicht übertrieben, wenn man resümierend feststellt, daß in den ersten zwölf Monaten der Großen Koalition mehr Verständigungs- und Friedenswille zum Ausdruck kam als in den zehn vorhergehenden Jahren. Schade, daß der Osten uns immer nur die kalte Schulter zeigt, und merkwürdig, daß dafür viele Bürger der Bundesrepublik ausschließlich Bonn die Schuld geben.

Die Rebellen von 1968

Drüben: Suche nach Freiheit – hüben: Überdruß am liberalen Staat

Im März 1968

In diesen Tagen, in denen westliche Korrespondenten in Prag sind, um die Revolution in einem kommunistischen Land zu studieren, besuchte uns in Hamburg ein Chefredakteur aus einem osteuropäischen Land, der die Rebellion der Studenten in der Bundesrepublik studieren will.

Jede Seite betrachtet voller Staunen die andere, die ihr so lange in Klischees geschildert worden ist: starr und stumpfsinnig kommunistisch im einen, brutal und blutrünstig – bundesrepublikanisch im anderen Fall. Vielleicht aber hat die Konfrontation der Klischees, wie sie in langen Jahren üblich war, etwas mit dem höchst merkwürdigen Vorgang zu tun, den wir derzeit beobachten.

Mit welchem Vorgang? Damit, daß jenseits des Vorhanges im kommunistischen Bereich ein Volk mit höchster Intensität und äußerster Disziplin aus seinem dogmatischen Käfig auszubrechen versucht, sich Meinungsfreiheit und Informationsrecht erkämpft und für Liberalität und Pluralismus, wohlgemerkt innerhalb des Sozialismus, streitet. Und daß gleichzeitig in der Bundesrepublik ein Teil der jungen Generation, dem diese Dinge in die Wiege gelegt wurden, vom Rätesystem träumt, den Pluralismus verdammt und die Liberalen mehr haßt als die Faschisten.

Offenbar hat sich eben die Wirklichkeit – die Welt, so wie sie heute ist – von beiden Ideologien so weit entfernt, daß beide in dieser Form nicht mehr glaubhaft sind. Nicht nur ist die Realität im Osten ganz anders, als die antikommunistische Ideologie des Westens seine Bürger jahrelang glauben machen wollte – und umgekehrt –, sondern ganz offensichtlich fühlt sich auch keiner mehr in der eigenen Ideologie ganz zu Hause.

Bei jenen im Osten manifestiert sich der Überdruß am alles beherrschenden Dogma, am überindividuellen Leitbild, das den einzelnen nicht mehr zu seinem Recht kommen läßt; bei uns wächst die Kritik an einem System, für das Egoismus und persönliches Interesse der einzige Ansporn im wirtschaftlichen und gesellschaftlichen Leben sind.

Überall in der Welt, von Amerika über Spanien, die Bundesrepublik, Osteuropa, bis nach Indonesien und Japan, ist schließlich der Abscheu der Jungen gegen eine Welt erwacht, die über ihrem Geschwätz von Humanität die Menschlichkeit vergaß und die zusieht – zuläßt –, wie mit dem Glaubensbekenntnis *Frieden und Freiheit* auf den Lippen in Vietnam Frauen und Kinder mit Napalm-Bomben getötet, armselige Bauern ihrer Hütten und Habe beraubt und die ersten Ansätze der Industrialisierung eines unterentwickelten Landes vernichtet werden.

Nun ist Jugend immer puristisch, immer dem Absoluten verhaftet gewesen, war immer unduldsam gegen Lüge und Herrschaftsmißbrauch. Warum sie heute bei uns soviel mehr Resonanz hat als je zuvor? Weil die Rolle des Studenten in der modernen Industriegesellschaft sich genau wie die des Arbeiters grundlegend verändert hat. Der Arbeiter ist ein integrierter Kleinbürger geworden, der viel zu verlieren hat und durch »Experimente« gar nichts gewinnen könnte und der darum jeglicher Revolution skeptisch gegenübersteht.

Die Studenten dagegen sind revolutionäres Potential: Sie beschäftigen sich mit geistigen Dingen in einer Welt, die sich rascher verändert als das gesellschaftliche Bewußtsein. Sie, die intellektuelle und technologische Elite von morgen, sind unentbehrlich. Sie riskieren gar nichts, wenn sie alles in Frage stellen. Sie haben nichts zu verlieren und haben dank des Honnefer Modells doch gerade eben soviel, daß sie die einzig Unabhängigen sind in einer Gesellschaft, in der sonst jeder von irgendwem abhängt. Und noch eins: Ihre Zahl hat sich in der Bundesrepublik gegenüber 1930 etwa verdreifacht, in anderen Ländern noch stärker vermehrt.

Die Tschechoslowakei ist dabei, in genau präzisiertem Zusammenspiel zwischen Führung, Studenten und Volk einen uralten Menschheitstraum zu verwirklichen, die Kombination von Sozialismus und Freiheit. Bei uns ist die Rebellion der Studenten bisher ohne jede Präzision. Unmut und Utopie scheinen Motor und Wegweiser zu sein: Sie sind aufgebrochen, aber das Ziel, zu dem sie aufgebrochen sind, das soll sich offenbar erst unterwegs finden. Das Ziel ist nicht, Herrschaft erträglich zu machen und durch politische Kontrolle ihren Mißbrauch zu verhindern, sondern das Ziel ist, die Herrschaft des Menschen über den Menschen zu brechen, die Gesellschaft zu verändern, das *Establishment* zu beseitigen. Und je nach Opportunität verkünden die Rebellen, dies müsse selbstverständlich mit Gewalt oder natürlich ohne Gewalt geschehen.

Wer das Zorn und Scham erregende Bild gesehen hat, wie ein Haufen johlender junger Leute sich in Nürnberg auf die beiden nichtsahnenden SPD-Führer Brandt und Wehner stürzte – die zu der Zeit, da sie in diesem Alter waren, unter Einsatz ihres Lebens gegen die Machtergreifung der Nazis gekämpft haben, während die Rebellen heute unter Ausnutzung der Liberalität des Rechtsstaates dessen Grundlagen zu verändern trachten –, der sieht ein, daß er sich Illusionen gemacht hat, als er anfangs glaubte, überwiegend Positives in der Rebellion der Jugend sehen zu können.

»Ist das euer Sozialismus?« fragte der polnische Philosoph Kolakowski die Dogmatiker auf der Schriftstellertagung in Warschau. »Ist das euer Mehr an Freiheit, Wahrheit und Gerechtigkeit?«, so möchte man die Rebellen bei uns fragen.

Aus der Baracke ins Palais

Was der Machtwechsel für den Staat bedeutet

Im Oktober 1969

Fünfzig Jahre deutscher Geschichte sind vergangen, seit Sozialdemokraten gleichzeitig an der Spitze des Staates und der Regierung standen. Das war 1919/20, als Friedrich Ebert und Gustav Bauer die Geschicke der eben neu gegründeten Republik in die Hand nahmen. Erst jetzt – nach einem halben Jahrhundert – werden wieder beide, Präsident und Kanzler, von der SPD gestellt. Für viele in unserem Lande ist das ein beunruhigendes Gefühl, für manche sogar ein Schrecken.

Daß CDU/CSU angesichts der harten Oppositionsbänke, auf denen sie nun Platz nehmen müssen, ein wenig besorgt um die Zukunft ihrer Partei sind – vielleicht aus ihrer Sicht auch um das Schicksal des Vaterlandes –, das muß man wohl verstehen. Die Union muß erst lernen, daß der Wechsel zum Wesen der Demokratie gehört. Wer in diesen Tagen im Palais Schaumburg war, in dieser reichsunmittelbar oder auch fürstbischöflich wirkenden Residenz, wer

in den prachtvoll gehaltenen, herbstlichen Park mit den alten Bäumen und großen Rasenflächen blickte, der kann wohl verstehen, wie hart die Union dieser Wechsel ankommt. Noch können diejenigen, die hier während fünf Legislaturperioden residierten und regierten und die es mithin als eine ganz natürliche Ordnung empfanden, daß die Opposition in der »Baracke« saß, nicht recht begreifen, daß nun plötzlich deren Insassen das Palais beziehen werden.
Fünf Legislaturperioden, die gesamte Lebensdauer der Bundesrepublik – das ist längst eine Epoche und kein Provisorium mehr. Da haben sich denn Vorstellungen und Maximen gebildet, die scheinbar ewige Gültigkeit beanspruchen – wie eben beispielsweise jene Rollenverteilung: die Bürgerlichen im Palais Schaumburg, die »Proletarier« in der Baracke. Bei den Angelsachsen ist das Alternieren der Parteien ganz selbstverständlich. Wir müssen dies erst lernen – die Deutschen haben es eben aus historischen Gründen in mancher Beziehung schwerer.
Als deutsche Truppen im Zweiten Weltkrieg Frankreich erobert hatten, verließ General de Gaulle sein Land, um den Kampf für die Befreiung Frankreichs von England aus weiterzuführen. Auch Paul-Henri Spaak emigrierte, als seine belgische Heimat von der Wehrmacht besetzt wurde, und die holländische Kö-

nigin verließ mitsamt ihrer Regierung die Niederlande und begab sich nach London.
Für sie alle und für viele Norweger, Dänen, Österreicher war diese Entscheidung ebenso selbstverständlich wie auch der Entschluß, nach Kriegsende wieder in ihre vom Feind befreiten Länder zurückzukehren. Für Deutsche aber, die als Emigranten in die Fremde gegangen waren, war die Rückkehr gar nicht so selbstverständlich. Denn für Deutsche, die ja nicht den populären Ruhm in Anspruch nehmen konnten, als Freiheitshelden gegen eine fremde Besatzung aufgestanden zu sein, war Emigration wie auch Widerstand im eigenen Lande eine weit vielschichtigere, kompliziertere Angelegenheit als für die von Hitler überfallenen Nachbarn.
Das deutsche Volk ist mit sich selbst zerfallen: jene, die daheim geblieben waren, mit jenen, die den Weg in die Emigration vorgezogen hatten; diejenigen, die sich am 20. Juli gegen Hitler erhoben, gegen die, die dem Eid getreu durchhielten. Seit Jahren geht der Riß mitten durch das Volk. Die Aussöhnung der Nation mit sich selbst hat eigentlich nie stattgefunden.
Vielleicht wird sie jetzt vollzogen werden. Denn wer hätte schließlich noch Anfang der sechziger Jahre, damals, als Adenauer nicht müde wurde, Willy Brandt »Frahm« zu nennen, ihn also unehelich zu

apostrophieren und die Tatsache seiner Emigration als Argument im Wahlkampf auszuwerten, wer hätte damals für möglich gehalten, daß dieser einmal als Bundeskanzler ins Palais Schaumburg einziehen würde? Ein Mann, der 1945 in norwegischer Uniform nach Deutschland zurückkehrte.

Die Deutschen haben sich wirklich geändert. Sie haben viel gelernt. Ein Emigrant, der viel in Europa herumreist und der vor kurzem zum erstenmal in unser Land zurückkehrte, kam gar nicht aus dem Staunen heraus: Nirgendwo habe er so hilfreiche, zuvorkommende Beamte getroffen, so wenige soziale Vorurteile einer Schicht gegen die andere bemerkt, nirgendwo soviel Stabilität und ruhige Zuversicht gespürt, so wenig Nationalismus oder Aversion gegen fremde Völker notiert wie in der Bundesrepublik.

Vielleicht hat der Überraschungseffekt diesen Rückkehrer zum *overstatement* veranlaßt, aber ich würde ihm zustimmen: Auch ich möchte eigentlich in keinem anderen Lande leben, einfach deswegen, weil wir hier eine wirklich offene Gesellschaft haben, weil es verhältnismäßig viel Duldsamkeit gegenüber anderen Nationen und anderen Meinungen gibt und weil die Jugend im allgemeinen vorurteilsloser ist, intensiver um Objektivität der Sache, Gerechtigkeit den anderen und Schonungslosigkeit uns selbst ge-

genüber bemüht ist als je zuvor eine Generation in diesem Lande. Ich weiß, wie unklug es ist, eine solche Meinung zu äußern, denn ein Intellektueller, der nicht die Regierung kritisiert, »die Deutschen« ironisiert und die Zustände schmäht, wird rasch zum Nationalisten oder Reaktionär abgestempelt.
Noch nämlich fehlt uns eins: die Identifizierung der geistigen Gruppen des Volkes mit diesem Staat und dieser Demokratie. Merkwürdig, daß man einerseits vom Staat gute Schulen, neue Universitäten, bessere Verkehrsmöglichkeiten verlangt, es andererseits aber gern ablehnt, irgend etwas für ihn zu tun oder auch nur seine notwendige Existenz zur Kenntnis zu nehmen. Der Un-Staat aber ist noch nicht erfunden. Vielleicht wird auch das jetzt leichter werden: Heinemann und Brandt, die beide niemals opportunistische Konzessionen gemacht haben, die beide wissen, wie abgefeimt das Spiel um die Macht betrieben wird, und die doch nicht zu Zynikern geworden sind, sondern von festen moralischen Grundsätzen ausgehen, sie werden uns allen vielleicht zum erstenmal eine Identifizierung mit dem Staat, den sie führen, möglich machen. Hier jedenfalls liegt für sie eine große Aufgabe – sie ist wichtiger als alles, was man normalerweise von einer guten Regierung erwartet.

Die siebziger Jahre

Barzels Pappkameraden

Die Rechte schießt sich auf die »Linksregierung« ein

Im Januar 1970

In dem Artikel, der die Wahl vom September 1969 an dieser Stelle kommentierte, schrieben wir: »Es wäre eine sehr unglückliche Entwicklung, wenn – was leicht denkbar ist – die Außenpolitik ins Zentrum der Auseinandersetzung von Regierung und Opposition geriete.« Begründung: »Dabei würde sich nämlich eine Eskalation von Unsinn ergeben: Die Rechte wird reaktionärer argumentieren, als sie wirklich ist, und so zum Schreckgespenst in Ost und West werden; die Linke wird verleitet, verbal mehr Zugeständnisse zu vertreten, als sie wirklich zu machen bereit ist, und sich damit ihren Verhandlungsstand erschweren.«

Heute, drei Monate später, hat Werner Marx, Vorsitzender des außenpolitischen Arbeitskreises der CDU/CSU-Fraktion, jede Hoffnung, daß dies verhindert werden könnte, beseitigt. Im Pressedienst seiner Partei wettert er gegen die »Linksregierung«, gegen deren »illusionäre Vorstellungen und falschen

Analysen« und erklärt, »die Opposition wird ihre Vorstellungen von denjenigen der Regierung eindeutig absetzen«; sie werde, so sagte er, nicht mitwirken bei einer Politik, die »die Interessen unseres Landes durch nichtswürdige Illusionen« mindere.

Schon in der Woche davor hatte der Oppositionsführer Rainer Barzel der Regierung vorgeworfen, sie habe sich in der Deutschlandpolitik in die Defensive drängen lassen, sie hätte besser daran getan, Ostberlin ein eigenes Verhandlungsangebot vorzulegen. Was Barzel allerdings gesagt hätte, wenn die »Linksregierung« mit ganz neu konzipierten Vorschlägen vorgeprescht wäre, anstatt zu versprechen, die Kontinuität in der Deutschlandpolitik zu wahren, das kann man sich leicht vorstellen, wenn man liest, was Barzel sonst noch gesagt hat.

Der Oppositionsführer bezeichnet es nämlich als »Widersinn«, wenn mit Ostberlin ein Gewaltverzichtsabkommen geschlossen würde, während an der Mauer weiter geschossen wird. Dazu ist zu sagen, daß Kiesinger in seinem Bericht über die Lage der Nation im März 1968 – also schon vor fast zwei Jahren – gesagt hat: »Die Bundesregierung ist bereit, über alle praktischen Fragen des Zusammenlebens der Deutschen mit der Regierung in Ostberlin zu verhandeln. Sie erweitert hiermit die vorgeschlagenen Themen ausdrücklich um das Thema des Gewaltverzichts.« Ob Rainer Barzel wirklich glaubt, daß Ulbricht den Schießbefehl Kiesinger zuliebe aufgehoben hätte, oder worin sonst sieht er den Unterschied zu Brandts Angebot auf Gewaltverzicht?

Der Oppositionsführer kritisiert ferner, daß Brandt aufgehört habe, über die Wiedervereinigung zu sprechen, und Wehner erklärt habe, es gebe keine Möglichkeit zur Wiedervereinigung. Dazu ist zu sagen, daß Bundeskanzler Kiesinger schon am 14. Juli 1967 – also schon vor über zwei Jahren – im Bundestag erklärte: »Wir wissen, daß im Augenblick die deutsche Frage nicht gelöst werden kann. Das ist eine bittere Wahrheit, aber es ist eine Wahrheit, die unser Volk hüben wie drüben längst erkannt hat.«

Es ist das gute Recht der Opposition, die Regierung zu kritisieren, wann immer sie Anlaß dazu bietet, und sie zu attackieren, wo immer sie Schwäche zeigt; das ist das Gesetz, nach dem beide angetreten sind. Aber es ist absurd, den Versuch der SPD, mit dem Osten im allgemeinen und der DDR im besonderen ins Gespräch zu kommen, nur deshalb zu verdammen, weil man im Vertrauen auf die nie schlummernden Angstgefühle der Bürger darauf spekuliert, auf diese Weise Kapital für die CDU herausschlagen zu können.

Werner Marx schreibt in dem schon zitierten Artikel

spöttisch: »Jetzt haben wir eine Bundesregierung, die bereit scheint, die hervorstechenden *Realitäten* … anzuerkennen.« Konrad Adenauer gab im Mai 1962 – also vor über sieben Jahren – eine Pressekonferenz in Berlin, bei der er sagte, die Bundesregierung sei bereit, »sich mit gewissen faktischen Gegebenheiten abzufinden«. Ich weiß nicht, wie Marx das Wort Realitäten übersetzt, aber mir scheint, der Altbundeskanzler meinte damals genau dies. Übrigens war es das gleiche Jahr, in dem Konrad Adenauer im August der Sowjetunion ein Verhandlungsangebot machte: Die Bundesregierung werde über vieles mit sich reden lassen, sagte er damals.

Wenn man den Dingen auf den Grund geht, zeigt sich, daß sich gar nicht so schrecklich viel geändert hat. Auch Ulbricht hat schon während der Großen Koalition mit nie ermüdender Monotonie immer von neuem wiederholt, was alle jetzt so bestürzend finden, nämlich, daß er es unter einer völkerrechtlichen Anerkennung nicht tun werde. Und das *Neue Deutschland* schrieb schon im April 1967: »Die Imperialisten haben Deutschland gespalten, die Arbeiterklasse der beiden deutschen Staaten wird es zusammenfügen«, was nichts anderes heißt als: Wiedervereinigung gibt es nur zu den Bedingungen der DDR. Also auch dieser Schreck ist nicht neu.

Die Regierung Brandt sollte sich nicht ins Bockshorn jagen lassen, weder von Ulbricht noch von der CDU. Wenn der Kanzler, wie er immer wieder betont, ohne alle Illusionen das Gespräch mit dem Osten sucht, dann kann er sich darauf verlassen, daß die Majorität der Bürger seine Politik unterstützt. Für ein Land, das im Zentrum Europas liegt, gibt es nämlich auf die Dauer keine andere Politik.

Die Nation als Klammer

Bonns Ostpolitik: kein Grund zum Gruseln oder Jubeln

Im Januar 1970

Der *Bericht über die Lage der Nation im geteilten Deutschland* ist – seit es diese Einrichtung gibt – stets eine Art Fortsetzung und Erweiterung der Regierungserklärung gewesen. Diesmal gleicht er eher einer Bestandsaufnahme. Thema der Inventur: Was gibt es noch an Verbindendem zwischen den beiden Deutschlands, oder wie weit haben sie sich auseinandergelebt?

Tenor der Dokumentation, die den Bericht erläutert: Viel weniger, als alle wollen, aber doch mehr, als mancher denkt.

Das abschließende Fazit freilich sagt ganz hart, daß »die Gegensätze, die die beiden Teile Deutschlands heute voneinander trennen, in absehbarer Zukunft unüberwindbar und prinzipieller Art sind«. Keine Statistik könne das Ausmaß an Not, Leid und Schikane, an Zwangsmaßnahmen und Gewaltanwendungen auch nur erfassen, geschweige denn wiedergeben.

In der Tat sind die beiden deutschen Staaten nur noch durch zwei Klammern miteinander verbunden:

1. durch die Rechte der vier Mächte,
2. durch den Begriff der Nation.

Die Dokumentation weist darauf hin, daß die von den vier Mächten untereinander getroffenen Vereinbarungen über Deutschland bis heute von keiner Seite gekündigt worden sind. Darum tragen die vier Mächte für Berlin gemeinsam die Verantwortung und für Deutschland als Ganzes insoweit, wie dies zwischen der Bundesrepublik und den Westmächten in den Pariser Verträgen festgelegt wurde und zwischen der Sowjetunion und der DDR in ihren Verträgen. Der Begriff der Nation nimmt in beiden Verfassungen einen entscheidenden Platz ein. Das Grundgesetz postuliert die »nationale Einheit« im letzten Satz der Präambel – die DDR beschwört ihn im ersten Satz der Präambel ihrer neuen Verfassung, die das Datum vom 9. April 1968 trägt: »Getragen von der Verantwortung, der ganzen deutschen Nation den Weg in eine Zukunft des Friedens und des Sozialismus zu weisen ...«
Nun könnte man zwar meinen, der Begriff Nation gehöre einer versunkenen Geschichtsepoche an, und für uns Heutige könne darum nur eine Solidarität

gelten, die die nationalen Grenzen transzendiere, also über sie hinausgreife. Das ist natürlich richtig, insoweit es sich um die Zukunft handelt – beispielsweise um die Strukturen eines zukünftigen Europa –, die Gegenwart aber ist bestimmt durch das? was gewesen ist. Und in Europa war nun einmal der Nationalstaat das klassische Modell der Integration. Dies war der Fortschritt von gestern. Heute ist er es nicht mehr. Aber das, was Geschichte geworden ist, hat eben doch ein Zusammengehörigkeitsgefühl geschaffen, das durch die Teilung nicht ausgelöscht wird.

Wahrscheinlich ist es ein Ausdruck von ohnmächtiger Wut, den dieses unbefriedigte Gefühl zeigt, wenn sich die Majorität der Äußerungen, die von drüben kommen – und offenbar ohne Ansehen der sozialen Zugehörigkeit der Betreffenden –, zu der besorgten Frage verdichten: »Ihr werdet doch nicht etwa jetzt dem Ulbricht den Triumph völkerrechtlicher Anerkennung gewähren?«

Und in der Tat, wie könnte man eine Regierung völkerrechtlich anerkennen, deren Schießbefehl dazu geführt hat, daß seit dem Bau der Mauer im Herbst 1961 kein einziger Monat vergangen ist, in dem nicht Bürger dieses zweiten deutschen Staates im Grenzstreifen oder an der Mauer verbluteten, nicht etwa, weil sie etwas verbrochen haben, sondern einfach, weil sie in jenem Staat nicht mehr zu leben vermochten.

Darum ist es gut, daß der Kanzler, der das Selbstbestimmungsrecht und die bestehenden Bindungen mit den westlichen Alliierten zu der Kategorie unverzichtbarer Grundsätze seiner Politik rechnet, sich ebenso kategorisch gegenüber dem verhält, was nicht sein darf: Den Gedanken einer völkerrechtlichen Anerkennung der DDR als Ausland lehnt er rundweg ab.

Nun soll dies aber keineswegs eine Absage an Verhandlungen mit Ulbricht sein. Nur darf dieser sich nicht einbilden, er könne heute noch wie zur Zeit des kalten Krieges uns einen geradezu absurden Vertrag nach dem Motto: »Friß Vogel oder stirb« aufzwingen, einen Vertrag, der uns zu einer Revision aller Normen und Prinzipien zwingen würde, die die Grundlage des rechtsstaatlichen Charakters der Bundesrepublik ausmachen.

Nein, wir befinden uns, wie die Gespräche mit der Sowjetunion zeigen, im Stadium von Verhandlungen, nicht von Konfrontationen. Und so, wie zur Zeit mit Moskau über den Gewaltverzicht verhandelt wird, so ließe sich eben auch mit Ostberlin über dieses Thema reden, wobei keine Seite daran gehindert werden soll, bei dem auf diese Weise beginnenden Meinungsaustausch alle möglichen

Themen anzuschlagen und Wünsche vorzubringen.

Es wäre ja auch ganz unrealistisch, wollte man das innerdeutsche Verhältnis, das doch Teil der überwölbenden Ost-West-Beziehungen ist, isoliert für sich behandeln. Man darf nicht vergessen, daß die beiden deutschen Staaten vorgeschobene Posten der Supermächte sind, die an der Nahtstelle der beiden rivalisierenden Imperien einander gegenüberstehen. Jene Verhandlungen müssen also synchronisiert werden mit allen anderen Gesprächen, die Bonn führt.

Und sie sind gleichzeitig ganz zwangsläufig dem Fortgang des Dialogs Washington–Moskau zugeordnet. Wenn dieser zusammenbrechen sollte, dann kann auch Bonn keine Ostpolitik mehr treiben.

Die Schwierigkeit, die sich derzeit jeglicher Politik stellt, beruht auf der ambivalenten Situation der Supermächte, die zwischen tödlicher Rivalität und limitierter Kooperation hin- und herschwankt. Im Grunde muß man stets beide Ebenen vor Augen haben – erst beide zusammen geben die ganze Wirklichkeit wieder.

Wie oft dient ein Argument der Ebene, auf der von Frieden, Entspannung und Koexistenz die Rede ist, doch nur jener zweiten Ebene, auf der die machtpolitische Rivalität ausgetragen wird. Jeder Zug stellt dann nur den Versuch dar, die eigene Position zu verbessern, und dient keineswegs den hehren Zielen, von denen so gern die Rede ist.

So kommt es denn auch, daß, wenn von Brandts Ostpolitik die Rede ist, die einen das große Gruseln überkommt, weil sie meinen, alle Positionen würden preisgegeben und die Russen hielten demnächst ihren Einzug in der Bundesrepublik, während die anderen in euphorische Verzückung geraten und glauben, nun werde bald eitel Harmonie zwischen Ost und West herrschen.

Bei einer einigermaßen vernünftigen Zusammenarbeit zwischen Regierung und Opposition in dieser für beide, für uns alle so lebenswichtigen Frage sollte es eigentlich möglich sein, diese Schwarzweißvorstellungen, die durch parteipolitische Propaganda noch intensiviert werden, der Realität ein wenig mehr anzupassen. Viel wäre gewonnen, wenn der Regierungschef, der den Schlüssel dazu in der Hand hat, den Führer der Opposition durch bessere Information zur Zusammenarbeit in der Deutschlandfrage verpflichten würde.

Im Augenblick wirken weder Regierung noch Opposition sehr überzeugend. Der Regierung glaubt man nicht, daß sie über die allgemeine Richtung hinaus im einzelnen präzise weiß, was sie eigentlich will, und der Opposition merkt man an, daß sie außer Protest, Kritik und Verdächtigungen nichts anzubieten hat – jedenfalls kein Konzept.

Das Gesetz des Handelns

Die vielleicht letzte Chance in der Ostpolitik

Im Februar 1970

Die Opposition hat ganz recht, die Deutschlandpolitik ist auf die schiefe Ebene geraten – nur: Sie rutscht nicht erst seit gestern ohne Haltepflöcke immer weiter abwärts. Dies geschieht vielmehr seit zwei Jahrzehnten. Die Zeit, da fervente Diskussionen um freie Wahlen geführt wurden, liegt so weit zurück, daß inzwischen längst erwachsene Bürger dieses Staates sich nicht mehr daran zu erinnern vermögen. »Freie Wahlen in der SBZ« – darüber diskutierte man in den fünfziger Jahren.

Zu Beginn der sechziger Jahre – nachdem Kennedy die Friedensstrategie propagiert hatte – beschlossen Außenminister Schröder und Bundeskanzler Erhard, der im Oktober 1963 die Regierung übernommen hatte, die »Politik der Bewegung« von den USA zu übernehmen. Sie glaubten, Washington davon überzeugen zu können, daß die Devise »Entspannung durch Wiedervereinigung« lauten müsse. Aber damit kamen sie nicht durch, und so folgte die Periode,

in der der Schlachtruf umgekehrt lautete: »Wiedervereinigung durch Entspannung.«
Während der Großen Koalition, die im Dezember 1966 begann, wurde dann zum erstenmal ganz unverhohlen und öffentlich der Streit ausgetragen, ob man eher durch Anerkennung der Teilung zur Wiedervereinigung komme oder ob man nur durch Nicht-Anerkennung die endgültige Teilung verhindern könne.
Im August 1968, vier Wochen nach den Prager Ereignissen, faßte der Bundestag eine Entschließung, die zwar weiterhin Gesprächsbereitschaft betonte, im übrigen aber erklärte, daß »die Anerkennung des anderen Teils Deutschlands als Ausland oder als zweiter souveräner Staat deutscher Nation nicht in Betracht komme«. Am 28. Oktober 1969 in der Regierungserklärung von Außenminister Brandt schließlich ist zum erstenmal von zwei deutschen Staaten die Rede. Von der Forderung nach freien Wahlen bis zur Anerkennung zweier deutscher Staaten, das ist in der Tat ein langer, schmerzlicher Weg.
Nun kann man aus dem Ablauf dieser zwanzig Jahre vergeblichen Bemühens zwei Schlußfolgerungen ziehen. Entweder man sagt wie die CDU/CSU: Die alte Politik war ganz richtig, man hat sie nur nicht konsequent und kompromißlos genug verfolgt – man muß eben eisern durchhalten, Entspannung

meiden und die Anerkennung verweigern, dann kann man weitere Verschlechterungen verhindern. Oder man resümiert mit der SPD und FDP, daß der Trend zur Bewegung doch nicht aufzuhalten ist, daß die Bundesrepublik allein sich davon nicht ausschließen kann, weil Isolierung lebensgefährlich ist, und daß die langsam, aber unaufhaltsam fortschreitende Abwärtsbewegung der beste Beweis dafür ist, daß man mit der alten Politik schon vor Jahren hätte Schluß machen sollen. Vor Jahren, als alles noch »billiger« war, als man für Konzessionen noch etwas bekommen hätte.

Tatsächlich hätte man bis 1959 diplomatische Beziehungen mit Polen aufnehmen können, ohne daß die Polen die Anerkennung der Oder/Neiße-Linie als Vorbedingung gefordert hätten. Und tatsächlich schlug Ulbricht am 15. Januar 1963 Bonn ein Sieben-Punkte-Abkommen vor, das nur die »Respektierung der Existenz« forderte, nicht aber die völkerrechtliche Anerkennung.

Woran liegt es, daß die Zeit für die anderen und nicht für uns gearbeitet hat? Wahrscheinlich daran, daß die Zeit gern mit den Realitäten geht: Die Alten verfallen der Gewöhnung, die Jungen kennen es nicht anders – juristisch ausgedrückt heißt dieses Phänomen »die normative Kraft des Faktischen«.

Mag immer noch für einige die Frage bleiben: Ist es

nicht trotz allem weniger gefährlich, die alte Politik einfach fortzusetzen, auch wenn unsere Position dabei jedes Jahr ein bißchen schlechter wird? Weniger gefährlich, als an drei Stellen zugleich bilaterale Verhandlungen mit kommunistischen Regierungen zu führen? Mancher wird vielleicht so denken, aber doch wohl nur der, der ganz und gar resigniert hat. Wer sonst würde bei vollem Bewußtsein das Gesetz des Handelns aus der Hand gleiten lassen?

Überdies könnte es sein, daß jetzt ein Zeitpunkt gekommen ist, an dem das Interesse des Ostens an einer Konsolidierung der Verhältnisse so groß ist, daß Moskau bereit ist, zu Bedingungen abzuschließen, die für uns nicht die allerungünstigsten sind.

Daß sie nicht günstig sein können, darüber allerdings muß man sich klar sein. Barzels Forderung bei der außenpolitischen Debatte, nichts ohne Gegenleistung aufzugeben – in allen Ehren. Aber wie stellt er sich das eigentlich vor? Bei den Gesprächen, die zur Zeit in Moskau und Warschau geführt werden und die demnächst auch in Ostberlin beginnen sollen, haben wir von uns aus doch gar nichts zu bieten. Wir können nur denen, die etwas von uns wollen, dies abschlagen. Aber das ist ja wohl keine Situation, die Gelegenheit für große Forderungen bietet.

So, wie unser einziges diplomatisches Requisit die

Negation ist, so ist auch das einzige, worauf wir in den Verhandlungen mit den Russen hoffen können, der Verzicht auf Negatives, nämlich der Verzicht auf den Interventionsparagraphen und auf ein Wiedervereinigungsverbot, das man in Moskau offenbar ersonnen hat. Gewiß aber nicht der Verzicht auf das Selbstbestimmungsrecht. Mit Warschau trachtet ja auch die Opposition einen Ausgleich zu finden, eine »Lösung« statt einer »Formel« – darüber sollte man sich vielleicht einigen können.

Und was von den Verhandlungen mit der DDR zu erwarten ist, das ist nach den wie Donner hallenden Reden der jüngsten Zeit ganz und gar nicht zu übersehen. Der Sekretär des ZK der SED, Erich Honecker, verkündete kürzlich, die Regierung Brandt/Scheel versuche, die Vorherrschaft über Europa schrittweise zu verwirklichen: »Die herrschenden Kreise in Westdeutschland sind jetzt dabei, einen dritten Weltkrieg vorzubereiten.« Bonn versuche den Brückenschlag, um dann im richtigen Moment die Bundeswehr über diese Brücke marschieren zu lassen!

Aus diesen blindwütigen Ausbrüchen wird man wohl schließen müssen, daß Stophs positive Antwort auf Brandts Brief nicht ganz freiwillig, sondern vielmehr unter sowjetischem Zuspruch erfolgte. Und so mag denn wohl auch der Besuch, den Gromyko dieser Tage Ostberlin abstattete, der Beschwichtigung der offensichtlich verängstigten Gemüter dienen. Ob ihm dies gelingt, steht keineswegs fest. Wenn Ulbricht es fertigbringt, dem sowjetischen Außenminister klarzumachen, daß die Politik der Annäherung an die Bundesrepublik sein Regime gefährde, dann wird Moskau sich dreimal überlegen, ob es auf dem eingeschlagenen Weg weitergehen soll. Die DDR hat, darüber muß man sich klar sein, eine Sperriegelfunktion gegenüber der neuen Ostpolitik.

Doch auch Moskaus Spielraum ist nicht unbegrenzt, im Gegenteil. Das liegt an der Unvereinbarkeit seiner beiden Zielsetzungen: erstens, die Ergebnisse des Zweiten Weltkrieges zu konsolidieren, also eine europäische Friedensordnung auf dem *status quo* zu errichten mit Koexistenz, Kontakten und allem, was dazugehört, und zweitens, Distanz zu halten, also die Mauer und den Eisernen Vorhang zu pflegen, damit nicht zuviel liberales Gedankengut nach Osten dringt und dem Regime zur Anfechtung wird. Es ist aber ebenso schwierig, limitierte Entspannung zu betreiben, wie einen »limitierten Krieg« zu führen. Hinzu kommt dann noch die aktuelle politische Konstellation zwischen Europa, Asien und Amerika, die den Sowjets manche Nuß zu knacken gibt. Und da könnte es sehr wohl sein, daß Moskau zu diesem

Zeitpunkt daran gelegen ist, langfristig Ordnung zu schaffen, um sich auf die Verhandlungen mit den USA und auf den Nachbarn China konzentrieren zu können.

CDU und CSU sollten also nicht so defätistisch sein: Was in aller Welt ist denn bisher in den Verhandlungen in Moskau geschehen? Kein »Ausverkauf« erfolgte, nichts wurde »verschenkt«. Aber zum erstenmal seit 15 Jahren konnten die Kontrahenten das, was sie sich sonst in propagandistischen Kurzformeln oder schlechtgelaunten Noten vorwerfen, einmal in tagelangen Gesprächen in großer Gründlichkeit mit allen Aspekten und bis in alle Verästelungen hinein einander erläutern.

Die Opposition sagt, sie habe das Recht auf Wiedervereinigung und die Nichtanerkennung der Teilung zwanzig Jahre bewahrt – wahr ist, daß das Papier, auf dem beides stand, zwanzig Jahre lang im Tresor aufbewahrt wurde. Es ist Zeit zu prüfen, was davon noch standhält.

Treffpunkt Erfurt

Die Begegnung der fremden Verwandten

Im März 1970

Während diese Zeilen geschrieben werden, legen die Experten in den Kanzleien von Bonn und Ostberlin letzte Hand an die beiden großen Reden, die die Regierungschefs der Bundesrepublik und der DDR in Erfurt halten werden.
Es ist eine bewegende und zugleich beklemmende Vorstellung, daß da nach Jahrzehnten vollständiger Isolierung zwei Männer stellvertretend für die Bevölkerung ihrer beiden Staaten einander begegnen, beklemmend, weil das Schicksal der Deutschen noch nie so deutlich wurde wie in dieser Erfurter Szene: als werde die Geschichte mit einem Brennglas zusammengezogen. Die Historie kennt viele Begegnungen von dramatischer Dimension, aber keine war von solcher Eigenart wie diese:
Als die beiden Führer des langen, so überaus blutigen amerikanischen Bürgerkrieges, Grant und Lee, 1865 nach Beendigung des Kampfes zu den Verhandlungen zusammentrafen, hatte Grant, der Chef

der Nordtruppen, zuvor jeden Jubel mit den Worten gedämpft: »Der Krieg ist vorüber, die Aufständischen sind wieder unsere Landsleute.« Und als dann der schmutzbespritzte Grant in einem Bauernhaus Virginias auf die große, imponierende Gestalt seines Widersachers Lee zuging, war das Gemeinsame viel stärker als das Trennende. Grant erzählte später, er hätte während der freundschaftlichen Unterhaltung über vergangene Zeiten fast vergessen, wozu sie eigentlich zusammengekommen seien.

Hundert Jahre später – 1965 –, als indische und pakistanische Offiziere nach Beendigung des Krieges zwischen ihren beiden Ländern, die Generationen lang eine Einheit gebildet hatten, aufeinander zutraten, stellte sich heraus, daß die Älteren von ihnen in ihrer Jugend im englischen Sandhurst Freunde und Kameraden gewesen waren, die seit dem Streit über Kaschmir – seit Jahren also – zu Feinden geworden sind. Auch zwischen ihnen gab es viel Gemeinsames und mancherlei Anknüpfungspunkte.

Dies alles gibt es zwischen den Deutschen, die da in Erfurt zusammenkommen, nicht. Zwar gehören sie der gleichen Nation an, aber sie kommen aus verschiedenen Welten. Was sonst als die Sprache verbindet sie? Ihr Gesellschaftssystem, ihre Lebensvorstellungen, ihr Rechtsempfinden, ihre Prioritäten, ihre Träume sind verschieden.

Daß sie Brüder sind, hilft wenig, es macht die Beziehung für beide sogar besonders schwierig. Mit Norwegern, Spaniern oder Rumänen zu verhandeln bietet keine großen Komplikationen – man weiß, daß sie anders sind –, aber in diesem Fall? In diesem Fall, da ist alle Nervosität und Empfindlichkeit, da ist die ganze Unduldsamkeit, die man nur der eigenen Familie gegenüber hat, wach und wirksam, vielleicht, weil man in den unerträglichen Eigenschaften des anderen immer auch das eigene Bild durchscheinen sieht.

Und noch eine andere Schwierigkeit jenseits aller politischen Probleme: Nicht Nationalismus, sondern Internationalismus ist das Gebot unserer Zeit. Solidarität der sozialistischen Staaten, Europäertum, Humanität, so lauten heute die Devisen – alles, was unter dieser Schwelle liegt, erscheint gemessen daran zu klein, zu unwesentlich. Ein und derselben Nation zuzugehören bedeutet also nicht allzuviel.

Was ein Volk zur Nation macht, ist wahrscheinlich das Bewußtsein, eine gemeinsame Geschichte gehabt, Höhepunkte und Leiden geteilt zu haben. Den Machthabern der DDR aber geht es gerade darum, sich nachträglich aus der Geschichte herauszustehlen: Sie wollen mit der jüngeren Vergangenheit nichts zu tun haben.

Im vorigen Jahrhundert wurde die Befreiungsbewegung gegen das Joch Napoleons, der das Land in viele Staaten aufgeteilt hatte, ganz automatisch zur Einheitsbewegung. Die Teilung nach Hitlers Krieg hat solche Impulse nicht ausgelöst. Nachdem im Namen des Nationalismus – der Nation-Idee – Belgier, Holländer, Polen, Tschechen, Russen terrorisiert worden waren, die Inhumanität Orgien gefeiert hatte, ist das Bedürfnis, in das Gehäuse der Nation zurückzuschlüpfen, auch bei uns nicht sehr groß.

Dennoch halten beide Seiten das Gespräch für politisch wichtig, wenngleich aus ganz verschiedenen Gründen: Die DDR will Aufwertung, will einen Fortschritt auf dem Wege zur völkerrechtlichen Anerkennung erzielen; die Bundesrepublik hofft, auf diese Weise allmählich zu einer Entkrampfung der Beziehungen und schließlich über Entspannung zu einer Verbesserung der Verhältnisse zu gelangen. »Die prinzipiellen Unterschiede in der politischen Auffassung sollten uns nicht hindern, den gemeinsamen Interessen nachzuspüren und ein praktisches Ergebnis anzustreben«, meint Brandt. Man müßte hinzufügen: Selbst wenn es keine gemeinsamen Ziele gibt, sondern nur ein gemeinsames Interesse am Wege, so wäre unter Umständen auch das schon nützlich.

Über den Erfolg darf man sich freilich keinen Illusionen hingeben. Es wird auch in Zukunft, genau wie bisher, zwischen monströsen Polemiken immer wieder einmal kleine Lichtblicke geben, und wenn gelegentlich eine Übereinstimmung erzielt werden sollte, werden die Rückschläge nicht lange auf sich warten lassen. Das liegt in der subjektiven Natur der Beteiligten und der objektiven Beschaffenheit der weltpolitischen Lage.

Denn es kommt ja nicht nur auf diese beiden Partner an – vieles wirkt auf das Verhältnis der beiden zueinander ein. Beispielsweise gibt es keine Möglichkeit, die Beziehungen der beiden deutschen Staaten zueinander zu normalisieren und dabei das Problem Berlin auszuklammern. Ferner darf man nicht vergessen, daß die beiden Staaten zugleich den jeweiligen Vortrupp ihrer respektiven Supermächte darstellen und daß sie damit eng in zwei antagonistische Allianzen integriert sind.

Allerdings mag es sein, daß Präsident Nixon recht hatte, als er feststellte, daß nach der Ära der Konfrontation jetzt die Phase der Verhandlungen beginne. Wenn dies so ist – und es scheint so zu sein –, dann wird von daher das Gespräch zwischen Deutschen erleichtert werden. Ja, so gesehen, ist es einfach notwendig, dieses Gespräch zu führen, weil wir sonst mit unseren jeweiligen Allianzpartnern aus dem Tritt gerieten und nicht im Einklang mit der Geschichte bleiben würden.

Jene, die gar kein System und keinen Sinn in der neuen Ostpolitik entdecken können, sollten sich an die Weisung erinnern, die Außenminister Scheel nach der Regierungserklärung Brandts im November 1969 zum Thema Hallstein-Doktrin an die Botschafter im Ausland hinausgehen ließ.

Hieß es bisher gegenüber dritten Staaten, die Anerkennung der DDR werde von Bonn als unfreundlicher Akt angesehen und geahndet, so lautet die neue Weisung nun: Wenn die DDR sich zu einem geregelten Nebeneinander mit dem anderen Teil der deutschen Nation herbeifindet, dann wird die Bundesrepublik »dem Verlangen der DDR nach Respektierung ihrer staatlichen Existenz nicht im Wege stehen«. Da wird das Modell ganz deutlich: Aus einem Sperriegel wurde ein Kugelgelenk gemacht – an die Stelle einer Drohung wurde eine Belohnung gesetzt.

Diejenigen, die mit so großer Sorge auf die Preisgabe von vertrauten Formeln, von fest einzementierten Haltepunkten blicken und immer wieder nach dem Preis fragen, den die andere Seite zu zahlen bereit sei, vergessen ganz, daß ein verändertes Klima ja auch neue Möglichkeiten eröffnet. In der vorigen Woche schrieb M. F. Rakowski, der Chefredakteur der polnischen Wochenzeitung *Polityka*, in seinem Blatt:

»Die Eloquenz des Kanzlers sowie die vielfachen Versicherungen der Bundesregierung, es gehe ihr ausschließlich um friedliche Absichten und um den Wunsch, an der Suche nach konstruktiven Lösungen für Europa mitzuwirken, eröffnen dieser Bundesrepublik einen Vertrauenskredit, den keine der ihr vorausgegangenen Regierungen besessen hat. Eine wichtige Rolle … spielt dabei die Anti-Hitler-Vergangenheit Willy Brandts. Es ist nicht zu übersehen, daß die Bundesrepublik auf Grund dieser Tatsache die erste Geige in den Ost-West-Beziehungen zu spielen beginnt.«
Der Pole Rakowski spricht in diesem Zusammenhang von einem neuen Element in der europäischen Politik. Das wäre in der Tat sehr viel. Mehr zu erreichen können wir zunächst kaum hoffen.

Kein Zurück in die Sackgasse

Der Ostpolitiker Brandt darf sich nicht kopfscheu machen lassen

Im Juli 1970

Wenn zufällig jemand das »Bahr-Papier«, das in zwei Stufen brisanter Indiskretion in die Öffentlichkeit gelangte, nicht gelesen, sondern nur die Reaktionen darauf zur Kenntnis genommen haben sollte, so muß er den Eindruck gewinnen, daß dies die größte Katastrophe ist, die uns seit dem Zusammenbruch vor 25 Jahren ereilt hat.

Die CSU spricht von der »zweiten Kapitulation«, vom »Offenbarungseid der neuen Bonner Ostpolitik«. Die *Frankfurter Allgemeine* behauptet, der Ostblock würde von neuem zementiert und »seine hegemoniale Führung durch die Sowjetunion nun sogar vertraglich bestätigt«, weil die verschiedenen Verträge als ein Ganzes behandelt werden sollen. Die *Welt* sekundiert dieser absurden Behauptung und erklärt, es handele sich »nicht um einen Vertrag über Gewaltverzicht, sondern um einen Vertrag über die Anerkennung eines Hegemonialsystems«.

Strauß schraubt in bewährter Übertreibung die Eskalation noch um einige Umdrehungen höher und stellt fest: »Die Regierung mutet der Bundesrepublik die Rolle einer Garantiemacht für die Breschnjew-Doktrin zu.« Hans-Georg von Studnitz schließlich setzt in der *Welt am Sonntag* dem Greuelmärchen die Krone auf: »Das Bahr-Papier hebt die Zugehörigkeit der Bundesrepublik zur NATO praktisch auf. Es bricht den Deutschland-Vertrag zwischen der Bundesrepublik und den Westmächten. Es mißachtet das Grundgesetz.«

Richard Stücklen, Parteigenosse von Franz Josef Strauß, nennt es einen Skandal ohnegleichen, daß das Parlament erst durch die Presse erfahren habe, was Egon Bahr in Moskau im einzelnen ausgehandelt hat. Führte die CDU/ CSU das Prädikat »christlich« zu Recht in ihrem Firmenschild, so hätte sich das Mitglied der Union – eingedenk des Gleichnisses vom Splitter und vom Balken – gewiß des Sündenregisters der eigenen Partei erinnert. Es wäre ihm dann nämlich wieder eingefallen, daß es sein Parteiführer Konrad Adenauer gewesen ist, der 1960 im Verein mit Franz Josef Strauß, der damals Verteidigungsminister war, ein Geheimabkommen mit Ben Gurion über Waffenlieferungen an Israel abgeschlossen hatte, über das nicht einmal das Auswärtige Amt richtig informiert worden war. Dieses ganz und gar unzulässige Verfahren, das nun wirklich dem Grundgesetz widersprach, kam erst vier Jahre später heraus – nachdem ein großer Teil der Waffen bereits geliefert war!

Was ist denn nun bisher wirklich geschehen? Egon Bahr, der als erster Vertreter der Bundesregierung mit dem Auftrag zu sondieren, nach Moskau geschickt worden ist, hat dort insgesamt vierzehn Unterredungen mit dem Außenminister gehabt. Als er Ende Januar von Bonn abreiste, wußte niemand, wer in Moskau mit ihm wie oft und worüber reden werde. Nach der ersten Unterhaltung mit Gromyko schrieb die französische Presse, dies sei von russischer Seite eine Geste der Höflichkeit, die Deutschen sollten sich nur ja nicht einbilden, daß die Gespräche auf dieser Ebene weitergeführt werden würden.

Aber sie gingen auf dieser Ebene weiter. Es begann mit einer *tour d'horizon:* Man leuchtete erst einmal gemeinsam das Feld ab, wobei es sicher für beide Seiten – nicht nur für den Kleinen, auch für den Großen – höchst interessant gewesen sein muß zu erfahren, wie sich die deutsche Frage jeweils in den Augen des anderen ausnimmt; schließlich hatte es ja während eines Vierteljahrhunderts kein einziges derartig intensives Gespräch zwischen Bonn und Moskau gegeben.

Allmählich und sozusagen automatisch nahm das Gespräch dann den Charakter von Verhandlungen an, wobei wahrscheinlich keiner mehr präzis sagen kann, wann genau dies geschah. Nachdem der sowjetische Außenminister dann aber vierzehn Unterredungen mit dem Bonner Abgesandten gehabt hatte, konnte wohl niemand mehr annehmen, daß er die Absicht habe, wenig später noch einmal von vorne zu beginnen.

Bei diesen Verhandlungen, von denen die Opposition behauptet, sie gäben all das preis, was in zwanzig Jahren von der CDU/CSU geschaffen worden ist, und lieferten die Bundesrepublik dem Kommando Moskaus aus, ging Bahr weisungsgemäß von drei unantastbaren Grundsätzen aus:

1. Die vier Mächte dürfen keinesfalls aus ihrer Verantwortung für Berlin und für Deutschland als Ganzes entlassen werden.
2. Da der Vertrag der Entspannung in Europa dienen soll, muß in und um Berlin, dem Konfliktherd und Gefahrenpunkt Nummer eins, eine Sicherung und Verbesserung des derzeitigen Zustandes erfolgen.
3. Eine völkerrechtliche Anerkennung der DDR kommt unter den bisherigen Umständen nicht in Betracht; erst im Zuge der Entspannung und Normalisierung sind gewisse Veränderungen möglich (UN-Mitgliedschaft).

Dies die Grundsätze, die nicht negotiabel sind, die also nicht Gegenstand von Verhandlungen sein dürfen. Ziel der Verträge, die ein Ganzes bilden, ist es nicht, den endgültigen Zustand herzustellen, der nur im Friedensvertrag geregelt werden kann, sondern unter Wahrung der noch gültigen Rechte der Alliierten eine Zwischenbilanz zu ziehen – nämlich zu prüfen, ob man das, was sich in den letzten fünfundzwanzig Jahren herausgebildet hat, normieren kann, um auf diese Weise die Grundlage für die nächste Etappe zu legen.

Daß die verschiedenen Verträge eine Einheit bilden – was neuerdings so heftig kritisiert wird –, daß also simultan in Moskau, Warschau und mit der DDR verhandelt wird, ist auf eine Korrektur von Fehlern der Vergangenheit zurückzuführen. Bonn hofft, daß auf diese Weise die Sowjetunion sich nicht hintergangen und die anderen sich nicht übergangen fühlen.

Die Opposition tut so, als würden jetzt wertvolle Rechte mutwillig verschenkt, als hätten SPD und FDP den Tresor erbrochen, in dem die Effekten der Nation, von der CDU jahrelang treu und redlich gehütet, bisher geruht haben – aber leider handelte es sich ja nur um ganz und gar wertlose Hypotheken. Oder glaubt die Opposition im Ernst, man könne die Grenzen von 1937 wiederherstellen?

Man kann es nicht, die Ostgebiete sind endgültig verloren – wie bitter diese Erkenntnis ist, das weiß wahrscheinlich nur der, der dort seine Heimat hatte. Und auch die Existenz der DDR ist nicht zu bestreiten. Das einzige, was man versuchen kann, versuchen muß, ist, die Zukunft für ein Wiederzusammenwachsen offenzuhalten. Genau das ist die Antwort, die Brandt an Stoph in Erfurt gab, als jener nach dem Ziel der Bonner Politik fragte:

»Friedliche Koexistenz zwischen den beiden deutschen Staaten, die gemeinsam den Weg offenhalten müssen dafür, daß eines fernen Tages das deutsche Volk im Rahmen einer europäischen Friedensordnung in freier Selbstbestimmung über die politische Art seines Zusammenlebens entscheiden kann.«

Voraussetzung für eine solche friedliche Koexistenz ist eine Entspannung in Mitteleuropa. Der Begriff Entspannung war in diesem Lande immer umstritten. Häufig neigen Sozialdemokraten und Liberale dazu, ihn als Wert an sich zu überschätzen – Konservative dagegen haben ihn immer unterbewertet, wenn nicht ausschließlich gefürchtet. Sie betonen stets, das Wichtigste sei der Zusammenhalt im westlichen Lager; darum auch bemühen sich CDU und CSU so sehr, unter Hintansetzung jeden Wahrheitsgehalts zu beweisen, daß unsere westlichen Allianz-

partner über Brandts Ostpolitik äußerst besorgt seien.
Sie erklärten dies nach dem Kanzlerbesuch in Washington, während der NATO-Tagung in Rom und vor Pompidous Konsultationsvisite in Bonn. Der CSU-Außenpolitiker Bandulet hat sich in einem Interview mit der spanischen Zeitung *Ya* sogar zu der Behauptung verstiegen, die Situation in der Bundesrepublik sei sehr ernst und zahlreiche Deutsche seien bereit, nach Spanien zu emigrieren, falls die Kommunisten in der Bundesrepublik an die Macht kämen.
Was aber ist die Wahrheit? Pompidou hat auf seiner Pressekonferenz in der vorigen Woche in Paris gesagt, Westeuropa müsse sich einigen, aber wenn diese Einigung auf Kosten der Entspannung mit den Ländern Osteuropas gehe, so werde Frankreich es vorziehen, nicht daran teilzunehmen. Und in Bonn sagte er dann, er unterstütze voll und ganz die deutsche Ostpolitik, »auch gegen ihre Gegner«.
Ebenfalls in derselben Woche bekam der CDU-Abgeordnete Blumenfeld von dem Politischen Ausschuß der Atlantischen Parlamentarischen Versammlung in Brüssel, dessen Berichterstatter er ist, den von ihm verfaßten Bericht zurück: Er muß seine Schularbeiten noch einmal machen. Der Ausschußvorsitzende Javits (USA) erklärte, die Mitglie-

der des Ausschusses teilten weder die Kritik noch die Befürchtungen Blumenfelds über Brandts Ostpolitik, sondern befürworteten sie.
Es ist schlimm, wenn das Parteiinteresse höher rangiert als die nationalen Notwendigkeiten; dies aber scheint bei der CDU/CSU augenblicklich der Fall zu sein. Wie anders ließe sich sonst erklären, daß bis auf wenige Ausnahmen alle Mitglieder der Union ihr »nationales Gewissen« kollektiv zu regeln vermögen, so wie man einen Thermostat einstellt?
Nein, in den Fragen der großen Politik muß das parteipolitische Interesse zurückstehen. Der Versuch, sich mit dem Osten zu verständigen, hat begonnen. Wir dürfen nicht zurück in die Sackgasse. Die Regierung muß mit Besonnenheit, Selbstvertrauen und Gelassenheit ihren Weg weitergehen. Es gibt für sie überhaupt keinen Grund, sich von der Opposition kopfscheu machen zu lassen.

Der Durchbruch gelang

Brandts Ostpolitik wird allenthalben akzeptiert

Im April 1972

Als SPD und FDP im Herbst 1969 – ein Jahr nach dem Einmarsch des Warschauer Pakts in die CSSR – die Regierung übernahmen, lagen nur östliche Maximalforderungen auf dem Tisch. Von seiten der Sowjetunion die Breschnjew-Doktrin: Alles muß über Moskau gehen, also keine isolierten Verhandlungen mit den Osteuropäern; von seiten der Osteuropäer die umgekehrte Hallstein-Doktrin – also niemand darf diplomatische Beziehungen mit Bonn aufnehmen, ehe Bonn nicht die DDR anerkannt hat. In dieser Situation entschloß sich die neue Regierung zu den drei entscheidenden Maßnahmen. Erstens modifizierte sie ihre eigenen Maximalforderungen und schaltete von der Forderung nach bedingungsloser Kapitulation des Ostens auf Kompromiß um. Zweitens synchronisierte sie die Ostpolitik, indem sie mit allen drei Adressaten, DDR, Osteuropa und Moskau, zur gleichen Zeit verhandelte, um auf diese Weise jeden möglichen Argwohn auszuschließen.

Drittens behandelte sie die DDR als zweiten deutschen Staat.
Die *Grundkonzeption* war: einen Beitrag zum Frieden und zur Normalisierung in Europa leisten.
Die *Begründung* lautete: Wir können nur dann erwarten, daß unsere Alliierten uns unter Opfern und erheblichem eigenem Risiko verteidigen, wenn wir die Konflikte, die uns betreffen und die in unserer Reichweite liegen, selbst abbauen.
Die angewandte *Methode:* in engster Kooperation mit den westlichen Verbündeten einen Gewaltverzicht mit den östlichen Partnern aushandeln, die Unterschrift unter den Moskauer Vertrag leisten, seine Ratifizierung aber von Verbesserungen in Berlin abhängig machen, die die drei Westmächte mit der Sowjetunion aushandeln.
Wie vorauszusehen, entwickelten die Verhandlungen rasch eine gewisse Eigendynamik. Moskau, in der Zange zwischen West und Ost und darum auf Konsolidierung im Westen bedacht, verhandelte großzügig und veranlaßte auch seine Verbündeten in der DDR, ihre Abwehrhaltung aufzugeben. So ging es 1970 Schlag auf Schlag: am 19. März Erfurt, am 21. Mai Kassel, am 12. August Unterschrift in Moskau, am 3. September das Berlin-Abkommen, am 7. Dezember Unterschrift in Warschau.
Was erreicht wurde? Der Zugang nach Berlin ist zum

erstenmal seit 25 Jahren gesichert. Westberliner dürfen wieder nach Ostberlin und in die DDR. Das fast vergessene Viermächteabkommen, die Basis der Sicherheit Berlins, wurde neu bestätigt. Westberlin, seit 1958 von Moskau als selbständige politische Einheit – also als dritter deutscher Staat – bezeichnet, darf in der ganzen Welt durch die Bundesrepublik repräsentiert werden. Das Recht auf Wiedervereinigung, noch am 13. Februar 1970 von Kossygin als »verbrecherische Idee« bezeichnet, ist als Forderung Bonns vom Obersten Sowjet unwidersprochen zur Kenntnis genommen worden. Von der umgekehrten Hallstein-Doktrin und von völkerrechtlicher Anerkennung der DDR ist keine Rede mehr.
Die Ostpolitik der Regierung Brandt/Scheel hat in der ganzen Welt Zustimmung gefunden.
Wenn die Ratifizierung der Verträge jetzt gestoppt werden sollte, würden unweigerlich drei Folgen eintreten: Berlin wäre von neuem gefährdet und würde wieder als dritter deutscher Staat deklariert; die völkerrechtliche Anerkennung der DDR durch die längst ungeduldigen Staaten der dritten Welt wäre nicht aufzuhalten, und die Bundesrepublik würde als Barriere einer weltweiten Entspannung jedermann zum Ärgernis.

Ohne Illusionen

Der Grundvertrag: Ein Schritt zur europäischen Friedensordnung

Im November 1972

Nun liegt also der Vertrag zwischen den beiden Deutschlands vor. Welche Entwicklung seit jener Regierungserklärung vom Dezember 1969, in der zum ersten Male von »zwei Staaten in Deutschland« die Rede war!

Weit war der Weg, den beide Vertragschließende zurücklegen mußten, ehe sie nach und nach von ihren ersten Vorstellungen abließen: die Bundesregierung von dem Plan, durch allgemeine freie Wahlen die Wiedervereinigung herbeizuführen, die DDR von dem Postulat, ohne vorherige völkerrechtliche Anerkennung keine Gespräche mit Bonn. Die DDR hatte unter allen Umständen durchsetzen wollen, daß das Verhältnis der beiden deutschen Staaten zueinander um kein Haar anders sein dürfe als das anderer Staaten zueinander.

Wir dagegen legten großen Wert auf die ausdrückliche Feststellung, daß Bundesrepublik und DDR füreinander nicht Ausland sind, sondern durch das ge-

meinsame Band der Nation auf besondere Weise verbunden bleiben.
Es hat für beide mancher schmerzlichen Erkenntnis bedurft, ehe sie bereit waren, Illusionen preiszugeben und sich auf das Mögliche und Notwendige zu beschränken – darauf, zuerst einmal ein konfliktfreies Nebeneinander herzustellen, das vielleicht später einmal in ein friedliches Miteinander überführt werden kann.
Bis zuletzt waren es vier Probleme, um die gerungen wurde: das Dach der Nation, die Einbeziehung Berlins, der Versuch, die deutsche Frage offenzuhalten, und die Anerkennung der Viermächterechte.
Niemand konnte erwarten, daß die DDR sich ausdrücklich auf die Einheit der Nation festlegen lassen würde; zu groß war die Diskrepanz zu den eigenen Vorstellungen. Aber in der Präambel versteht sich doch auch Ostberlin zu der Erklärung, daß es eine nationale Frage gibt, über die man sich nicht einig ist. Ferner wird die DDR ohne Widerspruch einen Brief zur deutschen Einheit in Empfang nehmen, in dem die Bundesregierung es als ihr Ziel bezeichnet, »auf einen Zustand des Friedens in Europa hinzuwirken, in dem das deutsche Volk in freier Selbstbestimmung seine Einheit wiedererlangt«. Dieser Brief garantiert die Konformität mit dem Grundgesetz.
Daß es sich um zwei Staaten einer Nation handelt,

die füreinander nicht Ausland sind, geht im übrigen implizit daraus hervor, daß die gegenseitigen Interessen nicht von Botschaftern wahrgenommen werden, sondern durch Ständige Vertretungen, die in den beiden Hauptstädten eingerichtet werden.
Was Berlin anbetrifft, so ist vereinbart worden, daß die Abkommen und Regelungen, die zwischen Bonn und Ostberlin getroffen werden, auf Westberlin ausgedehnt werden können, so wie es das Berlin-Abkommen der vier Mächte vorsieht. Außerdem wird der Ständige Vertreter Bonns in Ostberlin in Übereinstimmung mit dem Viermächteabkommen die Interessen auch der Westberliner wahrnehmen.
In einer besonderen Anlage wird schließlich festgestellt, daß die Rechte und Verantwortlichkeiten der vier Mächte für ganz Deutschland durch einen Grundvertrag nicht berührt werden – eine Bestätigung, die die DDR sich hier zum erstenmal abgerungen hat.
Wichtig und umfangreich sind auch die menschlichen Erleichterungen, die der Grundvertrag gewährt. Sie beziehen sich nicht nur auf Familienzusammenführung, sondern eröffnen zum erstenmal in weiten Gebieten die Möglichkeit eines Nachbarschaftsverkehrs entlang der Grenze.
Mancher, der vielleicht eine präzise Formulierung zur Einheit der Nation erwartet hatte, wird enttäuscht

sein. Aber was eigentlich gehört denn zum Begriff der Nation? Doch nicht nur das Bewußtsein der gemeinsamen Herkunft, des miteinander Erlebten und Erlittenen, sondern auch die Gemeinsamkeit des Handelns und Gestaltens in der Gegenwart. Zum Gefühl, in einer Gemeinschaft zu leben, gehört schließlich das Bewußtsein der nationalen Identität. Wie aber soll dies gewährleistet sein, wenn man diesseits und jenseits der Grenze lebt, die Europa in zwei verschiedene Gesellschaftssysteme teilt?

Noch ist die Nation die Einheit, welche Entscheidungen trifft, aber im Zeitalter des Regionalismus, der Souveränitätsverzichte und supranationalen Institutionen wird sich dies ändern. Viele lebenswichtige Belange – Umweltfragen, Währungsprobleme – können schon nicht mehr im Rahmen der Nationalstaaten gelöst werden.

Es ist sinnlos, auf Wiedervereinigung in einem Nationalstaat zu warten und zwischenzeitlich nicht das zu tun, was möglich ist: eine europäische Friedensordnung vorzubereiten, die die Trennung erträglicher macht. Der Grundvertrag ist der Schritt auf dieses Ziel zu.

Weltstadt im Hinterhof?

Berlins Zukunft

Im März 1973

Nirgends ist der Vorfrühling so schön wie in Berlin. Der Himmel ist makellos blau, das Licht glasklar, die Luft frisch. In den Vorgärten von Dahlem und Grunewald spielen die Kinder Ball, und auf dem Rasen, zu Füßen der sonnenbeschienenen Kiefern, hüpfen dicke schwarze Amseln hin und her. Eine ganze Woche lang ist ein Tag wie der andere: kühl, klar und leuchtend.

Ich bin nach Berlin gekommen, um einmal zu sehen, wie sich das Leben in der einst »belagerten Festung« entwickelt – jetzt, wo die Ostverträge die Grundlage für Entspannung und Normalisierung gelegt haben. Die Frage heißt: Was ist Berlin heute? Und was soll aus der Stadt werden?

Berlin ist zunächst einmal sehr sichtbar anders als Westdeutschland. Alles ist einfacher, weniger reich, nicht so pointiert modern, nicht so geschleckt: die Wohnungen, die Büros, die Sekretärinnen. Das Arbeitstempo ist ruhiger, der Streß nicht so spürbar.

»Wie lebt es sich denn hier so?« frage ich einen

jungen Bekannten, der vor ein paar Jahren an der TU Examen gemacht und sich jetzt eine eigene geschäftliche Existenz aufgebaut hat.

»Man lebt in bewußter Distanz zur Bundesrepublik. Viele wollen mit der dortigen Gesellschaft nichts zu tun haben. Sie sind hier, weil sie nicht in der Bundeswehr dienen mögen oder weil sie es zu Haus satt haben oder auch weil sie einfach anonym leben wollen. Hier fragt niemand, wo man herkommt, in welchen Kreis man gehört. Das hat freilich auch seine Schattenseiten: Es gibt keine integrierte Gesellschaft, man ist ziemlich einsam, wird selten eingeladen. Die Professoren sind meist untereinander zerstritten, die Verwaltung besteht fast ausschließlich aus kleinen Leuten provinziellen Zuschnitts.«

»Und warum bleiben Sie hier?«

»Weil man hier verhältnismäßig menschlich leben kann. Man schwätzt nicht nur von *quality of life*, man entzieht sich bewußt dem übertriebenen Leistungsdruck. Und noch etwas: Man kommt hier mehr als anderwärts mit den einfachen Leuten zusammen, und die sind eben großartig: wach, gescheit, realistisch, hilfsbereit. Hier gibt es sogar noch Handwerker aller Sorten: Da, diese Truhe habe ich mir machen lassen, und auch den Lampenschirm dort.«

Ein älterer Professor, Chef eines Instituts, beschreibt

Berlin sehr ähnlich: »Die Verwaltung ist miserabel, die Bürokratie verfilzt – kein Wunder, wenn ein und dieselbe Partei schon im dritten Jahrzehnt regiert. Die Intellektuellen halten wenig Kontakt miteinander; die Parteileute sind alle miteinander kleinkariert; die Industrie mit Ausnahme von Schering hat ihre Führungsgremien im Westen. Wer Karriere machen will, geht darum weg von Berlin.«

»Und warum bleiben Sie dann hier?«

»Weil ich nirgendwo anders leben mag. Weil es hier mehr Weite gibt, weil es weniger stickig ist als in Köln, Stuttgart oder Frankfurt. Daß es hier keine Großindustriellen gibt, hat ja auch etwas Positives: Dieser ganze Bombast von internationaler Finanz und großem Managertum, dieser oft harte und herrische Stil bleibt uns erspart.«

In den vielen Prospekten und Verlautbarungen des Senats, der Handelskammer und anderer Institutionen heißt es: »Mit dem Vier-Mächte-Abkommen über Berlin vom 3. September 1971, das am 3. Juni 1972 in Kraft gesetzt wurde, hat für die Stadt eine neue Phase ihrer politischen und wirtschaftlichen Entwicklung begonnen.« Ist das wirklich so? Oder ist das eine Phrase, ein Stück neuer Liturgie, die an die Stelle der alten Formeln von der Wiedervereinigung der »Brüder und Schwestern« getreten ist? Gewiß, es trifft zu: »Erstens, die Bindungen Berlins an die Bundesrepublik und damit die Zugehörigkeit der Stadt zur Rechts-, Wirtschafts- und Finanzordnung der Bundesrepublik sind durch das Abkommen der vier Mächte anerkannt. Zweitens, ein ungehinderter Verkehr von Personen und Gütern zwischen Berlin und der Bundesrepublik ist erstmalig gesichert und vertraglich garantiert. Drittens, die Außenvertretung der Stadt durch die Bundesrepublik ist grundsätzlich akzeptiert ...« Hier freilich stockt bereits, wer im Frühjahr 1973 liest, was im Herbst 1972 geschrieben wurde. Zu sehr häufen sich die Beispiele dafür, daß die DDR versucht, diese grundsätzliche Zustimmung zur Einbeziehung Westberlins, die wohlgemerkt nur als Kann-Vorschrift vereinbart wurde, in jedem einzelnen praktischen Fall zu überprüfen und meist negativ zu bescheiden: bei Ausstellungen, Sportveranstaltungen und anderen sich bietenden Gelegenheiten.

Es zeigt sich, daß die Kooperationsbereitschaft der anderen Seite, die von Bonn als selbstverständlich vorausgesetzt wurde, in Wahrheit nicht vorhanden war; daß im Gegenteil in Ostberlin die Angst vor Westberlin – dem Freiheits- und Wohlstandsmodell vor der eigenen Tür – so groß ist, daß man nichts tun möchte, was dessen Lebensfähigkeit stärkt. Die DDR-Führung hat zwar, wenn auch mit knirschenden Zähnen, ihren Part beim Vertragswerk gespielt,

weil die Russen es so wollten; aber sie war, wie sich jetzt hinterher herausstellt, fest entschlossen, die Durchführung so engherzig wie nur irgend möglich zu handhaben.
Diese Diskrepanz – in Bonn die Hoffnung auf eine bereits greifbar nahe Normalisierung, in Ostberlin der feste Entschluß, alles zu tun, um sie auf politischem, ideologischem und menschlichem Gebiet zu verhindern – hat zu einer psychologischen *Antiklimax* geführt. Die Berliner waren zwar von eh und je den Ostverträgen gegenüber zurückhaltend bis skeptisch, aber schließlich hatten sie den Bonner Versicherungen und Beschwörungen doch Glauben geschenkt. Und so haben viele jetzt das Gefühl, Brandt und Bahr hätten im Grunde nur eines geleistet: An die Stelle der Illusionen, die sie beseitigten, setzen sie nicht Realitäten, sondern andere Illusionen, und an die Stelle der früheren Fiktionen nicht Fakten, sondern andere Fiktionen.
Man muß die Berliner verstehen. Sie haben viele Schocks erlebt: 1948/49 die Blockade, den 17. Juni 1953, das Berlin-Ultimatum 1958, den Mauerbau 1961 – zuviel, als daß bei neuen Ereignissen nicht die alten Traumata wieder aufbrächen. Doch auch die Skeptiker geben zu, daß es keinen anderen Weg in die Zukunft gibt als den über die Ostverträge, keine andere Möglichkeit als den Versuch, die anor-

male Situation zu normalisieren. Daß es dabei immer wieder Rückschläge geben wird, wurde jetzt deutlich, ist aber, so meinen sie, von den Architekten der Verträge nie vorausgesagt worden.

Die meisten sind dafür, daß man sich nichts gefallen läßt und hart auf jede Schikane reagiert. Daß ein solches Verhalten ebenso rasch in eine Sackgasse führt wie das, was manche als *appeasement* bezeichnen, ist nicht für jedermann durchschaubar. Auch hier ist eben alles – wie überall in der Politik – eine Frage der Grenze: Wie weit muß man Schikanen hinnehmen, um nicht von neuem in eine Phase eskalierender Konfrontation zu geraten, an welchem Punkte verwandelt sich Vernunft in Schwäche, die schließlich ins Verderben führt?

Wie gesagt: Grundsätzlich sind alle Verantwortlichen für das, was Entspannung, Normalisierung oder wie auch immer genannt wird. Aber so wie drüben in der DDR die Angst groß ist und die Leute in den Betrieben vergattert werden, westliche Verwandte nicht einzuladen und über persönliche Kontakte Berichte anzufertigen, so ist man auch in Westberlin auf der Hut. Es gibt eine Verordnung des Senats vom November 1972, die vorschreibt, daß zwar nicht die Bürger, aber alle amtlichen Stellen den Regierenden Bürgermeister »umfassend über den gesamten Verkehr mit allen Stellen des kommunistischen Machtbereichs informieren« müssen. Dazu gehört auch, »daß Einladungen zu gesellschaftlichen Veranstaltungen vor Annahme der Senatskanzlei fernmündlich oder schriftlich anzuzeigen« sind.

Den Westberlinern, von denen man jahrelang heldenhaften Widerstand verlangte, die stets wie in einer belagerten Festung leben mußten, fällt es eben viel schwerer, auf Entspannung umzuschalten, als den Bürgern in der Bundesrepublik. Wenn man so lange in einer bestimmten Rolle hat leben müssen, ist es schwer, sich in eine neue Rolle hineinzudenken – und vielleicht am allerschwersten, ganz ohne eine solche zu leben.

In Westberlin sieht man mit Sorge dem Moment entgegen, in dem nach Einzug vieler neuer Botschaften Ostberlin im Glanz der Hauptstadt erstrahlen wird, weil die eigene provinzielle Existenz dann noch deutlicher werde. Ich kann auf lange Sicht diese Sorge nicht teilen. Es gibt nichts Langweiligeres als kommunistische Großstädte. Und ob es wirklich zum Glanz der DDR beitragen wird, wenn die Diplomaten nachts durch Schüsse der Volkspolizei aufgeschreckt werden, die auf Bürger schießen, welche von dem Grundrecht auf Auswanderung Gebrauch machen wollen, erscheint mir mehr als fraglich.

Aber das Problem bleibt: Gibt es eine Rolle für Berlin? Braucht es überhaupt eine Rolle?
Die Frage, ob der Status von Berlin durch das Vier-Mächte-Abkommen wesentlich und entscheidend verändert worden ist, beantwortet der Regierende Bürgermeister mit einem klaren »Ja«. Er verweist auf den Transitverkehr, der ohne Einschränkung klappt: »Wenn man jetzt bei der Abfahrt in Berlin auf die Uhr sieht, kann man genau bestimmen, wann man in Frankfurt oder Hamburg ist.« Er erwähnt auch die durchaus zufriedenstellende Besucherregelung und stellt fest: »Die Situation der Stadt hat sich stabilisiert.«
»Kann man unter diesen Umständen neue Pläne machen, gibt es ein Konzept für die neue Phase?«
»So kurzfristig läßt sich natürlich kein neues Konzept machen. Wichtig ist, daß die Wirtschaft weiterläuft, und notwendig wird es sein, das Schwergewicht in Zukunft mehr auf Dienstleistung als auf verstärkte Produktion zu legen. Denn wir sind mit freiverfügbarem Industriegelände bald am Ende.«
Die Wirtschaft »läuft« in der Tat. Wenn man alle Güter, die die Grenze der größten Industriestadt zwischen Moskau und dem Atlantik (265 000 Industriearbeiter) überschreiten, als Ausfuhr betrachtet, dann ist der Export Berlins mit 17,4 Milliarden beinahe so groß wie der der DDR. Freilich steckt die

Bundesrepublik auch allerhand hinein nach Berlin. Im Jahre 1973 sind es 4,5 Milliarden, und bis 1976 soll dieser Betrag noch um 50 Prozent steigen.
Berlin wird wohl als erstes Land die ehrgeizigen, einer modernen Großstadt entsprechenden Bildungsvorhaben der SPD/FDP-Regierung durchführen. Vier Gesamtschulen für 7000 Kinder stehen schon, für weitere 20 000 Schüler sind sie im Bau. Es sind Ganztagsschulen mit Jugendheimen und Büchereien. An der Nahtstelle zur kommunistischen Welt, die auf diesem Gebiet viel Vorbildliches leistet, ist diese Aktivität von großer Bedeutung.
Ein Teil der Berlin-Hilfe wandert in das Berlin-Förderungsgesetz. Jeder Arbeitnehmer erhält eine Zulage von 8 Prozent zu seinem Lohn. Die Einkommensteuer ist in allen Stufen um 30 Prozent niedriger als in der Bundesrepublik, so daß beispielsweise ein Einkommen von 50 000 Mark, das in der Bundesrepublik mit 17 000 Mark besteuert wird, in Berlin nur mit 11 900 Mark zu versteuern ist.
Broschüren fordern zum Investieren in Berlin auf: »Mehr als 50 Prozent der Investitionsvorhaben sind durch die Steuerpräferenzen der Paragraphen 14 und 19 zinslos.« Sie enthalten Beispiele, »wie man ohne Eigenkapital mit Hilfe von Finanzierung durch Mehrabschreibung, Investitionszulage und ERP-Kredite Neuanlagen schaffen kann«: 25 Prozent je-

der neu aufgestellten Maschine bekommt man geschenkt. Das macht verständlich, warum in Berlin der Subventionskapitalismus Blüten treibt.
Eine Zeitlang war viel von Berlin als Drehscheibe zwischen Ost und West die Rede. Solche Vorstellungen hat man inzwischen aufgeben müssen: Wien hatte es verhältnismäßig leicht, Berlin den Rang abzulaufen. Außerdem werden die großen Geschäfte – Röhren, Lastwagen oder was immer es sei – direkt zwischen Moskau und den entsprechenden westdeutschen Firmen ausgehandelt. Dennoch bleibt natürlich für Berlin eine Rolle.
Der tüchtige Hauptgeschäftsführer der Industrie- und Handelskammer, Dr. Braun, betreibt ganz planmäßig Osthandelsförderung für mittlere und kleine Betriebe, die das Gros der Berliner Unternehmen darstellen. Es werden Osthandelsseminare abgehalten und sogenannte Länder-Sprechtage mit *Jugoslawien, Polen, Rumänien, der Sowjetunion* und *Bulgarien*. Experten jener Länder kommen dann nach Berlin, um Fragen von Interessenten zu beantworten. Neuerdings finden diese Sprechtage gelegentlich auch in den osteuropäischen Ländern statt. Und schließlich bietet die einzigartige Lage Berlins eine Reihe von Vorteilen, die dem Osthandel zugute kommen müßten. So können beispielsweise Bürger der sozialistischen Staaten, die Ostberlin be-

suchen, ohne Visum auf der S-Bahn nach Westberlin reisen.
Ich glaube, ein kluger alter Berliner Politiker hat recht, der sagte: »Die Crux hier ist die Mittelmäßigkeit der Führung. Fünfundzwanzig Jahre, in denen alle Kritik, viele Meinungsverschiedenheiten und mancher Korruptionsfall mit dem Argument zugedeckt wurden, dem Feinde keinen Grund zum Triumphieren zu liefern, die machen sich eben bemerkbar. Und wenn wir mal einen fähigen Mann haben, dann wird er nach Bonn geholt. Dabei wäre doch das Beste für Berlin gerade gut genug.«
Der Vorwurf der Führungslosigkeit wird nicht nur dem Rathaus in Berlin, sondern auch der Regierung in Bonn gemacht. Ein alter Freund des Bundeskanzlers meinte: »Der Willy wird allmählich zu einem Denkmal seiner selbst. Der muß wieder zum Streiter werden, er muß sein Vertrauenskapital einsetzen und Funken aus den Leuten schlagen – das kann der nämlich.« Und ein anderer meinte bitter: »Willy Brandt und Egon Bahr, die machen jetzt Weltpolitik – Berlin interessiert sie nicht mehr, vielleicht ist es ihnen sogar lästig.«
In der Tat: »Funken schlagen«, das ist das Stichwort. Mehr als alles andere fehlt in Berlin einer, der Funken schlägt, jemand, der eine Vision hat, der Inspirationen zu vermitteln versteht. Es geht nicht um

mehr Geld oder mehr Produktion, es geht um Geist, um die Aktivierung des intellektuellen Kapitals, das in Berlin steckt.

»Der Regierende«, wie Klaus Schütz genannt wird, sprach von Dienstleistungen und meinte damit wissenschaftliche Institute, ergänzende Einrichtungen zur Universität, Forschungsstätten.

Es gibt sie in Berlin so zahlreich wie in keiner anderen Stadt der Bundesrepublik. In einer Aufstellung, die ich bekam, zähle ich 54 Institute und wissenschaftliche Zentren. Sie reichen von der Bundesanstalt für Materialprüfung, die mit 1500 Angestellten das einzige Institut dieser Art in Europa ist, über verschiedene Zentren, die den Entwicklungsländern gewidmet sind, bis zur Zentraldirektion des ehrwürdigen Deutschen Archäologischen Instituts, das neben Rom und Athen an fünf weiteren Stätten Zweigstellen unterhält.

Es gibt sie also, aber man hat den Eindruck, daß jede Institution für sich das Dasein einer Subkultur führt. Sie wissen wenig voneinander. Die Intellektuellen kennen sich untereinander kaum, befruchten sich nicht, halten nicht zusammen.

Ich erlebte, wie bei einem Abendessen der Generaldirektor der Staatlichen Museen Preußischer Kulturbesitz und der Chef des Wissenschaftszentrums (die beide seit Jahren in Berlin sind) einander vorgestellt wurden. Das wäre, glaube ich, in keiner anderen Stadt denkbar.

Hans Werner Richter bemüht sich mit Erfolg, hin und wieder einen literarischen Kreis zusammenzubringen. Er wohnt in dem Haus, das Sami Fischer, der Gründer des S. Fischer Verlages, 1905 in der Erdener Straße gebaut hat – ein hohes, weißes Jugendstilhaus in einem kleinen Park. »Hier sind Gerhart Hauptmann und Thomas Mann, Tucholsky und Schnitzler aus und ein gegangen, und hier hat Einstein Geige gespielt«, erzählt Richter. Und in ebendiesem Haus fand 1911 nach der Premiere des »Rosenkavaliers« ein großer Ball statt, bei dem die »Autoren« Strauss und Hofmannsthal und alles, was im damaligen geistigen und künstlerischen Leben Rang und Namen hatte, zugegen waren. Übrigens fand die Premiere in Dresden statt, und wie man bei Peter de Mendelssohn nachlesen kann, hatte die Reichsbahn zu diesem Ereignis einen Sonderluxuszug zur Verfügung gestellt, der die Gäste von Berlin nach Dresden brachte. – Ganz so banausisch, wie man es heute gern darstellt, war die wilhelminische Ära offenbar gar nicht.

Was Berlin heute fehlt, sind ein paar Leute wie Hans Werner Richter, kleine Zentren wissenschaftlicher und kultureller Integration. Gäbe es sie, Berlin würde bald den Glanz ausstrahlen, den die meisten

Großstädte Europas heute vermissen lassen. Berlin ist nämlich reich an einzigartigen kulturellen Einrichtungen: 14 Museen mit 80 Wissenschaftlern stellen einen geschlossenen Komplex dar, wie er in der Welt nirgends seinesgleichen hat. Das Dahlemer Museum mit seiner einmalig raffinierten Präsentation ist ohne Zweifel das schönste Museum, das ich in meinem Leben gesehen habe.

Man kann sich gar nicht vorstellen, daß eine Stadt mit solchen geistigen und musischen Ressourcen – gutes Theater, die größte Bibliothek in Deutschland, die weltberühmten Philharmoniker, die einzigartige Philharmonie (wer je dort ein Symphoniekonzert gehört hat, nimmt sich vor, nie wieder einen jener stumpfsinnigen Säle zu besuchen, in denen die Zuhörer wie Schüler in der Aula sitzen, während die Lehrer auf dem Podium musizieren) –, man kann sich gar nicht vorstellen, daß diese Stadt von Kleinbürgern regiert werden soll.

Ist denn die Bürokratie hier wirklich so provinziell, wie es manchmal heißt? Jemand aus der Gesprächsrunde liefert ein ganzes Bündel erstaunlicher Geschichten. Zum Beispiel diese: Eine amerikanische Filmgesellschaft drehte eines Tages einen Film über Berlin und wollte unter anderem auch einen Eindruck der Museen geben. Der zuständige Beamte erklärte: »Nein, die nicht, die Museen gehören zur

Stiftung Preußischer Kulturbesitz, und die untersteht Bonn und nicht Berlin!«

Viel wäre schon gewonnen, wenn die Koordinierung zwischen Bonn und Berlin besser funktionierte. Zur Zeit weiß der eine nicht, was der andere tut – die Querelen um das Stimmrecht und die Visagebühren bezeugen es. Das neueste Beispiel ist die »Treuhandstelle für den Interzonenhandel«, die in Westberlin lokalisiert ist und die als Instrument west-östlicher Verständigung eine wichtige Rolle gespielt hat. Sie soll jetzt unter Umständen nach Ostberlin verlegt und dem Beauftragten Bonns unterstellt werden – eine Überlegung, an der das Rathaus Berlin offenbar nicht rechtzeitig beteiligt war.

Was not tut, wäre – neben dem Senator für Bundesangelegenheiten Dietrich Stobbe, der zwischen Bonn und Westberlin hin- und herreist – eine Planungsstelle im Bundeskanzleramt in Bonn, damit am Ort der obersten Führung und im Verein mit Vertretern von Berlin koordiniert wird. Zwar ist Egon Bahr, der ja im Palais Schaumburg residiert, Bevollmächtigter der Bundesregierung für Berlin; aber er ist dies neben vielen anderen Obliegenheiten. Er brauchte darum einen speziellen Stab, der nur für Berlin zuständig ist; denn sein Vertreter, der ausgezeichnete Ministerialdirektor Kreutzer, der in Berlin das sogenannte Bundeshaus leitet, in dem alle Bonner Ministerien vertreten sind, ist zu weit vom Schuß.

Dieses ganze Haus mit seinen zweihundert Beamten und Angestellten ist mittlerweile wohl ziemlich sinnlos geworden. Es datiert noch aus der Zeit, da es darauf ankam, daß der Bund in Berlin möglichst sichtbar präsent war. Heute ist dies nicht mehr das Allerwichtigste. Es gibt dank der Verlagerung, die seinerzeit stattfand, noch genug Bundesbehörden in Berlin; insgesamt befinden sich mehr Bundesbeamte und Angestellte in Berlin (24000) als in Bonn (22000).

Bonn könnte, ohne daß es den Finanzminister zusätzlich Geld kostet, viel für Berlin tun. Und dabei geht es nicht nur darum, daß die alte Hauptstadt glänzt oder nicht glänzt, sondern darum, ob sie leben oder dahinwelken wird. Wenn aber Berlin dahinwelkt, darüber muß man sich klar sein, dann fällt es *à la longue* wie ein trockenes Blatt zu Boden.

Was aus Berlin wird, ist entscheidend. Schließlich ist Berlin mit seinen zwei Millionen Einwohnern unsere größte Stadt – und überdies das letzte Stück der Urzelle Preußen, das uns geblieben ist. Und ohne die staatsbildende Kraft Preußens und seiner Menschen kann ich mir auch die Bundesrepublik auf die Dauer nicht gut vorstellen. In Bayern mag es ältere Tradition, im Rheinland weit früher Kultur gegeben haben; aber einen Staat zu bauen, verschiedene Gebiete und Stämme zu integrieren, das hat nur Preußen zuwege gebracht.

Die absurdeste aller Grenzen

Wo deutsch und deutsch zusammenstoßen: Blut und Tränen

Im Dezember 1976

Eine Grenze hat in ihrer Unerbittlichkeit immer etwas Erschreckendes. Schon allein darum, weil so viel davon abhängt, ob man ein paar Kilometer weiter östlich oder westlich, nördlich oder südlich geboren wurde. Von den zwei Dutzend Kommilitonen, die ich während meines Studiums an der Frankfurter Universität kannte, sind bis auf vier alle gefallen – die, mit denen ich in Basel im Seminar zusammensaß, sind alle am Leben geblieben. Damals war es der Krieg, der jene Grenze zwischen Frankfurt am Main und Basel zur Schicksalslinie für Millionen werden ließ.

Die Grenze, die heute durch Deutschland geht, ist mitten im Frieden in einer noch viel unbegreiflicheren Weise schicksalbestimmend für den Alltag der Deutschen hüben und drüben geworden. Sie zerschneidet nicht nur eine historisch gewachsene Einheit in zwei Teile, sie markiert zugleich die Trennungslinie zwischen zwei verschiedenen Gesellschafts-, Gesinnungs- und Rechtssystemen, wodurch immer neue Verwicklungen heraufbeschworen werden. Kaum eine Woche vergeht, in der sich dort nicht Zwischenfälle ereignen. Schüsse fallen, Verhaftungen finden statt, Menschen mühen sich angsterfüllt, das ausgeklügelte Sperrsystem zu überwinden. Jeder Schritt im Minenfeld, jeder Griff an den selbstschußbestückten Metallzaun kann der letzte sein.

Bisher waren es stets Volkspolizisten, die ihre Maschinenpistolen auf jene richteten, die den Versuch machten, die DDR zu verlassen. In der vorigen Woche stand zum erstenmal ein DDR-Bürger, Werner Weinhold, der aus der Volksarmee desertiert war, vor einem Gericht der Bundesrepublik, weil er bei seiner Flucht zwei Volkspolizisten erschossen haben soll. Das Gericht in Essen sprach ihn wegen Mangels an Beweisen frei.

Die Reaktion der DDR auf diesen Freispruch: »Das ist Anstiftung zum Mord.« Wer wollte nicht beklagen, daß an dieser Grenze immer wieder Blut fließt? Vielleicht haßten die beiden jungen Leute, die in tragischer Weise umgekommen sind, ihren Dienst an dieser Grenze genauso wie Weinhold den seinen in der Volksarmee.

Vielleicht waren sie entschlossen, nie gezielt auf einen Flüchtenden zu schießen, sondern nur, um der

Pflicht zu genügen, ihre Schüsse in die Luft abzugeben.

Keiner der drei jungen Leute ist im moralischen Sinne schuldig. Schuldig sind allein die Führer und Repräsentanten eines Staates, der zum Töten anstiftet, der seinen Rekruten und Polizisten befiehlt, auf unbewaffnete Landsleute zu schießen. Was mag eigentlich aus jenem Grenzschützer geworden sein, der den italienischen Lastwagenfahrer Corghi auf der Autobahn von hinten erschossen hat? Und was aus den Volkspolizisten, die einen Westberliner mit der Schußwaffe daran hinderten, in die Spree zu springen, um ein türkisches Kind vor dem Ertrinken zu retten, weil an jener Stelle das Ufer die Grenze ist? Die Grenze ist offenbar bedeutender als ein Menschenleben.

Die SED-Herren, die in patriotischen Feiern jene mit Orden dekorieren, denen es gelang, die Flucht eines Mitbürgers zu vereiteln, egal ob dieser tot, lebendig oder schwer angeschossen abgeliefert wird – sie haben Schuld. Sie sind die eigentlichen Mörder. So wie im Dritten Reich nicht allein denen, die zum Exekutionskommando abkommandiert waren, die moralische Verantwortung angelastet werden kann, sondern vor allem denen, die in ihren politischen Zentralen den Befehl dazu gaben.

So absurd wie die Grenze, so absonderlich ist dieser

Staat, der nicht ertragen kann, daß seine Bürger Kritik üben, nicht einmal dann, wenn ihre Loyalität einzig und allein der DDR gilt. Fast empfindet man Mitleid mit einem Regime, das von sich gern als der exemplarischen deutschen Nation spricht, das aber so schwach ist, daß es von den Versen des Liedersängers Wolf Biermann überwältigt zu werden fürchtet. Als jetzt gegen dessen Ausbürgerung zunächst zehn führende Schriftsteller und Künstler protestierten – nach und nach wurden es über hundert –, sind diese von der SED mit allen Mitteln unter massiven Druck gesetzt worden. Sie sollten veranlaßt werden, ihre Solidaritätserklärung zu widerrufen.

Zu dem siebzigjährigen Bildhauer und Nationalpreisträger Fritz Cremer, der im Krankenhaus lag, hat sich sogar der Kulturminister, Hans Joachim Hoffmann, persönlich begeben, um ihm ein Ultimatum zu stellen: Wenn du widerrufst, lassen wir deinen Schwiegersohn Peter Schwarzbach wieder frei. Wenn nicht, bleibt er in Haft. Der Kranke widerrief. Anderntags allerdings widerrief er wiederum seinen Widerruf.

Ein anderer Mitunterzeichner, der Regisseur Horst Seemann, wurde nach einer von den Sicherheitsdiensten der Bruderländer neu entdeckten Methode von Unbekannten hinterrücks zusammengeschlagen – so wie der arme Kostja Bogatyriow in Moskau, der acht Tage später starb. Oder wie neulich Frantisek Kriegel, ehemals Mitglied des KPC-Präsidiums, und seine Frau, die in ihrer Wohnung in Prag überfallen wurden.

Die Überreaktion der Partei ist offenbar darauf zurückzuführen, daß die Stimmung der Bevölkerung in der DDR sich seit Helsinki merklich gewandelt hat. Die Konferenz von Helsinki, die vom Osten so intensiv gewünscht und vom Westen so skeptisch, wenn nicht negativ beurteilt wurde, hat andere Wirkungen gehabt, als beide Seiten annahmen. Sie hat den DDR-Bürgern zum Bewußtsein gebracht, daß auch sie Rechte haben und nicht nur Pflichten. Unter Berufung auf die allgemeine Erklärung der Menschenrechte der Vereinten Nationen (»Jeder Mensch hat das Recht, jedes Land, einschließlich seines eigenen, zu verlassen«) und auf das Gesetz für die DDR-Staatsbürgerschaft (ein Staatsbürger »kann auf seinen Antrag aus der Staatsbürgerschaft der DDR entlassen werden«) haben viele Zehntausende von DDR-Bürgern Antrag auf Entlassung aus der Staatsbürgerschaft und Umsiedlung in die Bundesrepublik gestellt. Sie tun dies, auch wenn sie dabei harte Strafen in Kauf nehmen müssen. Die DDR-Verfassung und das Staatsbürgergesetz sind neuerdings zu Bestsellern geworden.

Viele sehr kleine Schritte zu dem Ziel »mehr Bürgerrechte« sind getan worden. Zwei weithin sichtbare Ereignisse markieren den Weg: Helsinki im Sommer 1975 und die Konferenz der kommunistischen Parteien Europas in Ostberlin im Juni 1976. Dort in Ostberlin haben damals Enrico Berlinguer und Santiago Carillo, der Chef der spanischen Kommunisten, in ihren Reden – die im *Neuen Deutschland* abgedruckt wurden – verkündet, es gäbe kein für alle gültiges kommunistisches Führungszentrum mehr und keine Partei, die allein alles bestimmen könne. Ein ganz anderes, sicher noch lange weiterwirkendes Fanal hat Pfarrer Brüsewitz mit seinem Flammentod gesetzt.

Die SED-Führung, der all dies größte Sorge bereitet, hält jetzt offenbar die Zeit für gekommen, die Bevölkerung wieder einzuschüchtern. Der Fall Weinhold, der die Möglichkeit bietet, die eigene Schuld auf die Bundesrepublik abzuwälzen, stellt dabei eine willkommene Ablenkung dar.

Der erste aufsehenerregende Fall, der von dem neuen Selbstbewußtsein zeugte, ereignete sich am 10. Juli 1976 in Riesa in Sachsen. Der 46jährige Arzt Dr. Karl-Heinz Nitschke verfaßte zusammen mit seiner Ehefrau und 32 anderen Bürgern eine »Petition zur vollen Erlangung der Menschenrechte«, die sie den DDR-Behörden zuleiteten. Nitschke und seine Frau

hatten nach ungezählten, immer wieder abgelehnten Anträgen auf Übersiedlung 1964 den Versuch unternommen, heimlich in die Bundesrepublik zu gelangen. Die Flucht mißlang. Er wurde zu zwei Jahren, seine Frau zu einem Jahr Freiheitsentzug verurteilt. Die Zeit nach seiner Rückkehr aus dem Gefängnis beschreibt er in einem Brief vom 13. August 1976: »Unser gesamtes Leben war und ist von täglichen Schikanen, Erniedrigungen und Behinderungen überschattet. So wurde ich auch nach meiner Entlassung aus der ersten Einkerkerung von meiner Familie getrennt. Meine Facharzt-Anerkennung als Internist wurde von fünf auf elf Jahre verzögert ...«
Drei Tage nach Absendung der Petition, die inzwischen noch von fünfundvierzig weiteren Bürgern aus der Umgegend unterzeichnet worden war, fanden Haussuchungen und Vernehmungen statt. Am Ende wurden Dr. Nitschke und einige andere verhaftet – man vermutet, daß sie in einem Schauprozeß abgeurteilt werden sollen.

In den vergangenen drei Jahren waren etwa 500 Ärzte unter denen, die aus der DDR geflüchtet und von Bonn aus den Gefängnissen freigekauft worden sind. Für solche Transaktionen wurden allein im vorigen Jahr insgesamt 104 Millionen Mark aufgewandt. In den ersten acht Monaten dieses Jahres sind, wie die *Welt* berichtet, 950 politische Häftlinge gegen Geld und Sachwertleistungen freigelassen worden. Der Preis pro Person beträgt 40 000 Mark. Einige der heute in der Bundesrepublik lebenden Ärzte haben vor kurzem an den SED-Generalsekretär Honecker geschrieben und dargelegt, daß nicht die niedrigen Gehälter oder die manchmal unzulängliche Ausrüstung mit Geräten sie vertrieben habe, sondern »die starke Überwachung der Ärzte« und die Tatsache, »daß der Facharzt-Titel vom fünfjährigen Besuch der Marxismus/Leninismus-Kurse abhängig gemacht wird«.

Nirgendwo sonst in der Welt gibt es eine Grenze, die so verschiedene Welten voneinander trennt, nirgendwo sonst spielt es eine so entscheidende Rolle, ob man 100 Meter weiter rechts oder links einer Trennungslinie geboren wird.

Was bedeutet die Hitlerwelle?

Ein Phänomen, gegen das wir uns nicht wehren können

Im September 1977

Einige meinen, nun sei es bald wieder soweit. Die Stichworte, die von Hand zu Hand weitergereicht werden und die überall auftauchen, heißen: Hitlerwelle, Führerboom, Hakenkreuznostalgie, Renazifizierung der Bundesrepublik. Was für ein Blödsinn, denkt man zunächst, und: In welchem Lande leben die, die solches behaupten, eigentlich?

Dann beginnt man sich umzuschauen und die einschlägige »Literatur« der letzten drei Monate durchzublättern. Und da staunt man allerdings: Es gibt keine Illustrierte, die nicht über eine der Nazigrößen berichtet. In jeder besseren Stadt läuft Fests Hitlerfilm und ist stets ausverkauft. Es gibt Hitlerplatten, Hitlersondernummern, Hitlersouvenirs – letztere freilich speziell für Ausländer. Und es wird demnächst eine Hitler-Rockoper »Der Führer« geben, die eine Kölner Plattenfirma vermarktet. Übrigens in englischer Sprache, »weil der Inhalt da mehr hergibt«.

Die Münchner *Abendzeitung* brachte einen Bericht über Hitlers Privatbibliothek (Karl May und Flottenkalender), die in Washington liegt. John Jahr annonciert in der anrüchigen *National- und Soldaten-Zeitung* mit einer Vierfarbbeilage einen fünfbändigen Nachdruck von *Signal*, »der besten Propagandazeitschrift aller Zeiten«. Es heißt dort: »Überzeugen Sie sich mit eigenen Augen davon, wie brillant die NS-Propaganda arbeitet.«
Hitlers Kraftfahrzeugschein brachte auf einer Auktion in München 4100 Mark, seine Schirmmütze 6500 Mark. Ein Exemplar von »Mein Kampf«, vom Autor signiert, wurde in Berlin für 2200 Mark verkauft.
»Bis vor wenigen Jahren«, schreibt der *Economist,* »schien das deutsche Fernsehen geradezu besessen von dem Bedürfnis, immer neue Dokumentationen über Nazigreuel und Völkermord zu bringen.« Das englische Blatt erinnert an den Tag, an dem sich zum 25. Mal das Kriegsende jährte. Damals habe man Abend für Abend Horrorbilder gezeigt: KZs, Leichenberge, Ruinenstädte und immer wieder Tote und Verbrechen. Der *Economist* setzt hinzu, niemand könne der Bundesrepublik vorwerfen, sie habe versucht, die Vergangenheit zu verschleiern, und dann stellt er die berechtigte Frage: »Woher dieser Wandel?«

Ja, in der Tat, woher dieser Wandel? Natürlich gibt es auch hier keine Monokausalität. Sicher hat da ein ganzes Bündel von Faktoren zusammengewirkt: der Überdruß an dem moralisierenden Ton, der die anfängliche *reeducation* fortsetzte. Schon der Beginn nach 1945, die Rechtsprechung allein durch die Sieger, die alles, was da kreuchte und fleuchte, anklagten, war sehr unglücklich und führte dazu, daß viele sich daraufhin berechtigt glaubten, alles zu verdrängen. Im übrigen stirbt die ältere Generation mit ihrem moralischen Entsetzen allmählich aus, und übrig bleiben die Jüngeren mit ihrem Unwissen.
Der *Spiegel* schrieb zum Erscheinen des Fest-Films: »Zum erstenmal befreien bundesdeutsche Filmer den zum Zelloloidmonster degenerierten *Führer* von den Denkschablonen antifaschistischer Aufklärungsfilme.« Vielleicht ist es das. Hitler, der plötzlich kein Tabu mehr ist – das war ja wohl auch Fests Motiv.
Nun darf man eines nicht übersehen: Auch im Ausland gibt es heute, dreißig Jahre danach, eine Art Hitlerwelle. In Kanada und in der Sowjetunion werden Bühnenstücke bearbeitet, die dieser Figur gewidmet sind. In England und in den Vereinigten Staaten sind in den letzten fünf Monaten vier Bücher erschienen, von denen zwei je 1000 Seiten umfassen. Unter ihnen das umstrittene Buch eines umstrittenen

Autors, David Irvings: »Hitler's War«. In diesem Werk, das in Deutschland schon 1975 unter dem Titel »Hitler und seine Feldherren« erschien, war damals Irvings provozierende These gestrichen worden, Hitler habe von der Massentötung westeuropäischer Juden vor Oktober 1943 nichts gewußt; er habe auch nie den Befehl dazu gegeben.
Im Mai dieses Jahres erschien dieses Buch nun in London. Diesmal mit jener These. Und seither tobt ein erbitterter Kampf aller Historiker Englands und aller englischen Zeitungen gegen David Irving, der behauptet, daß die englische Weigerung, mit Hitler Frieden zu machen, schuld an dem namenlosen Leid des Krieges, der unsagbaren Zerstörung und dem Tod von sechs Millionen Juden gewesen sei. Also auch in England ist Hitler in aller Mund.
Wenn man sich die Frage vorlegt, was ist denn nun mit der Hitlerwelle, dann muß man zweierlei unterscheiden. Einmal den Rummel von John Jahr bis zur Hitlermütze, der in erster Linie kommerziellen Motiven entspringt und der der Freßwelle oder Reisewelle nicht unähnlich ist. Von dieser Hitlerwelle wird in sechs Monaten niemand mehr sprechen.
Zum anderen gibt es das beunruhigende Phänomen Hitler, das keinen Wissenschaftler und keinen geschichtlich interessierten Menschen in Ruhe läßt. Es hatte jene englischen und amerikanischen Historiker

und auch Joachim Fest umgetrieben. Am besten hat Alan Bullock, Oxfords großer Historiker, der das erste Buch über Adolf Hitler geschrieben hat, dies vor zwanzig Jahren einmal in einem Vorwort formuliert. Er schrieb damals:
»Je mehr ich über Adolf Hitler erfahre, je schwieriger wird es mir, das, was eingetreten ist, zu erklären und es zu akzeptieren. Irgendwie stehen die Ursachen in keinem Verhältnis zu den Wirkungen. Unsere Logik und unsere Erfahrung lehnen sich auf gegen die Zumutung, glauben zu sollen, daß der junge Hitler aus dem Stoff war, aus dem Cäsar und Bonaparte gemacht waren. Und doch liegen die Beweise vor. Sie zeigen, daß wir im Irrtum sind. Hier in dieser Kluft zwischen den Ereignissen und ihrer Erklärung liegt die Faszination von Hitlers Karriere.«
Und wie steht es mit der Renazifizierung in der Bundesrepublik? Die These ist so absurd, daß es genügt, sich die Voraussetzungen vor Augen zu führen, die damals der Naziherrschaft den Boden bereiteten, um zu erkennen, daß uns Welten von jener Zeit trennen: ein verlorener Krieg, der die Dolchstoßlegende heraufbeschwor, Freikorps entstehen ließ, zu Fememorden, falscher Solidarität und pervertierten Ehrbegriffen führte. Ferner: sechs Millionen Arbeitslose, was doch bedeutete, daß etwa ein

Drittel des Volkes von einer Unterstützung leben mußte, die pro Familie und Woche weniger als zwanzig Reichsmark betrug. 1933 also sechs Millionen Arbeitslose, drei Jahre nach Hitlers Machtergreifung Vollbeschäftigung! Nicht zuletzt dies war ein Grund für seinen Nimbus.

Damals lebte man in und mit seiner Nation, man fühlte sich ihr eng verbunden. Die nationale Geschichte wurde als eigenes Schicksal empfunden, die Schmach der Nation persönlich durchlitten, »Freud und Leid« mit ihr geteilt. Heute ist Nation für die Mehrzahl ein fremder Begriff. Wem würde wohl angesichts einer Uniform noch das Synonym »Ehrenkleid der Nation« einfallen?

Damals waren es hierarchische Kategorien, die alle Vorstellungen bestimmten, dem Staat gegenüber wie auch innerhalb der Gesellschaft. Die Beamten waren Götter, der Bürger war zum Dienen da. Heute ist sich jeder selbst der Wichtigste, und gegen jede Form von Autorität empfinden die meisten in erster Linie Aufsässigkeit.

Renazifizierung? Nein, eine solche Ideologie gedeiht nur in den Hirnen unterernährter Massen und ihrer von Neid und Haß erfüllten Führer. Mit dem Wohlstand sind bei uns Selbstgefühl, Toleranz und pragmatisches Denken eingezogen. Darum müssen wir es auch ertragen können, wenn wir von anderen kritisiert und verdächtigt werden. Denn niemand kann nun einmal aus seiner Vergangenheit aussteigen. Sie ist immer gegenwärtig, auch wenn sie schon Geschichte geworden ist.

Chancen für Berlin

Weizsäcker als Spitzenkandidat

Im September 1978

Es geschehen Zeichen und Wunder: Jahrelang hat man darauf gewartet, den Berlinern möge die Erkenntnis dämmern, daß Geld allein nichts nutzt, selbst wenn es im Jahr sieben Milliarden Mark Subventionen sind, daß es vielmehr auf die Menschen ankommt – auf die menschlichen und politischen Qualitäten derjenigen, die in diesem Stadtstaat zwischen den Welten die Führung verkörpern. Jahrelang hatte man auf ein Wunder gehofft und darauf gesetzt, daß die CDU aus ihrem Dauerschlaf erwacht, um das Gesetz des Handelns dort in die Hand zu nehmen, wo andere die Zügel schleifen lassen.

Nun ist beides zugleich geschehen. Die CDU schickt Richard von Weizsäcker als Kandidat für das Amt des Regierenden Bürgermeisters nach Berlin – seit Jahren hat sie nichts ähnlich Gescheites getan.

Wann immer man in Berlin ist, in dieser grandiosen Stadt mit der trotzig pfiffigen Bevölkerung, spürt man die Diskrepanz zwischen der ungewöhnlichen Vergangenheit und dem, was in allen Parteien an

Führungssubstanz übriggeblieben ist: provinzielle, in taktischem Gerangel und Gekungel verfilzte Funktionäre. Dies ist vor allem auf der Bezirksebene der Fall. Im Senat sitzen zwar ausgezeichnete Leute, aber auch da ist keiner mehr, dem der weite Mantel paßt, den einst Ernst Reuter trug.

Nun wird sich Weizsäcker in diese Arena stürzen – eine unangefochtene moralische Autorität, ein Mann von großer Lauterkeit und hohen Geistesgaben, der vielseitige politische Erfahrungen mitbringt und dessen Ehrgeiz mehr auf die Sache als auf den persönlichen Erfolg gerichtet ist. Manche meinen, gerade ein so beschaffener Politiker werde in diesem Klima des »Eine-Hand-wäscht-die-andere« zum Untergang verdammt sein. Sie vergessen, daß die Berliner dieser Mentalität längst überdrüssig sind. Manch einer wird in Berlin die Chance zu solchem Wechsel ergreifen, auch wenn er normalerweise vielleicht nicht für die CDU gestimmt hat, vor allem die Jungen, denen Parteienstreit auf unterstem Niveau von Herzen zuwider ist.

Sechs Monate bis zur Wahl im kommenden Frühjahr – da bleibt freilich wenig Zeit. Aber Weizsäcker benötigt ja keine Public-Relations-Firma, die erst auf Touren kommen muß. Er hat genug Ausstrahlung, um durch sich selbst zu wirken. Auch kann man sich vorstellen, daß spontane Bürgerinitiative mithilft, einen Politiker an die Spitze zu bringen, der die Probleme beim Namen nennt, sie nicht verkleistern will, sondern zu lösen trachtet, ein Mann, dem taktisches Ränkespiel und Schacherei um kleinliche Vorteile ganz und gar fremd sind.

Für ihn selbst bedeutet diese Herausforderung – »endlich eine wirkliche Aufgabe« – eine große Genugtuung. Die Aufgabe allerdings ist herkulischen Ausmaßes: Bei der letzten Wahl war der CDU-Vorsitzende Peter Lorenz gerade aus der Hand der Terroristen befreit worden. Seine Partei, der damals eine Welle von Sympathie entgegenschlug, brachte es auf 43,9 Prozent. Dieses Rekordresultat noch zu erhöhen wird schwer sein. Sollte es gelingen, so würde den Sieger die dann ebenso schwere Aufgabe erwarten, die CDU zu verändern, was vor allem heißt, sie zu verjüngen.

Richard von Weizsäcker hat nie danach gefragt, was seiner Karriere nutzt oder ob ihr etwas zum Schaden gereicht. Er hat sich immer zur Verfügung gestellt, wenn er gerufen wurde, selbst dann, wenn er keinerlei Chance hatte, beispielsweise 1974, als die CDU/CSU-Mitglieder ihn bei der Bundespräsidentenwahl zu Walter Scheels Gegenkandidaten nominierten. Er akzeptierte, ungeachtet der Mehrheitsverhältnisse, die die Niederlage mit Sicherheit voraussehen ließen. Seine Begründung: »Demokratie bedeutet Alternative, einer von uns muß sich zur Wahl stellen.«

Schon 1969 wurde Weizsäcker, eben erst in den Bundestag eingezogen, und noch einmal 1971 mit der größten Mehrheit in den Bundesvorstand der CDU gewählt. Niemand in der CDU hat so viel über die ethischen Grundlagen und die theoretische Basis der Partei nachgedacht wie er. Schon 1973 hat er zum ersten Male seinen Entwurf für die Grundwerte der Christlichen Demokraten vorgelegt: »Grundwerte erfüllen nur dann ihren Sinn, wenn sie dem Gemeinwesen im ganzen dienen und nicht nur den Anhängern einer Partei.« Und: »Die Bindung an Grundwerte soll parteipolitisches Handeln für die gemeinsame Aufgabe im Staat öffnen.«

Weizsäcker ist gebürtiger Württemberger, aber seine Auffassungen über Verantwortung, Pflicht und Dienst an der Gemeinschaft sind eher preußisch. Er paßt gut zu den Berlinern, für die diese Begriffe noch lebendig sind, weil sie noch nicht den alleinseligmachenden Materialismus als einziges Emblem an ihre Fahne geheftet haben.

Eine deutsche Geschichtsstunde

»Holocaust« – Erschrecken nach dreißig Jahren

Im Februar 1979

Eine solche Woche hat es im bundesdeutschen Fernsehen noch nicht gegeben: vier Tage lang je zwei Stunden *Holocaust* plus mehr als eine Stunde Diskussion und dabei wachsende Einschaltquoten: 32, 36, 39, 41 Prozent; im Bereich einiger Sendestationen, beispielsweise in Berlin, waren es sogar 47 Prozent.

Vierundzwanzig Stunden lang hatten alle ARD-Stationen sämtliche Telephone besetzt: 7000 Anrufer täglich, dazu ungezählte Briefe, Telegramme, Fernschreiben. An allen Schulen, in allen Familien gibt es nur eine Diskussion: *Holocaust;* in Redaktionen, an Stammtischen, unter Studenten ist es nicht anders. Das Volk ist aufgewühlt, betroffen und plötzlich von großem Wissensdurst erfüllt. Das zeigte sich in den Fragen, die bei der Diskussionsrunde einliefen: Hat die Mehrzahl des deutschen Volkes wirklich nichts gewußt? Sind auch wir Heutigen mitschuldig? Was ist die Lehre aus diesen schrecklichen Ereignissen?

Wohl gab es zu Anfang auch viele, die indigniert meinten: »Warum nach 30 Jahren noch einmal alles aufrühren, laßt uns endlich in Ruhe damit!« Aber ihre Zahl nahm von Sendung zu Sendung ab.
Unter der Liga der Filmkritiker, angeführt im vorigen Jahr von der *New York Times*, gab und gibt es auch bei uns manch kritischen Einwand: melodramatische Schnulze, triviales Unterhaltungsklischee, Love-Story und Horror-Story in unzulässiger Mischung – als ob diesen ästhetischen Kategorien gegenüber der moralischen Dimension und Botschaft dieses Films auch nur die geringste Bedeutung zukäme.
Bei manchen Kritikern ist die Überschätzung und Überbewertung des Ästhetischen auf Kosten des Moralischen zuweilen wirklich erschreckend. Vor einigen Jahren gab es einen Film, der damals als einmalig großartiges und herrliches Werk gepriesen wurde und monatelang in allen Kinos lief: »Spiel mir das Lied vom Tod«. Neugierig ging ich hin und sah die perfekteste Kombination von Ästhetizismus und Brutalität, die ich je auf der Leinwand erlebt hatte. Solch rein ästhetischer Purismus, der keine andere Wertung neben sich duldet, ist außerordentlich gefährlich, weil er nach und nach und fast unbemerkt das Wertsystem verschiebt. Auch während der Hitlerei hat die ästhetische Perfektion der Fahnenauf-

märsche oder der grandiosen Choreographien bei den Nürnberger Parteitagen manchen bestochen und zum »Mitläufer« gemacht.

An *Holocaust* zeigt sich nun, daß wissenschaftliche Forschung und intellektuelle Aufbereitung nur oberflächliche Kenntnisnahme von Tatbeständen ermöglicht haben. Erst als die emotionale Seite angeschlagen wurde, ist der Zugang zum Gemüt erschlossen worden. Denn allein das Gemüt – wenn man dies einmal als Pauschalbezeichnung für alles Nicht-Zerebrale verwenden darf – unterscheidet den Menschen von einem auf *efficiency*, Ästhetizismus oder was auch immer programmierten Computer. Die Fernsehanstalten haben während der letzten Jahre über hundert Filme ausgestrahlt, die die Verbrechen der Hitler-Zeit zum Thema hatten, ungezählte Dokumentationen wurden veröffentlicht, Diskussionen abgehalten, Statistiken zusammengestellt – der Erfolg war gering: Gequältes Interesse wechselte mit Überdruß.

Erst die Geschichte der jüdischen Familie Weiß hat diese über dreißig Jahre währende Apathie mit einem Schlage durchbrochen – die Geschichte des Arztpaares Weiß, das von Berlin nach Warschau vertrieben und dann von Warschau nach Auschwitz abtransportiert wird, dessen Sohn Karl, verheiratet mit einer Christin, im KZ gefoltert wird und in

Auschwitz auf dem Wege zur Gaskammer stirbt, während der jüngere Bruder als Partisan im Untergrund kämpft und die kleine Schwester in einer »Euthanasie«-Anstalt umgebracht wird.
Kommentar einer Gruppe von Schülern, die während der letzten Sendung im Studio anrief: »Gut, daß der Einstieg in dieses Kapitel emotionaler Natur ist, das ermöglicht es uns, daran teilzunehmen.« Zum erstenmal also bot dieser Film Identifikationsmöglichkeiten, die es bisher nicht gab. Was bedeutet, gemessen daran, der Einwand, daß die Uniformen nicht hundertprozentig stimmen oder daß gewisse Begebenheiten reichlich konstruiert wirken? Auch bei Lessings »Nathan« ist dies der Fall. Und auch Tolstoi hat sich nicht gescheut, Napoleon ausgerechnet an der Stelle über das Schlachtfeld reiten zu lassen, wo Fürst Bolkonskij, die Hauptfigur in »Krieg und Frieden«, verwundet lag.
Und was macht es schon, daß der sehr überzeugende Sturmbannführer Dorf als Einzelperson so nicht existiert hat? Auch der »Prinz von Homburg« war zur Zeit der Schlacht von Fehrbellin weder ein strahlend junger Held noch der Liebhaber Natalies, sondern ein 42jähriger Familienvater, der seit Jahren in zweiter Ehe mit der Nichte des Kurfürsten verheiratet war. Es kommt ja, selbst bei einem Porträt, nicht auf photographische Ähnlichkeit an, sondern allein dar-

auf, daß die höhere Wahrheit deutlich wird. Und genau dies ist in *Holocaust* geschehen – vielleicht mit der einzigen Einschränkung, daß die Überlebenden sagen, daß es in Wirklichkeit noch viel schlimmer gewesen ist.

Aber wie ist es mit der Frage der jungen Leute: »Haben unsere Eltern und Großeltern wirklich von alldem nichts gewußt?« Gewiß gab es schon damals, genauso wie in den jetzt zurückliegenden Dezennien, psychologische Abwehrmechanismen, die mögliches Wissen verhinderten oder verdrängten.

In einer Zeit wie der unseren, in der alles öffentlich diskutiert und kritisiert wird, in der, wer immer Veranlassung dazu verspürt, protestieren kann, in der nichts verborgen bleibt und Enthüllungen an der Tagesordnung sind, ist es nicht leicht, sich eine Welt ohne Parlament, ohne Demonstrationen, ohne *Spiegel* vorzustellen. Heute ist der, der kritisiert und protestiert, ein Held. Damals wurde er als Verräter geächtet und verschwand in irgendeinem Lager. Der große jüdische Philosoph Martin Buber sagte 1953 in der Paulskirche: »Mein der Schwäche des Menschen kundiges Herz weigert sich, meinen Nächsten deswegen zu verdammen, weil er es nicht über sich brachte, Märtyrer zu werden.«

Als zu etwa der gleichen Zeit der Pädagoge Kurt Hahn, der das von ihm gegründete Landerziehungs-

heim Salem in Baden hatte verlassen müssen, die ersten jungen Deutschen in seiner neuen Schule in Schottland begrüßte, richteten diese die bange Frage an ihn: »Sind wir mitschuldig?« Seine Antwort: »Nein, aber es ist euer Vorrecht, für das Unrecht, das euer Volk begangen hat, zu erröten.«
Und Bundeskanzler Schmidt sagte vor zwei Jahren in Auschwitz: »Die heute lebenden Deutschen sind als Person zuallermeist unschuldig. Aber wir haben die politische Erbschaft der Schuldigen zu tragen und daraus die Konsequenzen zu ziehen. Hier liegt unsere Verantwortung.«
Dies beantwortet in gewisser Weise zugleich die wichtigste Frage, die nach der Vorführung von *Holocaust* an die Diskussionsrunde gestellt wurde – die Frage nach der Lehre, die aus jenen Ereignissen zu ziehen ist. Renate Harpprecht, Mitglied dieser Runde, die selber in Auschwitz war und deren Eltern dort vergast worden sind, gab folgende Antwort: »Man kann sich sein Volk nicht aussuchen. Ich habe mir damals manchmal gewünscht, nicht Jüdin zu sein, dann bin ich es aber in sehr bewußter Weise geworden. Die jungen Deutschen müssen akzeptieren, daß sie Deutsche sind – aus diesem Schicksal können sie sich nicht davonstehlen.«
Dann die Frage: »Wie kann man verhindern, daß Ähnliches sich wiederholt?« In *Der Monat* vom

Dezember 1978 schildert Bruno Bettelheim in einem ungemein lesenswerten Artikel, wie vieles möglich wurde, weil das Ausbleiben einer rechtzeitigen Reaktion die Nazis immer dreister werden ließ. Er weist darauf hin, daß die erste Gruppe, die systematisch getötet wurde – zum Teil in den mobilen Gaskammern –, nicht Juden, sondern Geisteskranke waren. Als dieses getarnte Unternehmen ruchbar wurde, war die Reaktion der Kirchen und der Bevölkerung so vehement, daß die Nazis ihr Vernichtungswerk einstellen mußten.

Gegen die Verfolgung von Juden hingegen – die langsam und sukzessive gesteigert worden ist: Erst wurden sie lächerlich gemacht, dann mißhandelt, dann in Lager gesteckt und schließlich zur Vergasung abtransportiert – wurden keine Proteste laut. Weder von den Kirchen noch von den Bürgern. Weder im Lande noch draußen.

Bettelheims Botschaft heißt: »Wehret den Anfängen!« und »Meßt nicht mit zweierlei Maß!«. Mit anderen Worten: Es genügt nicht, bloß dann zu protestieren, wenn Amerika gegen Vietnam Krieg führt, und kein Wort darüber zu verlieren, wenn ein verbrecherisches System in Kambodscha über eine Million Menschen umbringt, was bei einer Bevölkerung von sechs Millionen dem Tatbestand des Genozids sehr nahekommt. Protestaktionen sind nur überzeugend, wenn sie aus moralischer Entrüstung wachsen – ideologische Motive sind kein Ersatz, genausowenig wie es Sympathien und Antipathien gegenüber Geisteskranken und Juden waren.

Der Faschismus ist, mindestens bei uns, *ad absurdum* geführt worden – er wird sich nicht wiederholen. Aber es gibt immer neue Anfechtungen: Der Teufel erscheint nicht zweimal in der gleichen Gestalt. Es reicht nicht aus, heute den Widerstand nachzuholen, der damals nicht geleistet wurde; es kommt darauf an, Sensibilität gegenüber den akuten Anfechtungen zu entwickeln.

Die achtziger Jahre

Vom Wesen der Deutschen

Ein Volk im Wechsel von apokalyptischem Fall und phönixhaftem Aufstieg

Im August 1981

Vor zwanzig Jahren, am 13. August 1961, ließ die SED quer über den Potsdamer Platz in Berlin erst Stacheldraht spannen, dann die Mauer setzen, die als ein einzigartiges Monument menschlicher Barbarei die ehemalige Hauptstadt verunziert.

Die SED-Führung legt heute größten Wert auf die Feststellung, daß es zwischen den Menschen in der DDR und denen in der Bundesrepublik wegen der sozioökonomischen Gegensätze kein Zusammengehörigkeitsgefühl mehr gibt. Mit der Errichtung der Arbeiter- und Bauernmacht habe sich ein neuer Typus – eben die »sozialistische Nation« – entwickelt, der qualitativ viel höher zu bewerten sei als die »bürgerliche Nation« der Bundesrepublik.

Die Auffassung, daß die beiden Deutschlands nichts miteinander zu tun haben, hat sich in der Führung der DDR erst Ende der sechziger Jahre herausgebildet. Noch 1966 findet man häufig die Formel »zwei Staaten, aber eine Nation« – dies war beispielsweise der Wortlaut in einem Aufnahmegesuch der DDR an die Vereinten Nationen. Aber schon ein Jahr darauf, beim VII. SED-Parteitag im Jahre 1967, wurde die Unterscheidung zwischen »Staatsvolk« und »Nation« eingeführt. Und noch ein Jahr später, in der Verfassung von 1968, wird die DDR im Artikel 1 als »sozialistischer Staat Deutscher Nation« bezeichnet. Mitte der sechziger Jahre also gab es auch in der östlichen Vorstellung noch immer eine Nation, zu der zwei Staaten mit verschiedenen Gesellschaftssystemen gehörten. Erst nach und nach ist dann die Einzigartigkeit des »sozialistischen Nationalstaates« postuliert worden, der nichts mehr mit der bürgerlichen Nation zu tun hat.

Freilich haben auch wir unsere Auffassung im Laufe der Zeit geändert. Auch wir hatten keineswegs von vornherein die Vorstellung, daß da zwei Staaten unter einem nationalen Dach hausen. Ein Vierteljahrhundert lang gab es für uns nur einen Staat, der die Nachfolge des Deutschen Reiches angetreten hatte und der die Alleinvertretung für das Ganze beanspruchte: die Bundesrepublik. Der deutsche Staat im Osten wurde zu jener Zeit als Un-Staat angesehen, als Sowjetzone. Erst nach Abschluß der Ostverträge und des Grundlagenvertrages hat sich dies geändert.

Haben die Deutschen jetzt also zwei Vaterländer?

Diese Frage macht deutlich, wie schwer wir es mit unserer nationalen Identität haben. Wir haben keine – sie fehlt uns. Es gibt keine Deutschen mehr, sondern nur »Bürger der Bundesrepublik« und »Bürger der Deutschen Demokratischen Republik«. Man stelle sich einmal vor, die Franzosen könnten nicht mehr sagen: »Bei uns in Frankreich …« und die Amerikaner nicht mehr: »Wir Amerikaner …«. Es ist gar nicht so leicht, in solcher Anormalität zu leben.

Aber vielleicht haben die Deutschen nie eine Identität besessen? Man muß sich wirklich fragen, ob sie je mit sich selber so identisch waren, wie Engländer oder Franzosen dies sind. Die Deutschen waren immer wieder jemand anders. So rasch wechseln die Bilder, daß man meinen könnte, fast jede Generation stelle ein anderes Volk dar. Einst waren sie als Dichter und Denker bekannt, waren es die Unsterblichen der Musik, die das Bild der Deutschen prägten. Sie waren Wissenschaftler und Gelehrte – lange Zeit war Deutschland das geistige Laboratorium Europas, alle neuen Ideen des 19. Jahrhunderts entstanden hier. Karl Marx, Sigmund Freud und Albert Einstein waren die Urheber großer Entdeckungen und Einsichten, die für die ganze Welt noch heute bestimmend sind. Dann setzte erst die wilhelminische Generation die Welt in Schrecken, und danach

stampften die Deutschen in braunen Hosen und Nagelstiefeln durch das gleiche Land. Bis dann auch diese wieder verschwanden.
Es gibt kein Deutschland mehr, aber es gibt immer noch die Deutschen, auch wenn sie jetzt anders bezeichnet werden. Aber wer sind sie denn nun eigentlich, diese Deutschen? Hören wir, was ein Franzose dazu sagt. Der Historiker Pierre Gaxotte meint, die deutsche Geschichte sei ohne Gleichgewicht und ohne Kontinuität, sie verlaufe in Kontrasten und Extremen. Wörtlich sagt er: »Deutschland ist das Land der wunderbaren Aufstiege und apokalyptischen Katastrophen.«
Wenn man über die Jahrhunderte zurückblickt, muß man ihm recht geben: Da war der Dreißigjährige Krieg, der das Land in Grund und Boden verwüstet hatte – die Einheit Deutschlands schien hoffnungslos verloren. Aber dann, in den nachfolgenden Türkenkriegen, sehen wir Österreich, das damals zum Reich gehörte, zur Großmacht aufsteigen. Zwar setzte Napoleon 1806 jenem Reich ein Ende, aber auch aus diesem Niedergang entwickelte sich wieder ein Aufstieg moderner Staaten, allen voran der Aufstieg Preußens. Als dann der Deutsche Bund, in dem sich 36 Staaten zusammengeschlossen hatten, 1866 auch wieder ein Ende fand, wurde 1871 im neuen Kaiserreich die Einheit Deutschlands geschaffen.

In unserem Jahrhundert setzte sich die Kettenreaktion von Aufstieg und Fall weiter fort. Der Erste Weltkrieg, in dem eine ganze Generation verblutet war, führte zu einer Wirtschaftskrise ohnegleichen: Die bürgerlichen Schichten verarmten in einer Inflation, bei der 1923 am Schluß 4,2 Billionen Mark für einen Dollar gezahlt werden mußten. Ein Arbeitslosenheer von sechs Millionen war die Folge einer Weltwirtschaftskrise, die Deutschland, das durch seine Exportabhängigkeit und die unsinnigen Reparationslasten besonders krisenanfällig geworden war, hart traf. Doch wieder folgte ein unglaublicher Aufstieg. Unter Hitler erhob sich das Volk, das eben noch tief darniederlag, zu ungewöhnlichen Leistungen. Das Land wurde zur stärksten militärischen Macht in Europa. Hitler forderte, getreu dem absurden Spruch »viel Feind, viel Ehr'«, die ganze Welt heraus.

Die Deutschen überrannten im Westen 1940 die von allen Fachleuten für uneinnehmbar gehaltene französische Maginot-Linie und drangen im Osten bis in die Außenbezirke von Moskau vor. Und dann wieder ein Zusammenbruch ohnegleichen. Diesmal, so meinte man, werde es keinen Aufstieg mehr geben. Aber trotz Verlust von einem Viertel des alten Reiches, Teilung des verbliebenen Restes, Überschwemmung Westdeutschlands mit mehr als zehn

Millionen besitzlosen Flüchtlingen, die in den zerbombten Städten und überbelegten Dörfern Zuflucht suchten, begann dann doch das, was von aller Welt als »Wirtschaftswunder« bestaunt wurde. Bis die Bundesrepublik nun schließlich zur ersten Wirtschaftsmacht in Europa geworden ist.

Das Charakteristikum der Deutschen ist also wohl wirklich der Wechsel von apokalyptischem Fall und phönixhaftem Aufstieg. Wobei die Frage nicht ist, was Ursache und was Wirkung ist, ob also der Aufstieg den Fall heraufbeschwört oder der Fall den Aufstieg herausfordert. Entscheidend ist, daß beiden ein Element der Maßlosigkeit innewohnt. Es fehlte uns bisher ganz einfach der Sinn für das Maß, und es fehlte allzu häufig das Talent zum Kompromiß.

Die Deutschen, wer sind sie? Typisch für die Deutschen ist eine gewisse Realitätsferne, eine merkwürdige Neigung zum »Unbedingten«. Wir finden sie in der Philosophie bei Hegel, auch schon bei Kant und vielfach in der Literatur. Von der Romantik über die Jugendbewegung der Jahrhundertwende bis in unsere Tage kommt in der Literatur immer wieder die Sehnsucht nach einem Dasein im Unbedingten zum Ausdruck, dem eine Geringschätzung des bürgerlichen Lebens entspricht, das sein Genüge im Alltäglichen und Materiellen findet.

Zu den fundamentalen Charakterzügen der Deutschen gehört seit Martin Luther die Verherrlichung der »inneren Freiheit«, was im weltlichen Bereich zu einem häufig mißverstandenen Individualismus geführt hat. Adolph Loewe hat dies sehr anschaulich gemacht, indem er die Deutschen den Engländern gegenüberstellt, die stets bemüht seien, Extreme zu meiden. Ihre Maxime lautet, so meint er: »Treibe nie ein Argument bis zur letzten Konsequenz, das stört den Gemeinsinn«, während in Deutschland Kongresse oft nur mit einem Schlachtfeld zu vergleichen seien. Loewes Resümee: »Der Preis politischer Freiheit ist die Selbstbegrenzung des Individuums. Man kann nicht beides haben.«

Immer wieder wurden die Deutschen in der Vergangenheit magisch angezogen von irgendwelchen fernen Höhen oder mystischen Abgründen – übrigens im Osten Deutschlands stärker als im Westen, der der Aufklärung mehr zugetan war. Ideen müssen, nach dem Geschmack der Deutschen, erhaben und tief empfunden sein, nicht unbedingt konkret und praktisch. Ahnen bedeutet ihnen oft mehr als Wissen, und Empfinden wird häufig mehr bewundert als Analysieren. Mythische Ur-Instinkte sind für viele interessanter als wirklichkeitsbezogene Erkenntnisse.

Jahrhundertelang gab es keine Deutschen im eigentlichen Sinne. Es gab Sachsen, Bayern, Preußen …

eben die Stämme, die im Heiligen Römischen Reich Deutscher Nation zusammengeschlossen waren. Seit dieses 1806 der Auflösung verfiel, ist stets die Sehnsucht nach dem Reich geblieben, war man immer auf der Suche nach einem Rahmen für die vielen Staaten und winzigen Gebilde, die sich eigene Staatlichkeit anmaßten – es waren bis 1806 insgesamt über 1700. Erst 1871 fand die zersplitterte Nation eine neue Einheit und politische Ordnung im Deutschen Reich. Aber es war die Obrigkeit, die die Einheit zustande brachte, nicht das Volk, das weiterhin im Zustand der Untertanen verblieb.

Es war auch die Tradition des Obrigkeitsstaats, die die Demokratie der Weimarer Zeit zerstörte, vielmehr nie hat gedeihen lassen, weil sich inzwischen die Vorstellung gebildet hatte, Regieren sei eine Art Geheimwissenschaft, die nur die Obrigkeit beherrsche und die nur mit Hilfe einer Kaste eingeweihter Beamter ausgeübt werden könne. Deshalb wurden Parteien als Interessenklüngel abgetan und der demokratische Mechanismus als Beleidigung hehrer Traditionen empfunden.

In der folgenden Epoche wurden in dieser Tradition viele positive Werte ins Negative pervertiert. So wurde unter Hitler Idealismus verfälscht in unkritische Autoritätsgläubigkeit, Ordnungsliebe in Servilität; Anpassungsfähigkeit wurde zu Opportunis-

mus; Loyalität zur Unterwürfigkeit; Treue – kritiklos bis zur Absurdität aufrechterhalten – führte schließlich in die Kriminalität.
Das Wesen der Deutschen? Ich denke, es sind drei Faktoren, die den Charakter der Deutschen entscheidend bestimmt haben. Erstens: die geographische Lage im Zentrum Europas – kein anderes Land hat so viele Nachbarn, also Grenzen, wie Deutschland. Zweitens: die Verschiedenartigkeit der Lebensauffassung – die östlichen Teile waren vom absolutistisch-feudalen Osten, die westlichen von den bürgerlich-demokratischen Tendenzen Englands und Frankreichs bestimmt. Drittens schließlich: die beiden Konfessionen, die das Land immer in einer gewissen Spannung hielten: der Protestantismus im Osten und im Norden, der Katholizismus im Westen und im Süden. Aus dieser Spannung, so scheint mir, ist jene Unausgeglichenheit erwachsen, die viele für typisch deutsch halten.

Vom Irrsinn des Wettrüstens

Wenn die Abschreckung selbst zum Schrecken wird

Im August 1982

Cecil Rhodes, der zu Anfang unseres Jahrhunderts verstorbene englische Kolonialpolitiker, stellte einst fest: »Wir sind das überlegenste Volk. Je mehr von der Welt uns gehört, um so besser für die menschliche Rasse.« Man kann sich in unseren Tagen das Lebensgefühl, das in einer solchen Feststellung zum Ausdruck kommt, überhaupt nicht mehr vorstellen: diese Selbstgewißheit, dieses Unangefochtensein, diese Abwesenheit jeglichen Zweifels. Und dann, welch unerschütterlicher Glaube an die unbegrenzten Möglichkeiten des Fortschritts.

Die Ernüchterung, die nach zwei Weltkriegen eingetreten ist, und die tiefe Sorge, die seit dem Hereinbrechen des Atomzeitalters viele erfüllt, hat niemand so visionär gespürt und so einprägsam formuliert wie ein anderer englischer Politiker: der ehemalige Premierminister Winston Churchill.

»Es könnte sein«, so sagte er, »daß es die Steinzeit ist, die auf den leuchtenden Schwingen der Wissenschaft zurückkehrt, und daß das, was heute als unermeßlicher Segen über die Menschheit kommt, deren totale Zerstörung herbeiführt.« – *»Beware, I say, time may be short«*, fügte der große Staatsmann hinzu: »Hütet euch, sage ich, die Zeit könnte knapp werden.«

Welch gewaltige Spanne zwischen diesen beiden Äußerungen: Sie markieren den Untergang der alten Welt und das Heraufdämmern einer neuen. Als Churchill diese prophetischen Worte sprach, war wenig mehr als die erste Hälfte unseres Jahrhunderts durch die Sanduhr der Geschichte gelaufen; inzwischen aber nähern wir uns langsam dessen Ende. Churchills Vision – damals eher als exzentrischer Kassandra-Ruf vernommen – wird heute von den meisten Menschen als zutreffende Beschreibung der Bedrohung gewertet.

Es sind nicht nur die Bilder der Zerstörung Beiruts, der iranisch-irakische Krieg, der das Feuer an die Peripherie des hochexplosiven Persischen Golfs trägt, oder die Nachrichten über Afghanistan, es sind vor allem die riesigen Rüstungsausgaben der Supermächte, die die Völker der Welt aus ihrer Ruhe aufschrecken.

Moskau hat in den letzten zehn Jahren eine Aufrüstung vollzogen, deren Ausmaß niemand im Westen für möglich gehalten hätte. In Washington haben in der vergangenen Woche Kongreß und Senat am gleichen Tag die Verteidigungsausgaben für das am 1. Oktober beginnende Jahr um rund 30 Prozent auf den höchsten Stand aller Zeiten heraufgesetzt: 178 Milliarden Dollar. Bis 1986 soll das Budget auf 355 Milliarden Dollar ansteigen. Im Jahr 1981 machten die Verteidigungsausgaben sechs Prozent des Sozialprodukts aus, 1986 werden es zehn Prozent sein, während die entsprechenden Zahlen für Japan ein Prozent, für die Bundesrepublik drei Prozent betragen.

Wenn man ferner bedenkt, daß Amerika 35 Prozent seiner Forschungs- und Entwicklungsausgaben auf Rüstung verwendet, Japan und die Bundesrepublik aber nur vier Prozent und sieben Prozent, dann muß man befürchten, daß die Vereinigten Staaten in zehn Jahren militärisch zwar unangreifbar sein werden, daß sie technologisch, sozial und wirtschaftlich aber in katastrophaler Weise rückständig geworden sein könnten. Es sei denn, daß zuvor das Volk rebelliert, denn Ausgaben für die sozialen Bedürfnisse der Bevölkerung, für Erziehung und Forschung zu kürzen, um die Rüstungsausgaben ins Gigantische steigern zu können, und dies über Jahre, ohne daß für den Normalbürger eine erkennbare Notwendigkeit besteht – dies dürfte auch das opferbereiteste Volk nicht ertragen.

Was da vor unseren Augen abläuft, ist vollständig unbegreiflich. Keine der beiden Supermächte kann sich den finanziellen Aderlaß leisten. Keine der beiden will Krieg. Im Gegenteil, beide haben eine panische Angst davor, daß der andere ihn vom Zaun brechen könnte. Die Russen, die im Zweiten Weltkrieg den Feind tief im eigenen Land hatten, die 20 Millionen Menschen verloren, haben ganz gewiß nicht weniger Furcht als irgendeiner im Westen.
Alle haben Angst, auch die Europäer, die eingekeilt sind zwischen zwei hysterischen Paranoikern, von denen der eine grundsätzlich überall in der Welt Aufstände unterstützt und der andere einmal von einem begrenzten Atomkrieg spricht, ein andermal von der Notwendigkeit, einen langwährenden Nuklearkonflikt führen zu können.
Handelte es sich um zwei Individuen, man würde sie auf die Couch legen und das weitere dem Psychiater überlassen – aber niemand weiß, wie man pathologisch mißtrauische Supermächte dazu bringen kann, einen Moment innezuhalten, um darüber nachzudenken, ob das, was sie tun, eigentlich sinnvoll ist; ob es wirklich nur die eine Möglichkeit gibt, sich zu schützen: immer weiterrüsten. Es ist richtig, daß die Abschreckung 30 Jahre lang den Frieden erhalten hat, aber ist dies eine Garantie dafür, daß in den nächsten zehn Jahren die Wirkung die gleiche

sein wird? Ist es nicht vielmehr so, daß die Abschreckung beginnt selbst zum Schrecken zu werden, weil der Prozeß, die rüstungstechnische Infrastruktur auf dem laufenden zu halten, sich verselbständigt?

Gewiß, der Entschluß wieder über Abrüstung zu verhandeln, ist ein Fortschritt. Aber solange beide Seiten bei den Abrüstungsverhandlungen von der Annahme ausgehen, daß jeder nur das eine Ziel im Kopf hat, die nukleare Überlegenheit zu behalten oder zu gewinnen, um dann den anderen unter Druck setzen zu können, wird das Wettrüsten immer weitergehen.

Es ist, als sei ein Automatismus zu immer weiterem, nie endendem Wettrüsten in die derzeitige Situation eingebaut; eine Situation, die dadurch gekennzeichnet wird, daß zwei feindliche, von tiefem Mißtrauen erfüllte Supermächte miteinander rivalisieren. Dabei ist gleichgültig, ob aggressive oder defensive Absichten vorliegen. Denn auch, wenn keiner von beiden Druck auszuüben trachtete, um die Oberhand zu gewinnen, wenn beide nur schlicht Angst voreinander haben, Signale falsch deuten und jeder seine eigenen Befürchtungen dem anderen als böse Absicht unterstellt, wirkt dies als Antrieb zu weiterer Rüstung.

Es ist wie in einer griechischen Tragödie: Das Rad

des Schicksals rollt, alle sehen zu, aber niemand vermag ihm in die Speichen zu fallen. Dabei könnte heute eine Sternstunde sein. Denn beide Supermächte empfinden die Last des Rüstens so drückend wie nie zuvor, und beide haben damit begonnen, die nächste Generation der immer teurer werdenden Waffen aufzulegen; aber noch ließe sich deren Produktion wohl stoppen.

Sehr wichtig ist, daß die Menschen weltweit aufsässig werden und protestieren: Sie wollen nicht Kriegsvorbereitungen, sondern Friedensplanung. Gerade haben sich Vertreter des Rats der Evangelischen Kirche in der Bundesrepublik und in der DDR über die schwierigste Grenze unseres Kontinents hinweg auf eine gemeinsame Stellungnahme zur Friedensverantwortung geeinigt. Hinzu kommt schließlich eine entscheidende weitere Voraussetzung: Reagan, der seine knallharte Einstellung den Sowjets gegenüber vielfach bewiesen hat, wäre der einzige, der es sich – wie seinerzeit Nixon mit China – leisten könnte, der Sowjetunion gegenüber eine Wende zu vollziehen.

Es ist schwierig genug, Mißtrauen zwischen einzelnen Menschen, zwischen Partnern zu überwinden und noch einmal von vorne zu beginnen – aber Mißtrauen zwischen Großmächten abzubauen und nach deprimierenden Erfahrungen einen neuen Anfang zu setzen, das scheint fast unmöglich. Und doch ist es seinerzeit gelungen, mit den Ostverträgen das tief eingewurzelte Mißtrauen der Polen, die alle Deutschen für Militaristen und Revanchisten hielten, und auch den Argwohn der Russen uns gegenüber bis zu einem gewissen Grade zu tilgen.

Damals setzte der Gewaltverzicht den Anfang zu einem besseren Verständnis. Man sollte einmal überlegen, ob nicht ein Vertrag zwischen den Supermächten über gegenseitigen Gewaltverzicht dazu geeignet sein könnte, eine Art Isolierschicht zwischen gestern und morgen zu legen, und wenn es auch nur wäre, um die Abrüstungsverhandlungen vom Fleck zu bringen. Ein Gewaltverzicht hätte auch den Vorteil, die berechtigten Bedenken, die Teillösungen mit sich bringen – das Einfrieren der atomaren Waffen oder die atomwaffenfreie Zone, für die dann vermehrte konventionelle Rüstung gefordert wird –, beiseite schieben zu können.

Freilich, man kann sich die Einwände vorstellen, die dagegen geltend gemacht werden: »Helsinki sollte doch eigentlich ausreichen …« *Gegenargument:* Helsinki war kein verbindlicher Vertrag, sondern eine Absichtserklärung.

»Die Charta der UN, die beide Supermächte akzeptiert haben, enthält ja bereits einen Gewaltverzicht …« *Gegenargument:* Ein bilateraler Vertrag ist etwas anderes als die Annahme der Satzung einer multilateralen Organisation.

»Bilateral war aber auch die Absprache zwischen Nixon und Breschnjew …« *Gegenargument:* Das ist richtig, aber sie ist zehn Jahre alt und war auch nur ein Kommuniqué, kein Vertrag.

Einwände gibt es genug. Gründe lassen sich viele finden, warum es sinnlos, ja gefährlich sei, auf vertragliche Zusagen des Ostens zu vertrauen. Viel gefährlicher aber könnte es sein, sich auf überholte Theorien zu verlassen, anstatt immer wieder nach neuen Wegen zu suchen: *»Time may be short!«*

Als die Republik zertreten wurde

Erinnerungen an den 30. Januar 1933

Im Januar 1983

Revolutionen entstehen nicht von ungefähr, ihre Wurzeln sind vielfältig und reichen in tiefe Schichten. Auch jene listige Kombination von Nationalismus und Sozialismus, die vor fünfzig Jahren in Deutschland die Macht ergriff, die andere aus den Händen hatten gleiten lassen, war eine echte Revolution: Man hatte das Beben und unterirdische Grollen schon lange vor dem Tag der Machtergreifung gespürt. Es genügt, heute jene Debatte nachzulesen, die am 25. Juni 1922 nach der Ermordung Walther Rathenaus im Reichstag geführt wurde, um eine Ahnung von dem tödlichen Haß zu bekommen, mit dem die Parteien einander entgegentraten, und eine Vorstellung zu gewinnen von der vergifteten Atmosphäre im Land.

Die Niederlage Deutschlands nach dem Ersten Weltkrieg, von vielen mit der Dolchstoßlegende begründet, war für die traditionellen Ehrvorstellungen der Rechten, vor allem der Offiziere, unerträglich. Militärs waren an den meisten politischen Morden jener Jahre beteiligt. Der »Schandvertrag von Versailles«, dessen Ketten es zu sprengen gälte, hatte die entsprechenden nationalen Ressentiments hervorgerufen, und er hatte die deutsche Industrie bis nahe an den totalen Zusammenbruch belastet. Der Mittelstand, im Zuge der Inflation fast vollständig verarmt und durch die weltweite Wirtschaftskrise um jegliche Hoffnung auf Wiederaufstieg gebracht, empfand diese Republik als ein Gefängnis, aus dem nur der Ausbruch zu neuen Ufern führen könnte. Doch auch nachdenkliche jüngere Menschen, denen es um wirkliche Erneuerung ging und die sich im Gegensatz zu überkommenen Traditionen und alten Zöpfen auf der Suche nach neuen, »alternativen« Lebensformen befanden, glaubten Ansätze dazu in den revolutionären Ideen der nationalsozialistischen Bewegung finden zu können. Viele von ihnen wurden später zu engagierten Widerstandskämpfern.

Die Arbeiter – sechs Millionen ohne Arbeit – repräsentierten, rechnet man ihre Familien hinzu, fast ein Drittel der gesamten Bevölkerung. Zornig und resigniert vegetierten sie in totaler Verelendung dahin: neun Reichsmark pro Woche Sozialunterstützung für den Alleinstehenden, etwa der doppelte Betrag für eine Familie. Armut und wachsende Verzweiflung schufen eine Art Bürgerkriegsatmosphäre. Jeder haßte jeden: die vielen Armen die wenigen Reichen, die Kommunisten die Nazis und umgekehrt, die Nationalen die linken Intellektuellen, die Bürger die jeweilige Regierung, die zwischen 1918 und 1933 im Durchschnitt nie länger als sieben bis acht Monate am Ruder war. Täglich floß Blut, gab es Schießereien in den Straßen.

Keine der bürgerlichen Parteien wußte Rat, vermochte Visionen zu wecken, Hoffnungen zu verheißen – Adolf Hitler allein versprach Arbeit, Brot und die Erfüllung nationaler Wünsche. Dies war die Situation am Vorabend des 30. Januar 1933.

Da meine Kollegen finden, wenn es denn unter ihnen jemand gibt, der jene Zeit noch miterlebt hat, dann solle er sie denen, die sie nur aus der Lektüre kennen, auch aus eigenem Erleben schildern, bin ich genötigt, nun im Ich-Stil fortzufahren.

Ich studierte damals in Frankfurt am Main Volkswirtschaft, weil ich begreifen wollte, welche Fehler »die da oben« eigentlich machten. Es konnte doch nicht unabänderbar sein, daß die graue Schlange der Arbeitslosen, die ich in Ostpreußen vor dem Arbeitsamt in Königsberg sah, wenn ich zu den Ferien nach Hause kam, jedes Jahr länger wurde – als sei dies ein normaler Wachstumsprozeß. Und wieso konnte man zulassen, daß sich die Zahl der Bauern und Landwirte, die überschuldet zusammenbrachen, von Jahr zu

Jahr erhöhte, obgleich jedermann die Gründe unschwer erkennen konnte? Verglichen mit der Vorkriegszeit waren die Löhne um 25 Prozent gestiegen, die Preise für landwirtschaftliche Erzeugnisse aber um 25 Prozent gefallen.

Als ich am Abend jenes 30. Januar, von der Universität kommend, mit meinem Fahrrad in die Bockenheimer Landstraße einbog, hörte ich das Herannahen marschierender Kolonnen: jenes furchterregende, rhythmische Geräusch, das zusammen mit dem hysterischen Jubelgeschrei der Bevölkerung bis heute eine der Schreckenserinnerungen geblieben ist. Der ferne Marschtritt kam immer näher, wurde lauter und lauter, schien ganz unausweichlich, hypnotisierend. Und dann zogen sie an mir vorbei: steinerne Gesichter, zu allem entschlossen. In diesem Augenblick stand das Kommende plötzlich ganz deutlich vor mir: Mit diesen Stiefeln würde alles, was Deutschland liebenswert machte, zertreten werden.

Schon am nächsten Tag wehte die Hakenkreuzfahne über der Universität. Ich war empört: Das Emblem der NSDAP über der Universität, das durfte nicht sein, die Fahne mußte herunter. Da die Kommunisten damals die einzigen waren, die aktiv gegen die Nazis auftraten, hatte ich mich daran gewöhnt, zusammen mit ihnen an Diskussionsabenden und bei Argumentationsschlachten gegen die braunen Studenten teilzunehmen. Jetzt suchte ich vergeblich nach ihnen – die meisten waren erst einmal untergetaucht, denn wir alle wußten, was dieser Tag bedeutete.

Schließlich fand ich einen, der bereit war, mit mir aufs Dach zu steigen. Aber wir scheiterten an der letzten Dachluke, die wohlweislich mit einem schweren Vorhängeschloß verriegelt war. Die einzige Genugtuung: Es gelang mir anderntags, das antisemitische Plakat »Wider den jüdischen Geist«, das in der Haupthalle aufgehängt worden war, zu entfernen.

In der folgenden Zeit allgemeiner Euphorie war es schwierig, sich ein klares Urteil zu bewahren; die meisten Leute waren begeistert, daß endlich wieder Ordnung einzog, die Straßenschlachten aufhörten, sogleich mit der Arbeitsbeschaffung begonnen wurde … In Notwehr gegen solch bestechende Anfechtungen beschloß ich, mich mit der simplen Frage zu wappnen: Kann der einzelne sein Recht noch erwirken oder nicht? Und ich bin mit dieser Faustregel nicht schlecht gefahren.

Unsere Universität verlor in der ersten Woche 90 Professoren und Dozenten, weil sie entweder Juden oder Sozialisten oder beides waren. Mein Lehrer Adolph Loewe schaffte es gerade noch, einen Tag bevor den Juden die Pässe abgenommen wurden, in die Schweiz zu flüchten. Alles ging Schlag auf Schlag. Als Hindenburg sich am 30. Januar entschlossen hatte, Hitler zum Reichskanzler zu ernennen, weil er die stärkste Partei anführte, hatte dieser geschworen: »Ich werde die Verfassung und die Gesetze des Reiches wahren, die mir obliegenden Pflichten gewissenhaft erfüllen und meine Geschäfte unparteiisch und gerecht gegen jedermann führen.«

Schon fünf Tage später, am 4. Februar, kam eine Verordnung heraus, die es erlaubte, unliebsame Zeitungen und Versammlungen zu verbieten; am 28. Februar, einen Tag nach dem Reichstagsbrand, erschien eine weitere Verordnung, mit deren Hilfe Grundrechte außer Kraft gesetzt und der Anwendungsbereich der Todesstrafe ausgedehnt wurden – sie machte es möglich, sofort viertausend kommunistische Funktionäre zu verhaften. Schließlich dann, drei Wochen später, das »Ermächtigungsgesetz«, das die Diktatur legalisierte. So konnte Goebbels bereits im März erklären: »Heute sind wir die Herren Deutschlands, und an dieser Tatsache wird sich auch nichts mehr ändern.« 30 Konzentrationslager, im ersten Jahr – also gleich 1933 – gegründet, verhalfen dieser Prophezeiung zur Realität. Viele glaubten damals, dieses Regime mit seiner Willkür und seinen abwegigen Vorstellungen werde sich sehr bald *ad absurdum* führen. Für mich war ganz klar, daß wir die Braunen nicht wieder loswerden würden, und als ich 1935 in der Schweiz fertig studiert hatte, gab ich meinen Plan, eine akademische Laufbahn einzuschlagen, auf und kehrte nach Hause zurück, um mich in die Verwaltung unseres Besitzes einzuarbeiten. Denn dies stand für mich außer Zweifel: Adolf Hitler wird einen Krieg vom Zaun brechen, und der wird Jahre dauern – da mußte, wenn alle Männer eingezogen werden, jemand dasein, der daheim die Verantwortung übernimmt.

Genauso falsch wie die Prognose, Hitler sei nur ein vorübergehendes Ereignis, erscheint mir heute die Behauptung, unsere gegenwärtige Situation habe Ähnlichkeit mit den frühen dreißiger Jahren. Beweis: Die Bundesrepublik sei unregierbar. Was für ein Unsinn! Wir haben in 33 Jahren nur sechs Bundeskanzler gehabt – damals gab es in 14 Jahren 20 Regierungen. Nicht Klassenkampf, sondern Partnerschaft ist das Wahrzeichen der Bundesrepublik. Die politische Stärke liegt nicht bei extremen Flügeln, sondern in der breiten Mitte. Das Militär bildet keinen Staat im Staate, sondern ist in ein Bündnis integriert, das uns schützt.

Aber das Wichtigste von allem: Heute besteht ein allgemeiner demokratischer Konsens. Kaum einer wünscht sich eine andere Staatsform – der Rechtsstaat steht hoch im Kurs. Die wichtigsten Prioritäten für die überwiegende Mehrheit der Bürger sind Liberalität und Toleranz. Das Kennzeichen der ausgehenden Zeit von Weimar hingegen waren Haß auf die Demokratie und schreiende Illiberalität. Als 1922 Gerhart Hauptmanns 60. Geburtstag in der Berliner Universität gefeiert wurde, beantragten die Sprecher der Studentenschaft, Reichspräsident Eberts Anwesenheit möge verhindert oder Reichstagspräsident Löbe wieder ausgeladen werden, denn zwei Sozialdemokraten seien für eine deutsche Universität zuviel.

Bonn habe Ähnlichkeit mit Weimar, nur weil eine vierte Partei aufgetaucht ist und es schwieriger geworden ist, Mehrheiten zu bilden? Oder weil nun nach sieben fetten die sieben mageren Jahre beginnen? Mein Himmel, wenn wir damit nicht fertig werden, dann würden wir diesen schwer errungenen Rechtsstaat wirklich nicht verdienen!

Der beste Mann fürs höchste Amt

Als Bundespräsident könnte Richard von Weizsäcker der Polarisierung wehren

Im Oktober 1983

Endlos sind unter Politikern und Journalisten die Diskussionen darüber, ob Richard von Weizsäcker Regierender Bürgermeister von Berlin bleiben oder Bundespräsident werden soll, ob er ganz unentbehrlich in Berlin ist; oder ob es immer wichtiger wird, ihn in Bonn zu wissen. Ist Weizsäcker wirklich eine so einmalige Persönlichkeit, daß diese mit solcher Intensität geführte Debatte gerechtfertigt erscheint? Ehe man sich dieser Frage zuwenden kann, drängt sich eine andere, eine ganz grundsätzliche auf: Welche Rolle spielt eigentlich der einzelne in einer Führungsposition unserer Massengesellschaft, in der man doch zuweilen das Gefühl hat, eine Beute von Entwicklungen zu sein, die niemand ändern kann, oder ein Opfer von Sachzwängen, auf die ein einzelner keinen Einfluß hat? Die Antwort wird sehr verschieden ausfallen, je nachdem, ob man sie für die östliche oder die westliche Welt gibt, für die autoritär regierte Gesellschaft oder die demokratische.

In Moskau spielt es prinzipiell keine entscheidende Rolle, ob Breschnjew oder Andropow im Kreml sitzt, denn dort wird mit geringen Abwandlungen entsprechend dem Dogma regiert. Dort besteht noch immer das jahrtausendealte Bündnis zwischen König und Oberpriester, zwischen Thron und Altar, zwischen den Regierenden und den Sachwaltern der Ideologie – ungeachtet der Revolution, die doch die große Befreiung hatte bringen sollen. Überflüssig zu erwähnen, daß auch die Mittel, mit denen diese Machtkonstellation aufrechterhalten wird, seit Urzeiten noch immer die gleichen sind: Verbot, Zensur, Kerker, Verbannung.
Anders in den Demokratien des Westens, die ja die Trennung von Kirche und Staat durchgeführt haben und wo das Alternieren verschiedener weltanschaulicher Parteien immer wieder einen grundsätzlichen Wechsel der Regierenden garantiert. Hier wachen Presse und Öffentlichkeit argwöhnisch und stets sprungbereit darüber, daß das Prinzip des Pluralismus wenigstens einigermaßen funktioniert. Denn es kommt entscheidend darauf an, wer diejenigen sind, die den Staat regieren, Prioritäten setzen, Entscheidungen treffen.
Der Präsident der Bundesrepublik gehört freilich nicht zu denen, die Entscheidungen fällen. Seine Kompetenzen sind nicht groß – das hat schon Kon-

rad Adenauer herausgefunden, als er 1959 einmal für kurze Zeit den Plan hegte, seine alten Tage in der Villa Hammerschmidt zu verbringen, um als Überkanzler den ungeliebten Erhard zu überwachen. Als er sah, daß dies nicht möglich sein würde, weil die Verfassung dem entgegensteht, gab Adenauer den Plan wieder auf.

Auch Lübke hatte 1961 seine Möglichkeiten überschätzt: Er verweigerte die Unterschrift unter die Urkunden, mit denen Gerhard Schröder zum Außenminister und Werner Schwarz zum Landwirtschaftsminister ernannt werden sollten, mußte aber einsehen, daß der Artikel 64 des Grundgesetzes ihm dieses Recht nicht gibt. Dort heißt es: »Die Bundesminister werden auf Vorschlag des Bundeskanzlers vom Bundespräsidenten ernannt.«

In der Villa Hammerschmidt sind eben vorwiegend repräsentative Kompetenzen konzentriert. Macht im üblichen Sinne ist dort nicht zu Haus. Und doch kann von jener Position entscheidender Einfluß ausgehen. Der allerdings speist sich dann aus anderen Quellen: Theodor Heuss, der süddeutsche Liberale mit seinem ausgeprägten Sinn für Maß und gelassene Würde, hat viel dazu beigetragen, den Stil der neuen Republik und ihrer Bürger zu prägen. Und Weizsäcker könnte, unter veränderten Umständen und in anderer Weise, wieder ein solcher Glücksfall sein.

Wie kommt es, daß Richard von Weizsäcker als Länderchef, als handelnder Parteipolitiker also, für unersetzlich gehalten wird und gleichzeitig den meisten als idealer Bundespräsident – und das heißt doch als überparteiliche Integrationsfigur – gilt? In der Tat gehört er zu jenen Sonderfällen auf der politischen Bühne unserer Tage, für die die üblichen Maßstäbe nicht zu gelten scheinen. Er ist gelassen und von souveräner Gleichgültigkeit, solange es sich um Fragen der Karriere und des Prestiges handelt, teils aus Hochmut, weil er seinen Rang kennt, teils aus Bescheidenheit, weil er als Christ weiß, daß der Applaus des Publikums nicht die letzte Instanz ist. Anders wenn es um die Sache geht, um die protestantische Kirche, der er sechs Jahre lang als Präsident des Evangelischen Kirchentages sehr nahestand, um die deutsche Frage oder um das Gemeinwesen schlechthin – da setzt er sich voll ein und kämpft. Allerdings ist auch seine Art zu kämpfen anders als die der meisten Politiker – leiser, differenzierter, taktischer auch und auf längere Sicht abgestellt. Als er nach den Wahlen im Mai 1981 ohne Mehrheit in Berlin die Regierung antrat, prophezeiten viele: »In einem Jahr ist der am Ende.« Statt dessen brachte er es fertig, nach knapp zwei Jahren zwei FDP-Mitglieder für seinen Senat zu gewinnen und damit die Regierung zu stabilisieren.

Berlin galt als unregierbar: Hausbesetzungen, Bauskandale, Korruption, Filz. »Die Stadt geht langsam vor die Hunde«, war die weitverbreitete Meinung. Heute sind diese Stimmen verstummt. Sorgen gibt es zwar noch genug, wirtschaftliche zumal, vor allem wegen der fehlenden Arbeitsplätze, aber die Atmosphäre hat sich verändert, die Hoffnungslosigkeit ist gewichen, die Spannungen sind abgeklungen, Hausbesetzungen werden beendet, ohne daß jedesmal der Bürgerkrieg droht.
Gewiß gibt es auch Kritik in Berlin. Es heißt, »der Regierende« kümmere sich nicht genug um Einzelheiten, wobei vermutlich die Parteiquerelen auf Bezirksebene gemeint sind. Es fehle ihm gelegentlich an Entscheidungsfreudigkeit und Durchsetzungsvermögen. Mag sein, daß dies so ist. Vielleicht tut sich da aber auch nur der Wunsch kund nach einer massiven Autorität alten Stils und damit das Unverständnis für die subtilere Form des Regierens: durch Überzeugen, Integrieren, Harmonisieren.
Wenn Berliner Politiker angesichts der Möglichkeit, daß ihr Regierender Bürgermeister sie verläßt, ganz zornig sind, dann fällt das Wort »Verrat«, weil er im Januar 1981 vor dem Bundestag, dessen Vizepräsident er damals war, gesagt hat: »Gehen Sie davon aus: Andere als Berliner Aufgaben wird es in meinem politischen Leben nicht geben.« So sah es da-

mals wohl auch aus. Die Betreffenden vergessen nur in ihrem Zorn, daß die CDU es allein Weizsäcker zu verdanken hat, daß sie in Berlin überhaupt an die Regierung gekommen ist. Damals, im Mai 1981, erhielt sie 48 Prozent aller Stimmen, das beste Ergebnis, das sie je erzielte. Aber jetzt sind die Weichen gestellt, und das war das Wichtigste.

In der *Frankfurter Allgemeinen Zeitung* hat ein Autor – vielleicht waren es auch mehrere, die sich hinter drei Sternen verbergen – in einer Mischung aus Personenkult und Berliner Defätismus einen sehr eindringlichen Appell an den Regierenden Bürgermeister gerichtet, Berlin nicht zu verlassen. Die Begründung, die dafür gegeben wird, ist im Grunde genommen genau die, die für seine Übersiedlung nach Bonn spricht.

Man muß sich doch klar darüber sein, daß wir einer Zeit entgegengehen, in der Haß und Verbitterung innerhalb der Gesellschaft zunehmen und die Polarisierung zwischen den großen Parteien wächst, auch zwischen der Mitte und den Rändern. In solcher Zeit ist eine moralisch und politisch glaubwürdige Persönlichkeit an der Spitze von unschätzbarem Wert. Gerade ein auseinanderstrebendes Gemeinwesen braucht jemanden, in dem sich zur Not auch die Systemgegner noch repräsentiert fühlen können: nicht nur einen Chef, sondern einen Menschen.

Die Hälfte unserer Bevölkerung ist protestantisch, und die aus Preußen stammende ist ihrer geistigen Haltung nach sehr bewußt protestantisch. Die Mehrzahl von ihnen würde es als diskriminierend empfinden, wenn die drei Spitzenstellen im Staat mit Katholiken besetzt würden. Von denen, die neben Weizsäcker in Frage kommen, ist aber keiner evangelisch.

Dem heute Dreiundsechzigjährigen, der 1956 in die CDU eintrat, dürfte es keinerlei Schwierigkeiten bereiten, einen überparteilichen Standpunkt einzunehmen. Im Grunde ist er immer der Meinung gewesen: »Nicht der Wahlsieg ist das Wichtigste, sondern das Vaterland.« Dies ist wohl auch der Grund, warum die SPD bereit ist, bei der Präsidentenwahl für ihn zu stimmen.

Der Bundespräsident hat keine Machtmittel. Er kann nur durch seine Persönlichkeit wirken, durch sein Denken und durch sein Wort. Richard von Weizsäcker ist ein begnadeter Redner: klar in der Analyse, stets eine Dimension tiefer pflügend als die anderen, zur Selbstironie fähig, von großem Ernst, leichtem Witz und gelegentlich heiterer Bissigkeit.

Als Bürger dieses Staates könnte man sich keinen überzeugenderen Bundespräsidenten wünschen. Und Weizsäcker selber? In seinem politischen Leben waren stets zwei Dinge von existentieller Wichtigkeit: die Auseinandersetzung mit den Grundwerten der modernen Gesellschaft im allgemeinen sowie unseres Staates und seiner Parteien im besonderen; ferner das Schicksal Deutschlands in langfristiger Perspektive. Bisher fiel beides mehr oder weniger zusammen, oder mindestens gab es keinen Grund, sich alternativ zu entscheiden.

Die erste Funktion, die Weizsäcker 1969 im Parlament übernahm, war die des Obmanns der CDU/CSU für die Berlin- und Deutschland-Politik. Jetzt steht er vor dem Kreuzweg: Berlin oder Bonn? Es kann sein, daß die Entscheidung bei der nächsten Präsidiumssitzung der CDU/CSU am 17. Oktober fällt.

Im Wartesaal der Geschichte

Sind die Deutschen Nationalisten, Neutralisten, Pazifisten?

Im Januar 1984

Man kann es verstehen, wenn unsere Nachbarn sich vor dem Aufbruch der deutschen Seele fürchten: Zwischen zwei und drei Millionen Deutsche strömten im vergangenen Herbst auf den Straßen der Bundesrepublik zusammen oder versammelten sich zu Tausenden in den Städten, um für Frieden zu demonstrieren. Die Demonstranten haben Angst vor immer mehr Waffen, vor neuen atomaren Raketen, vor dem Sterben der Wälder, der Verstümmelung der Natur, der Verstädterung des Lebens.

Ist nicht gerade dies typisch für die Zeiten des Umbruchs? – so muß man sich fragen. Hatte nicht Karl Kraus am Beginn dieses Jahrhunderts geschrieben: *»Ich lebe in den Untergang / und wohne in bedrohten Räumen«*? Und drückt dies nicht genau das Lebensgefühl der heutigen jungen Menschen aus? Träumen nicht auch sie, wie damals die Generation der Jugendbewegung, vom Ungebundensein, vom Ausbrechen aus der Zivilisation und aus einem vordergründigen Leben ohne Verheißung? Wäre es vielen von ihnen nicht am liebsten, alles abzuschütteln, auch die Technik, auch die Wissenschaft? Sind nicht auch sie gegen Materialismus, schnöden Kommerz, Spießertum und Konvention? Die Vokabeln von damals und heute gleichen sich wie ein Ei dem anderen. Damals, zur Jahrhundertwende, gab es nicht nur in Deutschland, sondern überall in Europa jene lustvolle Untergangsstimmung, die wohl als Erbstück der antiaufklärerischen Romantik anzusehen ist. Nur die Jugendbewegung, die gab es allein in Deutschland. Alles, was mit Weltanschauung zu tun hat, wird eben in Deutschland immer besonders intensiv erlebt.

Und nun wieder ein Aufbruch? Der wievielte? Hatte nicht Heine schon zwei Generationen vor jener Jugendbewegung die Franzosen gewarnt vor den Deutschen, die nur vorübergehend durch das Kreuz als zähmendem Talisman gebändigt worden seien: »Jener Talisman ist morsch, und kommen wird der Tag, wo er kläglich zusammenbricht. Wenn Ihr dann das Gepolter und Geklirre hört, hütet Euch, Ihr Nachbarskinder, Ihr Franzosen, und mischt Euch nicht in die Geschäfte, die wir zu Hause in Deutschland vollbringen. Es könnte Euch schlecht bekommen.«

Man kann es also verstehen, wenn unsere europäischen Nachbarn meinen, sie seien wieder einmal

Zeugen eines jener periodischen Anfälle ziellosen deutschen Aufbruchs. Aber sie haben unrecht. Die Parallele stimmt ganz und gar nicht. Unsere Gesellschaft ist so normal und stabil wie wenig andere. Es gibt keine radikalen Parteien, keine Streiks, keine sozialen Gruppen, die an der Armutsgrenze leben wie in anderen reichen Ländern.

Im übrigen soll es auch anderwärts Aufbruch geben, mindestens behauptet Ronald Reagan dies. Er sagte vor kurzem: »Es gibt in der Welt eine Revolution für Freiheit und demokratische Ideale.« Den Vereinigten Staaten sei, so meint er, dieser Kampf durchaus willkommen, hier hätten die Leute genug »von dem Versuch, Schwerter in Pflugscharen zu verwandeln«. Was der Präsident im Zusammenhang damit über die »wahre Botschaft unserer Zeit« sagte, hat wohl mit Grenada zu tun und dem Jubel, den dieses Ereignis auslöste. Verglichen mit solch spätwilhelminischem Hurra-Patriotismus jenseits des Ozeans kommt einem unser Aufbruch zu geschichtlicher Reflexion und moralischer Besinnung direkt sympathisch vor, jedenfalls ist er rational begründbar.

Die Bundesrepublik ist kein Staat wie jeder andere. Schwer zu sagen, was sie ist. Ist sie ein provisorischer Rumpfstaat oder Nachfolger des Deutschen Reiches? Ist das, was wir haben, der Endzustand – oder leben wir im Wartesaal der Geschichte?

In jedem Fall leben wir in einem geteilten Land, dessen beide Teile in die feindlichen Militärallianzen integriert sind, die sich hochgerüstet an der Trennungslinie dieser Welt gegenüberstehen. Von den 6000 atomaren Sprengköpfen, die sich in Westeuropa befinden, lagern 4000 allein in der Bundesrepublik; und von diesen haben 60 Prozent eine Reichweite von unter 30 Kilometern. Sie würden also im Ernstfall das eigene Territorium verwüsten. Und nun sollen beide Deutschlands auch noch zu Abschußrampen für die Raketen der Supermächte gemacht werden, ohne daß die eigene Regierung irgendeinen Einfluß auf deren Einsatz hat? Ist es wirklich Pazifismus, wenn den Leuten unter solchen Umständen bange wird?
Was also soll das irrationale Geschwätz von Pazifismus, Neutralismus und Nationalismus? Der Nationalismus ist von Hitler so pervertiert worden, daß er unserem Volk auf Generationen hinaus ausgetrieben wurde. Hier könnte sich niemand für Vorgänge analog der Eroberung von Grenada oder den Falkland-Inseln begeistern, und ein Rechtsradikaler wie der Franzose Le Pen, der soeben 12 Prozent der Stimmen seines Wahlkreises auf sich vereinigen konnte, würde hier keine Chancen haben.
Dennoch ist die französische Presse voll von Verunglimpfungen: *Le Figaro* spricht von der »deutschen

Krankheit«; *Le Matin* vom »Aufkommen des National-Pazifismus«; der *Nouvel Observateur* stellt fest: »Es gibt einen bestimmten deutschen Pazifismus, der sehr deutlich anzeigt, daß es denen heute sowenig wie zu Hitlers Zeiten darum zu tun ist, für die Demokratie zu sterben.« In der von Sartre begründeten *Libération* bemüht Luc Rosenzweig gleich ein ganzes Jahrtausend: Die Deutschen, schreibt er, verbänden ihr »Nein« zu den Raketen mit einem »Ja« zu gewissen, für sie typischen Träumen und Utopien und zu den Werten, »die von Karl dem Großen bis zu Wilhelm II. dem Deutschtum seinen Adelsbrief verliehen«.

Es sind aber nicht nur die Franzosen, die sich aufregen. Auch in Amerika wird neuerdings immer häufiger von der Gefahr eines deutschen Sonderweges gesprochen. Selbst ein Kenner weltpolitischer Verhältnisse wie James Billington, Direktor des *Woodrow Wilson International Center for Scholars*, schrieb unlängst: »Durch die zunehmend prosowjetische Neigung der westdeutschen SPD gewinnen die Sowjets einen neuen großen Vorteil.« Die prosowjetischen Neigungen der SPD? Als ob irgend jemand in der Nachbarschaft des Kommunismus einfältig genug sein könnte, Moskau noch für attraktiv zu halten. Und ein so hoch intelligenter Mann wie der amtierende Botschafter Arthur Burns erklärt in der *New York Times,* der Hauptgrund für den Antiamerikanismus sei »die Ablehnung der westlichen Gesellschaft und ihrer Wertvorstellungen durch viele, die zu den gebildeten Klassen Europas gehören«. Als Führer des Westens sei Amerika darum zum Feind Nummer eins geworden.

Die *New York Times* schrieb neulich: Jetzt, da nationalistische Gefühle eine große Partei (die SPD) auf eine Anti-NATO-Linie gedrängt haben, stünden die Deutschen unter Druck und müßten nicht nur darüber urteilen, ob die Kraft Amerikas ausreicht, »sondern auch, wie es mit seiner Führungsqualität steht«. Genau da sitzt es. Es ist die Konzeptionslosigkeit der Führungsmacht, die den Antiamerikanismus erzeugt. Was die Führungsqualität angeht, so gab es kürzlich eine höchst interessante Umfrage des *Atlantic Institute* in Paris. Das Institut hat im Oktober 1983 acht europäischen Ländern dieselben Fragen vorgelegt, die es bereits im Herbst 1982 gestellt hatte. Dabei ergab sich, daß das Vertrauen aller Europäer in die transatlantische Zusammenarbeit als Kernstück der westlichen Sicherheit in dieser Zeit dramatisch gesunken ist.

Am meisten in der Bundesrepublik: 19 Prozentpunkte, und zwar 12 bei den Sozialdemokraten und 24 bei den Christdemokraten. In Italien und in den Niederlanden, wo ebenfalls neue Raketen stationiert werden, sind die Werte sehr ähnlich. In den anderen Ländern nur wenig niedriger. Außerdem hat die Umfrage allenthalben eine enorm gestiegene Kriegsangst festgestellt, vor allem in Amerika selbst (von 23 Prozentpunkten auf 45).

Etwas ist offensichtlich ins Rutschen gekommen. Und daran wird sich auch kaum mehr etwas ändern. Warum nicht? Weil das Bewußtsein der Menschen sich verändert hat und in Europa auch das Lebensgefühl. Offenbar fällt den Europäern die Situation, als machtloses Objekt zwischen den beiden Supermächten zu sitzen, auf die Nerven. Immer häufiger wird auf internationalen Konferenzen mehr Autonomie für Europa gefordert.

Immer spürbarer wird eine Art Identitätskrise Europas, die geboren ist aus dem Gefühl der Ohnmacht des alten Kontinents gegenüber den beiden in verschiedener Weise unberechenbaren Weltmächten; auch spielt wohl eine echte Sorge um die Erhaltung der europäischen Zivilisation eine Rolle dabei.

Die Friedensbewegung nimmt derweil stetig zu an Zahl und Intensität, nicht unbedingt ablesbar an Demonstrationen und Aufmärschen, sondern eher an der Sinnesänderung vieler Menschen, die plötzlich aufgewacht sind und nicht mehr zur Ruhe kommen. Es sei dahingestellt, ob dies erfreulich ist oder bedrohlich, es ist ganz einfach ein Faktum. Und da die bisherige Entwicklung mit großer Stetigkeit über Jahrzehnte zur Beschleunigung des scheinbar nie endenden Rüstungswettlaufs geführt hat, gibt es keinen Grund anzunehmen, daß eine Veränderung notwendigerweise negative Folgen haben muß. Im Gegenteil, es wäre denkbar, daß sich auf solche Weise ein längst fälliger Wandel ankündigt, zumal die Stimmung im Osten offenbar sehr ähnlich ist, selbst wenn sie sich dort natürlich nur sehr schüchtern artikulieren kann.

Auch der Dreißigjährige Krieg, bei dem der Gegensatz zwischen Katholiken und Protestanten unversöhnlich schien und der zur Verwüstung ganz Deutschlands wie zur Vernichtung von einem Drittel der Bevölkerung geführt hat, fand schließlich einmal ein Ende – ungeachtet der Tatsache, daß auch damals jenes gefährliche Gemisch von Ideologie und Machtrivalität die Entwicklung bestimmte.

Das einzige, worauf man sich verlassen kann, ist die Unbeständigkeit der Menschen: Irgendwann wird plötzlich das, was bis dahin unerträglich schien, akzeptiert, oder das, was beispielsweise in der Kunst oder in der Mode selbstverständlich war, durch etwas anderes abgelöst. Vielleicht wird also das ominöse Jahr 1984 zwar nicht die Wende bringen, aber doch die ersten Schritte zu einer Veränderung signalisieren.

Nicht für die Ewigkeit bestimmt

Die Geschichte wird über die Berliner Mauer hinweggehen

Im August 1986

Immer schon gab es Mauern in der Geschichte. Aber ihr Daseinszweck war nicht stets der gleiche. Die Chinesen hatten ihre ersten Schutzwälle gegen räuberische Nomaden – die Vorläufer der Großen Mauer – schon tausend Jahre vor unserer Zeitrechnung errichtet. Die Chinesische Mauer existiert also bereits seit drei Jahrtausenden.

Die Mauer in Berlin steht erst seit 25 Jahren, aber wenn man bedenkt, daß es ihr Zweck ist, die Flucht der eigenen Bürger zu verhindern, dann ist das schon eine sehr lange Zeit. Man wird sich kaum vorstellen können, daß sie in weiteren 25 Jahren auch noch steht. Die Umdrehungsgeschwindigkeit der Geschichte ist heute größer als früher. Was für ewig gedacht schien, ist im Handumdrehen verschwunden: Wer denkt heute noch an Maos rotes Büchlein, mit dem viele Millionen Chinesen jahrelang bei jeder Gelegenheit zu winken pflegten?

Auch die Berliner Mauer ist nicht für die Ewigkeit

bestimmt. Sie zerteilt ja nicht nur die Stadt, sie ist ein Symbol für die Teilung Europas, und dies ist ein so ahistorischer Zustand, daß ihm keine Dauer beschieden sein kann. Wie vielfältig verwoben und verflochten, wie differenziert und interessant war Europa, als es noch heil war, als Prag, Krakau, Warschau, Budapest ebenso selbstverständlich dazugehörten wie Wien oder Paris!

Seit mehr als drei Jahrzehnten wird Weltpolitik nie mehr anders als im Rahmen der Bipolarität abgehandelt. Die beiden Supermächte sind die Pole, zwischen denen sich das Weltgeschehen abspielt. Gelegentlich wird noch die dritte Welt erwähnt, aber Europa kommt bei solchen Diskussionen als selbständiger Begriff kaum je vor, weil es einerseits nur noch als Bestandteil der westlichen Allianz, andererseits als Zubehör des Warschauer Pakts wahrgenommen und gewertet wird.

Der alte Kontinent Europa, jahrhundertelang das Zentrum der Welt, existiert nicht einmal mehr im Bewußtsein der Westeuropäer: Sie fühlen sich diesseits der Elbe als Teil des Gemeinsamen Marktes und der NATO, und sie betrachten Osteuropa nur unter dem Aspekt des Moskauer Vorzeichens. Da kommt es dann zu absurden Zuordnungen, wie beispielsweise der Kategorisierung Ostberlins als Teil Osteuropas.

Vergessen ist, daß in diesem alten Kontinent seit dem Mittelalter – also während eines halben Jahrtausends – alle wichtigen geistigen Bewegungen ihren Ursprung nahmen. Hier wurde die Renaissance geboren und die Reformation. Aufklärung und Romantik erlebten hier ihren Ursprung und Höhepunkt. Und bis in unsere Tage ist die intellektuelle Basis dessen, was die moderne Welt in Ost und West ausmacht, aus dem europäischen Raum hervorgegangen: Marxismus, Sigmund Freuds Lehre, Albert Einsteins Erkenntnisse und schließlich auch die moderne Wissenschaft und Technologie.

Europa sollte mehr Selbstbewußtsein beweisen, wenn es in dieser von militärischen Aspekten hypnotisierten Epoche als eigenständige geistige Potenz überleben will. Zwei Männer waren es, die dies sehr früh gesehen haben.

Der eine war General de Gaulle, der nicht bereit war, das Schicksal seines Landes durch die zwei Supermächte bestimmen zu lassen, die beide – wenn auch aus ganz verschiedenen Gründen – wenig von Europa wissen; seine Vision hieß »Europa als dritte Kraft«.

Der andere war Winston Churchill. Auch er machte sich offensichtlich Sorgen über die Zukunft Europas zwischen den beiden Supermächten. Gleich nachdem Stalin am 5. März 1953 verstorben war, ergriff er die Initiative. Schon am 11. März schrieb er – wie aus den jetzt freigegebenen Geheimakten des *Foreign Office* hervorgeht – an Eisenhower: Er habe das Gefühl, daß sie beide zur Rechenschaft gezogen würden, wenn sie nicht jetzt den Versuch machten, ein neues Kapitel in den Ost-West-Beziehungen zu beginnen. Man dürfe sich nicht einfach mit der Fortsetzung der bisherigen Politik begnügen. Eisenhower, vermutlich unter dem Einfluß von John Foster Dulles, lehnte sofort ab. Begründung: Man dürfe den Sowjets nicht die Möglichkeit zu einer neuen Propaganda-Show geben. Churchill mußte einsehen, daß die Außenpolitik in West und Ost »hoffnungslos verbürokratisiert« worden war. Die »Subalternen«, wie er sie verächtlich nannte, bestimmten, so meinte er, nicht selten die Politik. Kriege würden sie nicht erklären, aber zum Friedenstiften seien sie auch gänzlich ungeeignet.

Seit einiger Zeit beginnen nun viele Europäer sich darauf zu besinnen, daß die Welt nicht nur aus zwei ideologischen Machtblöcken besteht, sondern aus einer natürlichen Vielfalt verschiedener Staaten. Auch im Osten, beispielsweise in der DDR, zeigt sich, daß auf die Dauer Geschichte stärker ist als Ideologie: Man hat dort erkannt, daß ein Staat nicht im luftleeren Raum aufgehängt werden kann. Darum spricht man nicht mehr vom »ersten sozialistischen

Staat deutscher Nation«, sondern entdeckt Preußen, Sachsen und Mecklenburg von neuem.

Etwa um die Zeit des Mauerbaus verkündete Chruschtschow seine Prophezeiung, 1980 werde die Sowjetunion Amerika überholen; Dulles hatte zuvor den *rollback*, die Zurückdrängung des Kommunismus, gepredigt. Inzwischen haben Washington und Moskau erkannt, daß die jeweilige Prognose auf Illusionen beruhte. Nach der anfänglichen Enttäuschung sind beide realistischer geworden.

Überhaupt hat es den Anschein, daß allenthalben ideologischer Überschwang einem gewissen Pragmatismus Platz macht. Überall finden Begegnungen und Gespräche zwischen Rivalen statt, die dies bisher weit von sich wiesen: Zum erstenmal reiste ein Ministerpräsident Israels offiziell zu einem arabischen Staatsoberhaupt; zum erstenmal seit über 20 Jahren verhandeln Israel und die Sowjetunion über die Wiederaufnahme diplomatischer Beziehungen. Gorbatschows Rede in Wladiwostok ist von den Chinesen wohlgefällig aufgenommen worden; Gespräche auf hoher Ebene kündigen sich für Oktober an – über eine Insel im Ussuri, die zu denen gehört, um die es 1969 bewaffnete Streitigkeiten gab, hat man sich jetzt geeinigt. Auch Japan und die Sowjetunion sprechen wieder miteinander. Und schließlich hat Gorbatschow grünes Licht gegeben für Handels-

und Kooperationsverträge der einzelnen osteuropäischen Staaten mit der EG, was bisher von Moskau strikt abgelehnt worden war. Wichtiger als alles andere ist schließlich das Gipfelgespräch zwischen Reagan und Gorbatschow, das jetzt vorbereitet wird. Sollte dies der erste Schritt zu kontinuierlicher Abrüstung werden, so könnte man sich vorstellen, daß nach Ablauf einer Reihe von Jahren die Supermächte den Entschluß fassen, die Militärallianzen – weil inzwischen nicht mehr notwendig – aufzulösen. Die Kooperation würde sich dann bei unveränderten Gesellschaftssystemen auf Wirtschaft, Handel und Technologie erstrecken.

Der Riß, der durch Europa geht, könnte auf diese Weise vielfach »übernäht« werden, ohne daß das politische Kräftesystem destabilisiert würde. Dann könnte auch die Mauer abgebaut werden. Voraussetzung für beides freilich ist, daß die osteuropäischen Staaten in einem langsamen, systematischen Lockerungsprozeß ihren Bürgern mehr wirtschaftliche und mehr kulturelle Freiheit gewähren, damit ihre Regierungen nicht befürchten müssen, ohne die Militärpakte gestürzt zu werden.

Dies alles ist in den nächsten 25 Jahren durchaus denkbar, denn dann befinden wir uns schon im zweiten Jahrzehnt des neuen Jahrtausends. Unmöglich wird es nur, wenn die Regierungen sich den Rat der

Frankfurter Allgemeinen Zeitung zu eigen machten, die unlängst in ihrem Leitartikel davor warnte, das »Klima« zu verbessern. Begründung: »Das hat Folgen. Die eigene Sprache paßt sich der des Gegners an, und mit ihr ändern sich die Themen ... Das Lagebild wird geschönt, die Öffentlichkeit in Hoffnungen gewiegt, und diese enthalten dann ihre eigene Schubkraft.« Der Rat lautet also: Nur keine Veränderung; besser Anpassung an den bestehenden Zustand; mithin harte Sprache, Teilung, Mißtrauen, Rüstungswettlauf.

Ja, wenn das wirklich die Perspektive wäre – dann müßte man verzweifeln.

Ob endlich die Zukunft beginnt?

Das gemeinsame Papier von SPD und SED begründet neue Hoffnung auf eine pragmatische Politik

Im September 1987

Manchmal denkt man, die Weltuhr sei stehengeblieben: Seit 40 Jahren waren aller Augen und alle Energien auf die Ost-West-Spannungen gerichtet, so als gäbe es keine anderen Probleme in der heutigen Welt. Wie hypnotisierte Hühner auf den Kreidekreis starrten alle auf den Lauf des Wettrüstens, als ob dies einen Sieger ins Ziel tragen könnte. Dabei hat die riesige Rüstung keiner Seite mehr Sicherheit gebracht, ganz zu schweigen von den bedenklichen finanziellen Folgen, die dadurch in Ost und West verursacht wurden.

Aber der Eindruck täuscht. Die Uhr ist nicht stehengeblieben. Wenn ich an unsere ganz und gar vergeblichen Mühen Anfang der sechziger Jahre denke, einen Zeitungsaustausch zwischen der *ZEIT* und dem *Neuen Deutschland* zustande zu bringen, oder an den 1966 gescheiterten Redneraustausch oder an die umständlichen Verhandlungen, mit denen 1963 die ersten Passierscheine erwirkt wurden, damit Westberliner zu Weihnachten nach Ostberlin reisen konnten – wenn ich mir dies alles vergegenwärtige und dann höre, daß in diesem Jahr bisher 3,2 Millionen DDR-Bürger, davon 900 000 unterhalb des Rentenalters, in die Bundesrepublik reisen dürfen, und ferner, daß SPD und SED soeben gemeinsam ein Papier unterzeichnet haben, das *nota bene* auch im *Neuen Deutschland* veröffentlicht worden ist, dann ist dies doch Beweis für einen gewaltigen Fortschritt.

Noch Mitte der sechziger Jahre drohte zufolge des sogenannten »Handschellen-Gesetzes«, daß jeder SED-Funktionär, der in die Bundesrepublik einreisen wollte, an der Grenze verhaftet werden konnte. Noch Mitte der siebziger Jahre hat der DDR-General Hoffmann den Atomkrieg als politisches Mittel gutgeheißen, um den Klassenfeind im Westen zu schlagen. Und nun zum erstenmal ein Papier, das *gemeinsam* von den antagonistischen Brüdern unterschrieben wurde – nicht in spontaner Aktion, sondern nach jahrelangen Gesprächen.

Unter drei Gesichtspunkten erscheint dieses Papier, für das die Grundwertekommission der SPD und die Akademie für Gesellschaftswissenschaften beim ZK der SED firmieren, von großer Bedeutung.

Erstens. Es geht aus von einer pragmatischen Motivierung, nämlich gemeinsam das zu tun, was den Frieden sichert; darum heißt es: »Friede und Sicherheit im Nuklearzeitalter können nicht mit immer mehr und immer perfekteren militärischen Mitteln, sondern dauerhaft allein durch politisches Handeln erreicht werden. Nicht die Qualität der Waffen, sondern die Qualität der Politik entscheidet über Sicherheit und Stabilität der Welt.«

Zweitens. Beide Seiten erstreben vernünftigerweise eine Ent-Emotionalisierung, ohne jedoch dabei die Verschiedenartigkeit der gesellschaftlichen Systeme zu verwischen – im Gegenteil, die grundsätzlichen Unterschiede werden klar und deutlich definiert. Da steht: »Die Sozialdemokraten verstehen sich als Teil der westlichen Demokratie. Für sie ist die pluralistisch organisierte Demokratie mit ihren vielfältigen Formen von Gewaltenteilung und Machtkontrolle der verbindliche und notfalls unter Opfern verteidigte Rahmen, innerhalb dessen sie ihre Vorstellungen von demokratischem Sozialismus verwirklichen wollen.«

Demgegenüber, so heißt es, ist »für Marxisten und Leninisten Demokratie als Form der Machtausübung in ihrem Wesen durch die Eigentumsverhältnisse an den entscheidenden Produktionsmitteln und die damit verbundene Macht geprägt … Sie nehmen für sich in Anspruch, auf diese Weise die sozialökonomischen Grundlagen für die freie Entfaltung des Menschen geschaffen zu haben; soziale Sicherheit, Vollbeschäftigung, soziale Gerechtigkeit und reale Bildungsmöglichkeiten für alle sind für sie unabdingbare Grundlagen für Demokratie und die Entfaltung aller Menschenrechte.«

Drittens. Wichtig ist ferner, daß die Verfasser des Papiers sich keinen Illusionen darüber hingeben, daß Meinungsverschiedenheiten und auch Streit fortdauern werden und daß jede Seite weiterhin bemängeln wird, wenn Theorie und Praxis beim anderen nicht übereinstimmen. Im Papier steht: »Es gibt Fragen, in denen wir einig sind, andere, über die wir weiter streiten müssen. Wir werden in der Spannung von Konsens und Konflikt leben müssen.« Und: »Der Streit über so gegensätzliche Grundpositionen läßt sich weder durch Kompromißformeln noch durch Appell an den Friedenswillen beenden … aber er kann Teil eines produktiven Wettbewerbs der Systeme werden, wenn er so ausgetragen wird, daß Kommunisten und Sozialdemokraten die Grundentscheidungen des jeweils anderen beachten, keine Feindbilder aufbauen, die Motive der anderen Seite nicht verdächtigen, deren Überzeugungen nicht absichtlich verzerren und ihre Repräsentanten nicht diffamieren.«

Schließlich sind sich beide Seiten klar darüber, daß

es beim politischen Streit Spielregeln einzuhalten gilt. Beispielsweise müssen, so heißt es, realistische und differenzierte Analysen an die Stelle von Propagierung pauschaler Feindbilder treten, weil diese nur »Bedrohungsängste« auslösen.
Gleichzeitig wird auch gesagt, was die Voraussetzung dafür ist, nämlich »die umfassende Informiertheit der Bürger in Ost und West ... Dazu müssen die Staaten in beiden Systemen, entsprechend der KSZE-Schlußakte, auf ihrem Territorium die Verbreitung von periodisch und nichtperiodisch erscheinenden Zeitungen und gedruckten Veröffentlichungen aus den anderen Teilnehmerstaaten erleichtern ... Das schließt auch Besuche und Gegenbesuche, die Teilnahme an Seminaren, wissenschaftlichen, kulturellen und politischen Veranstaltungen über die Systemgrenzen hinweg ein.«
Gewiß, es ist ein weiter Weg bis zu diesen hehren Zielen, und viel Zeit wird vergehen, bis auch nur die guten Vorsätze, die hier formuliert wurden, auf beiden Seiten Wirklichkeit werden. Dieses Papier ist ja keine Zustandsbeschreibung, sondern eine Vision dessen, was in Zukunft geschehen soll, also eine Zielperspektive. Selbst wenn es nicht den Anfang vom Ende der Abgrenzung – wie die DDR sie praktiziert – anzeigen sollte, so bringt allein schon die Tatsache, daß jeder in der DDR über die veränderten

Zielvorstellungen informiert worden ist, eine Wende; denn was bisher zu denken sträflich und zu tun verboten war, wird hier von wichtigen Exponenten der SED als erstrebenswert verkündet.

Nach der Veröffentlichung des Papiers fand in der DDR ein bisher nie dagewesenes Ereignis statt: Je zwei führende Parteitheoretiker diskutierten eine Dreiviertelstunde *live* im Fernsehen der DDR. Für die Bundesrepublik Erhard Eppler, Vorsitzender der SPD-Grundwertekommission, und Thomas Meyer, Leiter der Gustav-Heinemann-Akademie; für die DDR Otto Reinhold, Rektor der Akademie für Gesellschaftswissenschaften beim ZK der SED, und Rolf Reissig, Institutsleiter an der Akademie.

Bei dieser Gelegenheit erklärte Eppler: »Wenn wir sagen, beide Systeme sind reformfähig, dann sagen wir indirekt auch, sie sind reformbedürftig.« Man muß sich einmal vorstellen, was das bedeutet! Das von den Vätern des Marxismus als Offenbarung empfangene Dogma, das System des real existierenden Marxismus, soll reformbedürftig sein? Für einen solchen Satz in einem Vortrag wäre ein DDR-Autor noch vor zwei Jahren für alle Zeiten der Verfemung anheimgefallen; jetzt aber ging diese Feststellung über den Äther und hat Millionen von DDR-Bürgern erreicht. Eppler sagte übrigens auch, für ihn sei die

deutsche Frage ebenso offen wie der Gang der Weltgeschichte überhaupt.
Die Besorgten und Ungläubigen in unserem Lande mag die Erklärung des SPD-Parteivorsitzenden Hans-Jochen Vogel beruhigen. Nachdem er daran erinnert hatte, welche Leiden die SPD ertragen mußte, als sie sich 1945/46 der Zwangsvereinigung mit den Kommunisten widersetzte und an den Grundwerten des demokratischen Sozialismus festhielt: »Nichts von diesen Grundwerten wird in dem gemeinsamen Papier preisgegeben. Aber das Papier weist einen Weg, wie die Vorstellungen des demokratischen Sozialismus unter den Bedingungen unseres Jahrzehnts im friedlichen Wettstreit mit dem im anderen deutschen Staat existierenden Gesellschaftssystem entfaltet und wirksam gemacht werden können.«
Auch Karsten Voigt, der eingeladen ist, im November in der SED-Parteihochschule »Karl Marx« einen Vortrag zu halten, sorgte für Beruhigung, als er erklärte, daß sich das gemeinsame Papier auf das Verhältnis von Parteien in verschiedenen Systemen beziehe und daß das Verhältnis von Sozialdemokraten und Kommunisten in der Bundesrepublik davon nicht berührt werde.
Ist also das Papier nur wohlmeinendes Geschwätz ohne konkrete Bedeutung? Oder markiert es den

Beginn einer neuen Phase? Oder könnte man es sogar als Meilenstein in der Nachkriegsgeschichte bezeichnen?

Die Frage wäre noch schwerer zu beantworten gewesen, wenn man sie damals vor drei Jahren gestellt hätte, als die Arbeit an dem Papier begann. Heute, wo sich zeigt, daß die Aktivität der beiden Großmächte auf Abrüstung gerichtet ist, also auf Kooperation, ist die wichtigste Voraussetzung für eine deutsch-deutsche Normalisierung gegeben. Nachdem nun auch die Chefs der beiden Deutschlands miteinander Gespräche führen und Bundeskanzler Kohl in seiner ausgezeichneten, sehr differenzierten Tischrede zu Ehren Honeckers ähnliche Gedanken ausgesprochen hat: gemeinsam für den Frieden arbeiten, ungeachtet der Unvereinbarkeit der Grundkonzeptionen das Machbare machen, außerdem mehr Jugend- und Informationsaustausch, gewinnt das Papier den Charakter eines Meilensteins.

Damit sind die drei wichtigsten Ebenen synchronisiert: Entspannung und Abrüstungsgespräche zwischen Moskau und Washington; das gemeinsame Papier von SPD und SED über die Entschärfung des Systemwettstreits; die Zustimmung der CDU zu sachlicher Deutschlandpolitik, die Bundeskanzler Kohl bei den Gesprächen mit Generalsekretär Honecker zum Ausdruck brachte. Dies läßt die Hoffnung zu, daß nach 40 Jahren Rüstungswettlauf und emotionaler Empörung übereinander pragmatische Gesichtspunkte die Oberhand gewinnen. Ob nun endlich die Zukunft beginnt?

Ein Dach für ganz Europa

Nicht »Wiedervereinigung«, sondern Annäherung zwischen Ost und West

Im April 1988

Die Union hat es schwer: Da gibt es in ihren Reihen Leute, die können von ihren veralteten Feindbildern nicht lassen, und andere, die halten mit allen Fasern an ihren überholten Wunschbildern fest: Minister Wörner ist der Meinung, Gorbatschow, der sich seit drei Jahren als Pragmatiker ausweist, ginge es letzten Endes noch immer um die kommunistische Weltherrschaft; und der Abgeordnete Todenhöfer hat Protest eingelegt gegen das Deutschlandpapier, das von einer Kommission unter Heiner Geißler für den CDU-Bundesparteitag im Juni ausgearbeitet worden ist.

Todenhöfer protestiert erstens, weil das Wort »Wiedervereinigung« darin nicht vorkommt, und zweitens, weil dort festgestellt wird, das Ziel der Einheit sei von den Deutschen nur im Einverständnis mit ihren Nachbarn in Ost und West zu erreichen. Schwierig, mit Leuten Politik zu machen, die die Realitäten nicht zur Kenntnis nehmen.

Nun hat dieser Einspruch offenbar so viel Anklang gefunden, daß die Partei sich genötigt sah, einen Bundesfachausschuß für Deutschlandpolitik einzusetzen, der Kompromisse zu dem Thema erarbeiten soll. Dieser Dreißig-Mann-Ausschuß wird Mitte dieses Monats der Klausurtagung des Bundesvorstands der CDU seinen ersten Bericht vorlegen. Der Vorsitzende der Kommission ist der Parlamentarische Staatssekretär im innerdeutschen Ministerium, Ottfried Hennig, der gleichzeitig Sprecher der ostpreußischen Landsmannschaft ist. Zu seinem Stellvertreter wurde der Scharfmacher Heinrich Lummer bestellt, der in Berlin Innensenator war, bis er 1986 zurücktreten mußte. Das ist ungefähr so, als hätte man zu Breschnjews Zeiten eine Kommission zur Kompromißfindung in Sachen Breschnjew-Doktrin unter Gromyko eingesetzt. Mit anderen Worten: Man kann sich vorstellen, was dabei herauskommt. Dabei hatte Bundeskanzler Kohl bereits 1987 in seinem Bericht zur Lage der Nation festgestellt, daß die Teilung Deutschlands und Europas nur im Einvernehmen mit allen unseren Nachbarn überwunden werden kann: »Deshalb treten wir entschieden allen Illusionen entgegen, wir könnten unser nationales Problem unabhängig vom West-Ost-Konflikt lösen.« Das Geißler-Papier wiederholt also nur, was der Kanzler schon vor einem Jahr gesagt hat.

Wir haben in den letzten vierzig Jahren von vielen Illusionen Abschied nehmen müssen: von der Vorstellung, daß das Deutsche Reich weiter existiert, und vom Alleinvertretungsanspruch; wir haben die Existenz des zweiten deutschen Staates – den ein Kanzler der CDU noch als Phänomen bezeichnete – anerkannt. Endlich sind wir jetzt also so weit, daß der Kanzler und Parteivorsitzende der Christdemokraten ein Konzept entwerfen läßt, das von der Realität ausgeht.

Man muß noch einmal die Thesen jenes deutschlandpolitischen Papiers rekapitulieren, um sich diese Tatsache in aller Deutlichkeit vor Augen führen zu können. Dort heißt es unter anderem:

❖ »Unter den Bedingungen der andauernden Teilung Deutschlands ist die Politik des Dialogs, der praktischen Zusammenarbeit und der vertraglichen Abmachung mit der DDR der geeignete Weg, um den Menschen im geteilten Deutschland konkret zu helfen.«
❖ »Die Verantwortung der Deutschen besteht darin, das heute Mögliche und Verantwortbare zu tun, um den West-Ost-Konflikt in Deutschland und Europa zu mildern und auf seine Überwindung hinzuwirken.«
❖ »Die Grenzen der Staaten müssen in *ganz* Europa

ihren die Menschen trennenden Charakter verlieren.«

Es heißt dann weiter, um die Folgen der Teilung zu lindern, strebe die CDU weitere Vereinbarungen mit der DDR an, die erstaunlich eingehend und präzis aufgezählt werden:

- Aktivierung und Ausweitung des Reiseverkehrs
- Aufbau eines Jugendwerkes sowie Schüleraustausch
- Partnerschaften im Kulturbereich und im Sport
- Austausch von Lehrlingen und Volontären
- Neue Formen der wirtschaftlichen Zusammenarbeit
- Gemeinsamer Schutz der Umwelt
- Turnusmäßige Gespräche zwischen Bonn und Ostberlin auf allen Ebenen.

Ein neues Denken hat also auch in Bonn eingesetzt und läßt neue Hoffnungen zu, sofern nicht die Ewiggestrigen dieses Konzept wieder verwässern oder gar zunichte machen. Sie haben noch immer nicht begriffen, daß die Proklamierung der Wiedervereinigung als Ziel der Bonner Außenpolitik genau das ist, was den Weg dorthin blockiert, weil diese Vision jede Entwicklung unmöglich macht. Kein Nachbar –

weder im Osten noch im Westen – kann sich in der Mitte Europas ein geeintes Deutschland mit 80 Millionen Bürgern wünschen, welches das Potential von Bundesrepublik und DDR zu einer erdrückenden Potenz vereinen würde; folglich werden sie alles tun, um jegliche Vereinigung zu verhindern, und lieber den *status quo* aufrechterhalten.

Nein, etwas ganz anderes ist jetzt wichtig. Wichtig ist, daß West- und Osteuropa wieder näher aneinandergerückt werden. Darauf sollten wir uns konzentrieren. Gorbatschow spricht ja vom gemeinsamen europäischen Haus, und unabhängig davon haben viele im Westen positive Aussagen dazu gemacht: Bundeskanzler Kohl erklärte im Hinblick auf Polen, »nicht Grenzen zu verschieben, sondern sie zu überwinden durch Menschlichkeit und Verständigung mit *allen unseren östlichen Nachbarn,* das ist der Kern unserer Ost- und Deutschlandpolitik«.

Präsident Mitterrand betonte beim Honecker-Besuch in Paris die Verantwortung »als Franzosen, als Deutsche jenseits und diesseits der Elbe, *mit den anderen Nationen in Ost und West ein Europa wieder aufzubauen*, in dem es sich leben läßt und das Hoffnung in sich trägt, weil es seine Spaltung überwunden hat«.

Und Dorothee Wilms, Ministerin für innerdeutsche Beziehungen, meinte in ihrer von den Ewiggestrigen beanstandeten Rede in Paris: »Wir wünschen uns nichts so sehr, als daß ganz Europa – *West-, Mittel-* und *Osteuropa* und wir als Deutsche darin eingeschlossen – zu sich selbst zurückfindet ... Wir im westlichen Europa können dem Ringen dieser Völker um eine ihrer europäischen Natur gemäße Lebensform nicht teilnahmslos zusehen.«

Noch nie seit vierzig Jahren war die Gelegenheit hierzu so günstig wie heute. Vierzig Jahre lang herrschte überwiegend Kalter Krieg, mit Ausnahme der kurzen Spanne vom Ende der sechziger Jahre bis zur KSZE-Konferenz in Helsinki 1975. In diesen wenigen Jahren der Entspannung ist alles Sinnvolle, was den Supermächten gelang, zustande gekommen: der Nicht-Verbreitungsvertrag, der ABM-Vertrag und SALT I. Wenn man sich an den Beginn der achtziger Jahre zurückerinnert, an die Beschwörung des *evil empire*, des Reichs des Bösen, oder an jene martialischen Reden, die aus Washington nach Europa drangen: »We live in a prewar, not in a postwar period«, oder an die Tiraden über einen limitierten Atomkrieg, der sehr wohl führbar sei, und schließlich daran, daß die Sowjets den afghanischen Krieg vom Zaun brachen, dann kann man nur staunen über das, was heute alles möglich geworden ist: Gipfelgespräche, Verträge, Einigung über Verifikation. Alles Zugeständnisse, die nicht auf irgendwelchen Propagandatricks beruhen, sondern auf ökonomischen Sachzwängen, so daß vermutlich Verlaß auf ihre Dauer ist.

Wir würden alle miteinander Strafe verdienen, wenn wir diesen historischen Moment ungenutzt vorübergehen ließen. Heute, da sich für Moskau der einst so freudig begrüßte Zugewinn an Einfluß in Osteuropa – bis zur Elbe – in eine unberechenbare Last verwandelt, wäre Gorbatschow sicherlich bereit, den Osteuropäern mehr Freiheit zu gewähren, sofern die Völker, die dieses Glacis bilden, nicht verführt werden, zum Westen überzugehen, sondern sich weiterhin als Moskaus Verbündete betrachten. Ihre engere Verbindung zum Westen kann aus wirtschaftlichen, technologischen und handelspolitischen Gründen den Sowjets nur nützlich sein.

Wenn die vernünftigen Kräfte in der Union ihr Konzept, das ja den Beginn eines historischen Prozesses einleiten könnte, durchsetzen und weiterentwickeln sollten, dann würden Ost- und Westeuropa, ungeachtet ihrer verschiedenen Gesellschaftssysteme, wirtschaftlich und kulturell weit stärker verbunden sein, als dies heute der Fall ist. Die Gestrigen beschwören die Gefahr des Neutralismus und der Destabilisierung. Doch keine Seite will die Bindungen zu ihrer jeweiligen Supermacht lockern, die für beide eine Lebensnotwendigkeit sind. Das sei nicht möglich? Einflußreiche Politiker verschiedener Couleur haben mir in Wien versichert, ihre Beziehungen zu Budapest seien heute besser, als dies zur Zeit Österreich-Ungarns in der Monarchie der Fall war. Der Unterschied zwischen den Gesellschaftssystemen muß also kein Hindernis sein.

Gewiß kann man nicht an eine institutionelle Verknüpfung der beiden Teile Europas denken, wie sie der Gemeinsame Markt darstellt, aber es sollte doch möglich sein, auf lange Sicht ein gemeinsames Dach für beide zu konstruieren. Das hätte auch den Vorteil, daß Europa zwischen den beiden erdrückenden Supermächten mehr Gewicht erhielte. Bei alledem darf dies natürlich nicht allein unsere Politik sein, sondern das Ziel müßte von ganz Westeuropa getragen werden.

Dieses Projekt ist, anders als eine »Wiedervereinigung«, allein in der Lage, den Bürgern in der DDR die angestrebten Erleichterungen zu bringen, weil damit kein Risiko für Regierung und Partei verbunden ist. Es ist das Ziel, für das der volle Einsatz sich lohnt. Und es ist erreichbar: Es braucht nur ein bißchen Mut, Optimismus und politische Phantasie.

Am Ende aller Geschichte?

Die Niederlage des Marxismus bedeutet nicht den Triumph des Kapitalismus

Im September 1989

Manchmal könnte man wirklich meinen, die Geschichte mache sich lustig über die Menschen, die ihre Theorien mit dem Anspruch ewiger Wahrheiten vortragen und sie mit solch feierlichem Ernst vertreten.

Da hatte Karl Marx vor 150 Jahren – wie seine Adepten seither und bisher – wirklich geglaubt, wenn die Menschheit seinen Ideen nachlebe, werde sie einen Endzustand paradiesischer Harmonie erreichen. Das Merkwürdige aber ist, daß es gerade seine überzeugend-anschauliche Anklage der elenden Arbeitsverhältnisse jener Zeit war, die dazu beigetragen hat, den von ihm verdammten Kapitalismus zur Humanisierung zu zwingen und so seine Akzeptanz zu sichern, während die Konkretisierung seiner abstrakten Theorien die Adepten allenthalben ins Unglück gestürzt hat.

Heute sieht jeder ein, daß der Kommunismus in der Praxis scheitern muß, weil die totale Unterwerfung unter eine zentrale Planungsbürokratie jede Lust zur Innovation zerstört und die Arbeitsinitiative tötet. Weil ferner die mit diesem System entstandene Nomenklatura dem Ideal sozialer Gerechtigkeit Hohn spricht, das verheißene »Reich der Freiheit« mitsamt dem »Neuen Menschen« *ad absurdum* führt. Für Marx und seine Jünger stand ja der Lauf der Geschichte fest. Die Evolution der Menschheit hatte vom Patriarchat über den Feudalismus zum Kapitalismus geführt und würde anschließend über den Imperialismus zwangsläufig zum Sozialismus gelangen und so dann das Endziel erreichen, den Kommunismus.

Sein Räsonnement: Im Kapitalismus, der auf der Existenz des Privateigentums beruht, wird alles zu Ware und also zu Geld – auch die Arbeit. Damit verliert die Arbeit ihren schöpferischen Charakter und wird nicht als Selbstverwirklichung empfunden, sondern nur als Erwerb des Lebensunterhalts. Der einzelne wird, so meint Marx, durch die Lohnarbeit sich selbst entfremdet. Erst wenn das Privateigentum an den Produktionsmitteln abgeschafft ist, könne sich dies ändern.

Noch einmal: Die Geschichte, die offenbar das Irrational-Clowneske der Menschheit zu demonstrieren liebt, hat auf dem Weg ins Paradies der klassenlosen Gesellschaft die Entfremdung des Menschen, die

Karl Marx doch dem antagonistischen Kapitalismus prophezeit hatte, statt dessen an die Fersen des Marxismus geheftet.

Aber damit nicht genug – es gibt noch mehr Absurditäten. Jetzt beginnen die triumphierenden Gegner von Marx, vor allem die Amerikaner, des Propheten absurde Vorstellung von einem Endzustand der Geschichte ihrerseits zu prognostizieren. So stand in der *International Herald Tribune* vor einigen Monaten als dreispaltige Überschrift: *We can now answer Plato's question*. Der Autor Charles Krauthammer, ein Kolumnist, erklärte: »Die Frage, die seit Platos Zeiten alle politischen Philosophen beschäftigt hat: Welches ist die optimale Regierungsform?, ist jetzt beantwortet.« Dreimal darf man raten, wie. Krauthammers Antwort: »Nach einigen Jahrtausenden des Ausprobierens der verschiedenen Systeme beenden wir nun dieses Jahrtausend in der Gewißheit, daß wir mit der pluralistisch-kapitalistischen Demokratie das gefunden haben, was wir suchten.«

Noch deutlicher sagt es der stellvertretende Chef des Planungsstabes im State Department, Francis Fukuyama. In der Vierteljahreszeitschrift *National Interest* erklärte er zu den aktuellen Ereignissen: »Was wir erleben, ist vielleicht nicht nur das Ende des kalten Krieges oder einer bestimmten Periode der

Nachkriegsgeschichte, sondern das Ende der Geschichte überhaupt; also der Endpunkt ideologischer Evolution der Menschheit und der Beginn weltweiter Gültigkeit der westlichen liberalen Demokratie als endgültige Form menschlicher Regierung.«
Da wird einem wirklich bange, und man fragt sich, ob nun als nächster absurder Einfall der Geschichte vielleicht der Kapitalismus zugrunde geht und von einem geläuterten Sozialismus gerettet wird. Das ist gar nicht so unvorstellbar, wie es klingt.
Gewiß, als wirtschaftliches System ist der Sozialismus im Wettstreit mit der Marktwirtschaft gescheitert. Aber als Utopie, als Summe uralter Menschheitsideale: soziale Gerechtigkeit, Solidarität, Freiheit für die Unterdrückten, Hilfe für die Schwachen, ist er unvergänglich.
Und unsere so erfolgreiche westliche Gesellschaft? Wenn man sie einmal von außen, also wie ein Unbeteiligter, betrachtet, dann könnte man meinen, unsere Sozial- und Wirtschaftsordnung sei bereits auf dem Abstieg, denn ihre positiven wirtschaftlichen Folgen zeitigen natürlich auch negative Begleiterscheinungen.
Das Engagement für das Ganze, also für Staat und Gesellschaft, hat einem erschreckenden Egoismus Platz gemacht. Karriere und Geld nehmen jetzt die erste Stelle ein. Die Maximierung des Einkommens

ist zum höchsten Lebensziel, nicht nur der Yuppies, geworden. So zwingend ist dies, weil nicht nur Lebensstandard und Wohlbefinden, sondern auch Ansehen und Einfluß am Geld gemessen werden. Ein Gefühl für gesellschaftliche Verantwortung wird immer seltener.

Allein in London gibt es über 10 000 Obdachlose, die ihre Nächte in U-Bahn-Schächten, auf Parkbänken und in verlassenen Gebäuden verbringen. In Amerika sind es offenbar drei Millionen, was nicht zuletzt darauf zurückzuführen ist, daß Reagan den öffentlichen Wohnungsbau praktisch eingestellt hat. Sowohl in England als auch in Amerika wächst mit dem Reichtum zugleich die Armut. In einem Bericht von Wissenschaftlern heißt es, daß sich die Zahl der Sozialhilfeempfänger im britischen Königreich seit 1979 von vier Millionen auf acht Millionen verdoppelt hat. Es wird nachgewiesen, daß innerhalb von zehn Jahren der Reallohn bei der höchsten Einkommensteuerklasse um 22 Prozent stieg, bei der untersten Klasse aber um 10 Prozent gesunken ist. Um so unbegreiflicher, daß Anfang dieses Jahres der Höchststeuersatz von sechzig Prozent auf vierzig Prozent reduziert wurde. Auch in Amerika wird die Kluft zwischen Arm und Reich immer größer. Dreiunddreißig Prozent aller Schwarzen lebten unterhalb der offiziellen Armutsgrenze, bei den Weißen sind

es elf Prozent. Und darüber, daß 37 Millionen Amerikaner keine Krankenversicherung haben, kann man nur staunen.
Besonders erschreckend ist das Bild der westlichen Gesellschaft, wenn man sich die Korruptionsfälle der letzten zwölf Monate vor Augen führt. Da ist der Ministerpräsident Griechenlands, Andreas Papandreou, der mit mehreren Ministern seines ehemaligen Kabinetts und anderen Würdenträgern vor Gericht gestellt wird. In zwei Fällen ist Klage bereits erhoben worden; der Vorwurf, Anstiftung zur Untreue, private Bestechung und Hehlerei, wird noch geprüft. Da ist ferner in Japan der Skandal des Informations- und Immobilienkonzerns Recruit, dessen Chef mit Hilfe manipulierter Aktienverkäufe versucht hat, sich politische Macht und große Geschäfte zu sichern. Die Regierung ist darüber gestürzt. Etwa 130 Persönlichkeiten aus Wirtschaft und Politik sind in diesen Skandal verwickelt.
Die Geldgierigen waren auch in Amerika nicht faul. Unter Präsident Reagan sind fast 1000 Verfahren wegen krimineller Vorgänge im Amt eingeleitet worden. Von den 535 Mitgliedern des letzten Kongresses sind 20 wegen unethischen Verhaltens angeklagt worden. Der Fall des Jim Wright, Sprecher des Repräsentantenhauses, hat zehn Monate lang einen Untersuchungsausschuß beschäftigt; Wright hat Ge-

schäfte, die als Nebeneinnahmen hätten angegeben werden müssen, nicht deklariert. Man muß sich das einmal vorstellen: Der dritte Mann im Staat nach Präsident und Vizepräsident muß wegen finanzieller Vergehen zurücktreten, während der als Verteidigungsminister vorgesehene Senator Tower wegen Alkoholismus nicht bestätigt werden konnte. Der letzte große Skandal ist noch gar nicht aufgearbeitet. Er ist in dem Ministerium für *Housing and Urban Development* (HUD) ausgebrochen. Durch Unregelmäßigkeiten beim Verkauf staatssubventionierter Wohnungen sind riesige Summen veruntreut worden.

An derlei Übelstände scheint Amerika sich gewöhnt zu haben, aber das, was die Bevölkerung wirklich das Gruseln lehrt, ist die Drogensucht, die sich, einer mittelalterlichen Seuche gleich, ausbreitet, nicht nur in den Großstädten. Das *Wallstreet Journal* beschreibt eine Kleinstadt in Delaware: Seit die Crack-Dealer 1985 dorthin gelangt sind, beherrschen brutaler Mord, Raubüberfälle, Prostitution und Syphilis den ländlichen Ort. Überall nehmen die Verbrechen zu. Die Polizei schätzt, daß achtzig Prozent der rasch zunehmenden Verbrechen in Amerika im Zusammenhang mit Drogen stehen.

In einem Bericht aus Washington heißt es: »Nur ein paar Häuserblocks vom Weißen Haus entfernt fallen, wie in allen Großstädten, Nacht für Nacht Schüsse, sterben zumeist junge Menschen. Straßenzüge, ganze Stadtteile werden vom Kokain regiert, Familien zerbrechen, gewachsene Sozialstrukturen zerfallen, Kinder werden mit Kokain im Blut geboren.«

Jeden Tag werden in Amerika etwa 600 Babys von Müttern geboren, die kokainsüchtig sind, allein in den Hospitälern Floridas wurden im vorigen Jahr 10000 solcher Kinder geboren. Sie wiegen bei der Geburt manchmal nur 1500 Gramm, haben Wachstumsstörungen und Gehirnschäden.

Heimsuchungen aller Art, die sich gegenseitig verstärken und bedingen, ergeben ein trauriges Bild: Arbeitslosigkeit, Alkohol- und Drogenmißbrauch, Prostitution, Kürzungen des Sozialprogramms, Steuersenkungen und Budgetdefizit. Sollte dies wirklich die perfekte Gesellschaft sein, die für alle Zeiten über den Sozialismus triumphiert?

Soll die Metropole Hauptstadt werden?

Berlin oder Bonn: Deutschland und die Sorgen seiner Nachbarn

Im Mai 1990

Vierzig Jahre haben wir im Wartesaal der Geschichte zugebracht: ein zweigeteiltes Land, keine richtige Hauptstadt, die Bürger auf der Suche nach Identität. Und jetzt? Wird die Vereinigung dieser beiden so unterschiedlich strukturierten Deutschlands – verschiedene Gesellschaftssysteme, Eigentumsverhältnisse, Ideale, Glaubensbekenntnisse – zu etwas ganz Neuem zusammenwachsen? Oder wird daraus einfach nur eine »Groß-BRD« werden, also nur das territoriale Provisorium, von dem das Grundgesetz spricht, gelöst werden?

Und schließlich Berlin: Soll Berlin wieder Hauptstadt werden? Diese Stadt, die auf ihrem Territorium bis vor wenigen Monaten die beiden feindlichen Ideologien dulden mußte, die sich fast ein halbes Jahrhundert lang haßerfüllt an der Spree gegenüberstanden – diesseits des Brandenburger Tors die uns bekannte Welt: Kurfürstendamm, Gedächtniskirche, Zoo, Grunewald; jenseits die verschlossene Welt, die wir nicht betreten durften: Unter den Linden, Friedrichstraße, Wilhelmstraße, Alexanderplatz. Wird es also einfach heißen: BRD + DDR = wie gehabt, so, als hätten die letzten Jahrzehnte nicht stattgefunden?

Ehe das Problem der Hauptstadt entschieden werden kann, muß einmal gefragt werden, wie denn vermutlich die zukünftige Welt aussehen wird. Kein Zweifel, der Nationalstaat des 19. Jahrhunderts, der ja erst mit den napoleonischen Kriegen aufkam, ist aller Voraussicht nach ein abgeschlossenes Kapitel, jedenfalls bei uns im Westen, und die Bipolarität der zweiten Hälfte des 20. Jahrhunderts dürfte auch erledigt sein. Schon deshalb, weil die beiden Supermächte von Konfrontation auf Kooperation umgeschaltet haben, was dazu führt, daß nicht mehr das Militärische im Vordergrund steht, sondern das Wirtschaftliche. An die Stelle von bipolaren Allianzen werden also auf Grund wirtschaftlicher Interessen diverse regionale Zusammenschlüsse treten.

Das einzigartige Schicksal Berlins, dessen eine Hälfte auf den Osten ausgerichtet war, hat dazu geführt, daß es dort Hunderte von Spezialisten gibt, die Russisch sprechen, die die Handelspartner in Osteuropa und der Sowjetunion kennen wie auch die Gebräuche, Chancen und Risiken in diesem Teil der Welt. Das ist natürlich ein großes Kapital. Immer schon war Berlin eine Brücke nach Osteuropa, war Deutsch bis zu Adolf Hitler die *lingua franca* im Osten. Man kann sich also unschwer vorstellen, daß den Deutschen in Zukunft eine Art Monopolstellung für den Osthandel zufallen wird. Deutschland war immer der Osten des Westens und zugleich der Westen des Ostens. Man muß nur dafür sorgen, daß Berlin im Hinblick auf den Osten innerhalb der Bundesrepublik nicht zu »kopflastig« wird.

Was bedeutet dies alles für das Problem: Berlin – Hauptstadt, ja oder nein? Vielleicht ist die Alternative Entweder-Oder falsch. Vielleicht heißt heutzutage die optimale Lösung: Beide sollen Hauptstadt sein, sowohl Bonn wie Berlin.

Warum? Weil der Entschluß, Berlin zur Hauptstadt zu machen, ein falsches Signal setzen würde. Es könnte die Deutschen, auch wenn sie dies gar nicht anstreben, verführen, sich auf den Weg zum Nationalstaat zu begeben, anstatt das Ziel Europa im Auge zu behalten. Auch würde es fraglos den anderen Europäern Sorge einflößen. Für sie alle steht fälschlicherweise Berlin für preußischen Militarismus, deutschen Größenwahn, autoritären Zentralismus, für Pickelhaube und Kommißstiefel.

Fälschlicherweise, denn die Identifizierung von Preußen und Nationalsozialismus ist unzutreffend. Unter den zehn obersten Führern jener Verbrecherbande war kein einziger Preuße. Hingegen stammten 75 Prozent des organisierten Widerstandes vom 20. Juli aus Preußen. Auch ist Servilität kein typischer Charakterzug der Berliner. Gewiß ist die lange wilhelminische Ära eine Schreckenszeit pervertierter Autorität und geduldigen Untertanengeistes gewesen, aber es gab eben auch ganz andere Beispiele: vom liberalen preußischen Landrecht Friedrichs des Großen über die Reformer der nachnapoleonischen Zeit, die literarisch-intellektuellen Salons der Romantikerepoche bis zum Widerstand gegen Hitler. Schließlich stimmt es auch nicht, daß die Bevölkerung Berlins so besonders begeisterte Nazis waren. Bei der letzten freien Wahl im März 1932 erzielte die NSDAP nur 22 Prozent der Stimmen, und im März 1933 gelang es nicht einmal dem SA-Terror, mehr als 31 Prozent der Bevölkerung auf Hitlers Seite zu bringen. Übrigens sind in keiner anderen Stadt so viele jüdische Mitbürger von den Einwohnern versteckt und dadurch gerettet worden. Berlin war immer eine Freistatt für Andersdenkende und ist nicht erst nach 1945 zum »Leuchtturm der Freiheit« geworden.

Es ist merkwürdig, daß man auch in aufgeklärten Zeiten falsche Geschichtsbilder verbreiten und verfestigen kann. Offensichtlich ist es eben so, daß nicht die Fakten der Geschichte das Entscheidende sind,

sondern die Vorstellung, die sich die Menschen von den Fakten machen. Darum muß man Vorurteile sehr ernst nehmen und sich immer wieder bemühen, sie auszuräumen.
Zwischen den beiden Weltkriegen war Berlin die kosmopolitische Metropole Europas. Auch heute könnte die Stadt mit ihren 180 wissenschaftlichen Instituten, den Theatern, Museen, der Oper und einem äußerst kompetenten Publikum wieder als Weltstadt weit über die Grenzen hinaus wirken. Den nationalen Aspekten wäre Genüge getan, wenn der Bundespräsident nach Berlin übersiedelte und beispielsweise die Länderkammer dorthin verlegt würde; eine europäische Dimension könnte Berlin schließlich gewinnen, wenn die KSZE dort Fuß fassen würde.
Bonn bliebe dann als Unterpfand für die westliche Integration Regierungssitz, wofür die 40000 Beamten und Angestellten wie auch die 10000 auswärtigen Diplomaten, die sonst umziehen müßten, wahrscheinlich sehr dankbar wären.
Es nützt wenig, auf unser untadelig demokratisches Verhalten während der letzten vierzig Jahre hinzuweisen und mit Ärger zu reagieren, wenn dies nicht anerkannt wird. Die Selbstsicherheit, die dabei oft in Arroganz ausartet, wirkt nur allzu leicht als *self-fulfilling prophecy*. Es ist nun einmal so, daß Ängste

und verletzte Gefühle langlebiger sind als die Erinnerung an vorbildliches Verhalten.
Sicherlich haben die Deutschen sich im Grundsätzlichen stärker verändert als irgendein anderes Volk in Europa – freilich hatten sie es auch nötiger. Es gibt hierzulande ein neues demokratisches Grundgefühl, das wohl auch mit unserem systematisch durchgeführten föderalen System zusammenhängt. Man muß aber die anderen verstehen und sich auch selbst vor Augen führen, daß die Mentalität der Deutschen auch schon vor den Nazis gelegentlich geeignet war, Erschrecken auszulösen.
Ein Beispiel: Adolph Loewe, später Professor der Nationalökonomie, schildert, wie er 1913 als Student in Berlin einen Vortrag des Literaturprofessors Adolf Bartels besuchte, der als einer der führenden intellektuellen Antisemiten bekannt war. »Ich kam kurz vor acht Uhr in den Saal, der zweitausend Leute faßte. Er war überfüllt, es herrschte Siegeratmosphäre. Dann kam Bartels. Ich erinnere mich an zwei Dinge: a) Die Juden haben die Homosexualität erfunden und versuchen mit allen Mitteln der Ansteckung, sie dem deutschen Volk beizubringen. b) Auf dem Patentamt liegt ein Patent, das durch Veränderung des Auspuffrohres den Gestank der Autos unschädlich macht. Die Juden haben es aufgekauft. Warum? Sie wollen am Sonntagnachmittag

in den Wald fahren, um dem deutschen Wanderer die Luft zu verpesten. Anderthalb Stunden auf diesem Niveau. Und zweitausend Berliner Studenten – es gab damals etwa achttausend in Berlin – johlten wie besoffen.«

Resümee dieser Überlegungen und Erinnerungssplitter: Laßt uns Bonn als effiziente administrative Hauptstadt behalten und auch als Unterpfand für die westliche Integration und Berlin zum geistig-künstlerischen Kulturzentrum machen. Doch wie auch immer die Entscheidung fallen sollte, wichtig ist, daß sie bald getroffen wird, sonst ergreifen Spekulanten die Macht in Berlin.

Der Tag der Einheit

In diesen zurückliegenden vierzig Jahren haben sich die Deutschen von Grund auf verändert. Ein ganz neuer – ein postnationaler – Typ ist entstanden. Das wurde am 3. Oktober 1990, dem Tag der deutschen Einheit, sehr deutlich.
Ich war an diesem Tag in Berlin und habe die Massen gesehen. Es waren weit mehr als eine halbe Million Menschen, die sich da durch das Brandenburger Tor die Linden heraufwälzten. Eine beschwingte, nachdenklich-fröhliche Menge: kein Nationalismus, keine Emotionen, keine ideologischen Sprüche.
Auch die offiziellen Reden am nächsten Tag vom Bundespräsidenten und den Präsidentinnen der beiden Parlamente blieben ohne Phrasen oder nationale Klischees. Sie waren mahnend und dankbar dafür, daß Amerika und die europäischen Nachbarn der Vereinigung zugestimmt haben, so daß dieser Schritt, der die Landkarte Europas in entscheidender Weise veränderte, sich friedlich, ohne Feindschaft und ohne Kampf vollzogen hat. Immer wieder be-

tonten die Redner die Verpflichtung, die daraus erwächst. Bundespräsident von Weizsäcker sagte: »Alle Grenzen Deutschlands sollen Brücken zu den Nachbarn werden. Das ist unser Wille.«

Natürlich gibt es in Deutschland noch Nationalisten und Querulanten, aber es sind kleine Gruppen, wie es sie in jedem Land gibt; klein, gemessen an Frankreich, wo der Europa-Abgeordnete Le Pen, der Nationalismus und Antisemitismus predigt, bei der letzten Wahl zehn Prozent der Stimmen erhielt.

Als zweiten neuen Charakterzug empfinde ich die völlige Abkehr von allem Machtstreben. Für Wilhelm II. waren »die schimmernde Wehr« und eine Flotte, die der englischen ebenbürtig sein sollte, Selbstzweck: Macht um der Macht willen. Für Hitler war Macht erstrebenswert, weil sie Herrschaft bedeutete und die Möglichkeit bot, seinen Rassenwahnsinn auszubreiten.

Heute gibt es nicht nur Scheu vor der Macht, sondern ein gewisses Desinteresse an ihr. Manchmal denke ich, die Deutschen sind heute wie die Schweden nach Karl XII. Die waren damals auch überanstrengt durch jene Eroberungszüge, desillusioniert von aller Machtpolitik und wollen seither nur noch in Ruhe gelassen werden, Handel treiben und gelegentlich Gutes tun.

Das Ideal der Deutschen ist heute nicht der Nationalstaat, das Ideal ist, in Europa aufzugehen, sich in Europa zu verstecken, wenn man es negativ deuten will. Also: Europa als neue Realität jenseits des Nationalstaats. Bundeskanzler Kohl hat auf diese – ihm sehr liebe – Nebenwirkung der Wiedervereinigung hingewiesen; sie werde, so sagte er, schon weil die Nachbarn besorgt sind, die Integration Europas beschleunigen.

Namenregister

Franca Magnani
Eine italienische Familie

23 Jahre lang berichtete Franca Magnani auf unnachahmliche Weise für die ARD aus Rom. In diesem Buch erzählt sie die Geschichte ihrer Familie und zeichnet ein Bild der faschistischen Epoche in Italien.